纪念反法西斯及抗日战争胜利七十周年 何成波书

离休老干部何成波书　缅怀岫岩抗日英烈与英雄群体

家國情懷

時在癸卯桐月 劉偉

抗日英雄羣體少年
鐵血軍中華民族精
神立代相傳

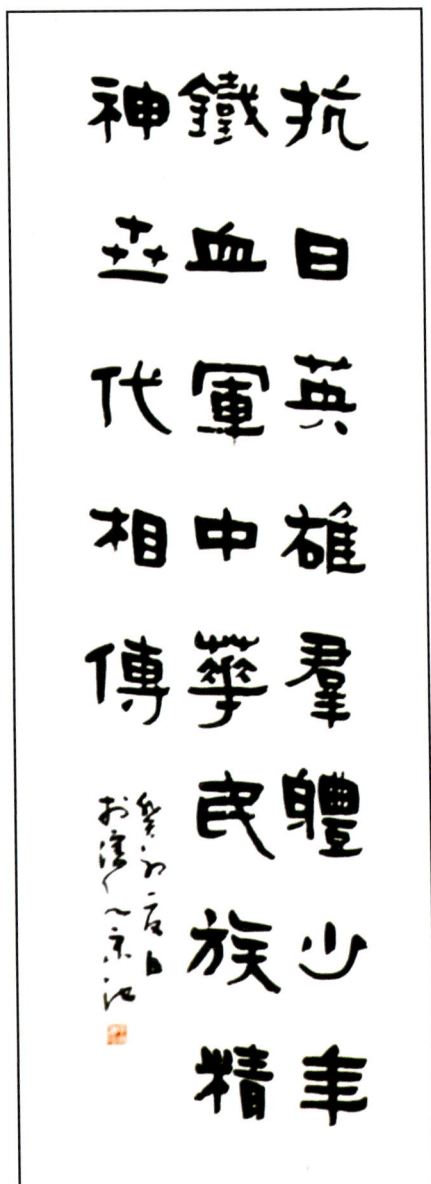

著名书法家、辽宁省政协原常委刘伟书　　辽宁省职工书法家协会主席宋池书

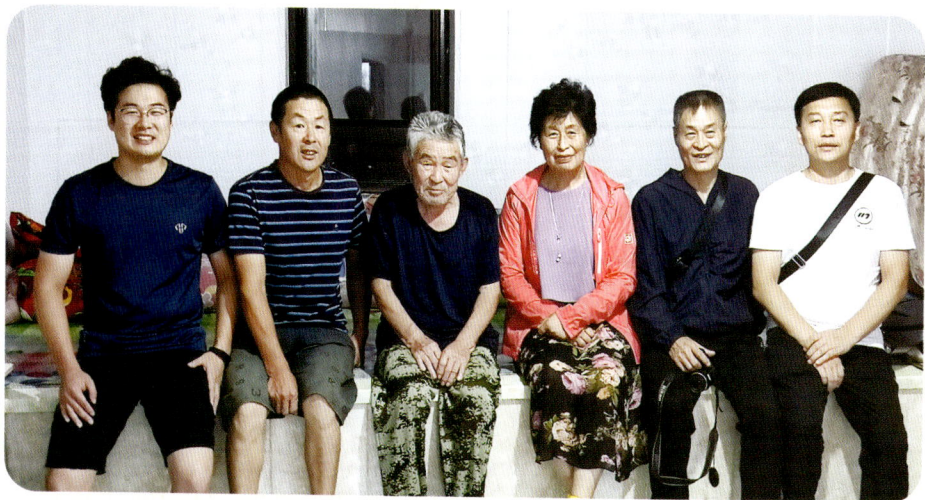

何晓芳（右三）带领课题组访谈抗日英雄白承润亲人白树标（左三）

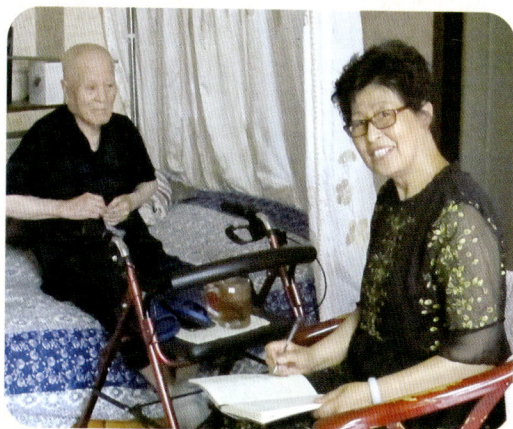

何晓芳访谈岫岩满族汪氏老人

赵秀丽访谈满族家谱收藏人

课题组与陪同考察的洋河镇文化馆同志合影

考察洋河镇民俗展览馆

课题组考察岫岩满族博物馆

考察岫岩非物质文化遗产刺绣展览

白氏家乡岫岩　　　　　　　　　　　　金晶昕摄

白氏发祥地之一 ——哨子河黄旗沟　　　　　白国范摄

白氏发祥地之一 ——哨子河白家堡子　　　　白树标摄

岫岩满族自治县人民政府为白承润烈士立碑

白承润（1909—1939）字君实

抗日英雄，国家民政部2015年以中国少年铁血军总司令名义列入著名抗日英烈与英雄群体名录

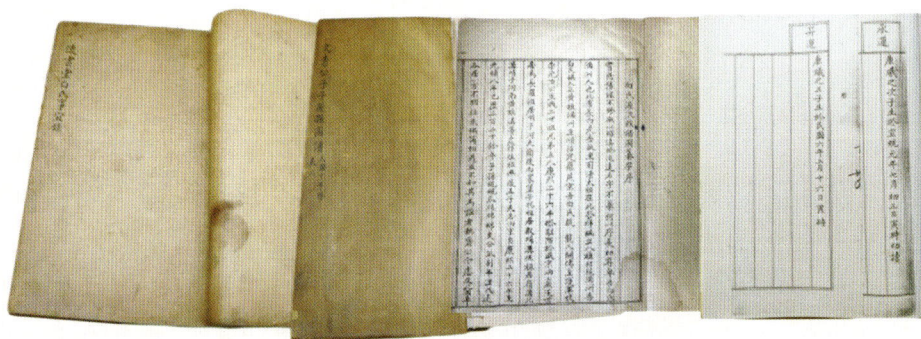

《白氏源流族谱》抗日英雄白承润（运）家谱

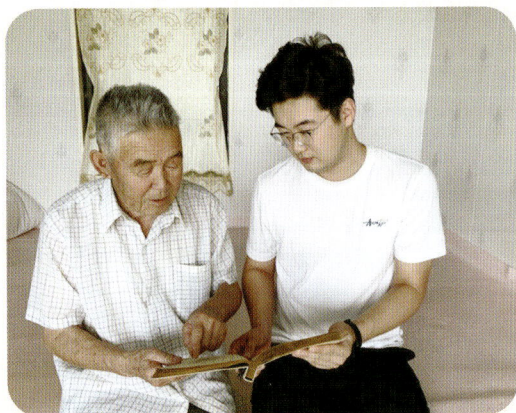

白树标向自己的孙子、东北大学博士研究生白哲讲述白承润抗日的红色家史

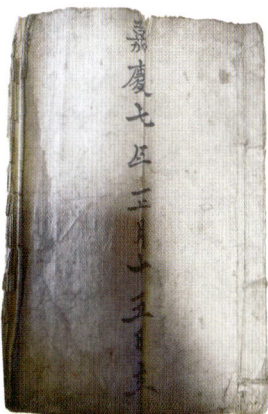

嘉庆年编修的汪氏老谱书

汪氏民国时期续修老谱书

清代汪贞女贞节碑

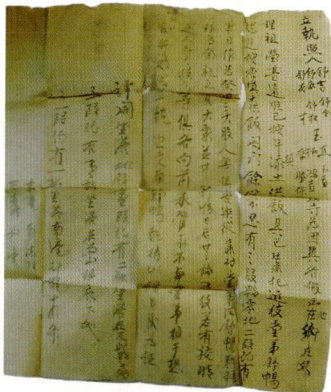

汪氏祖茔老地契

汪氏全族祭祀老坟山

众多的汪氏子弟曾是"四野"老兵，抗美援朝战士，总计约300人，占当时汪氏总人口近十分之一。

汪盛桥：1929年生人，住在岫岩县哨子河镇兴旺沟，是汪氏老兵唯一健在者。1948年参军，"四野"第三十八军一一二师三三五团侦察参谋，参加过白虎山战役。汪盛桥胸前挂着庆祝中华人民共和国成立70周年荣誉纪念章。

汪世纯珍贵遗物

汪世纯（1928—1997）：戴满军功章旧照片。1946年参军，曾任"四野"某部炮兵连连长，参加过围困长春战役、抗美援朝战争，多次立战功，电影《兵临城下》就是记录他所在的部队。

汪逢德：生于1926年，15岁参军，曾参加过解放四平战役、围困长春战役、锦州战役。图为他戴满荣誉奖章的年轻照片。

洋河镇满族田佳氏祖宗板

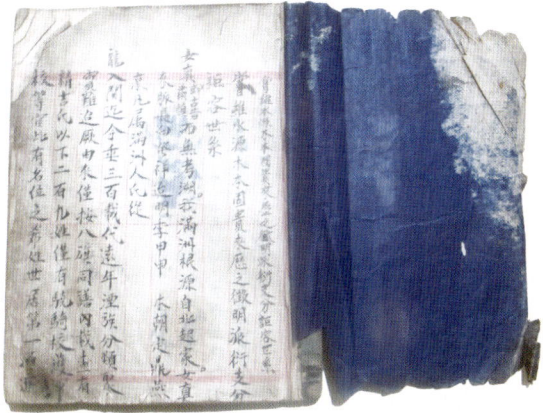

田佳氏老谱书

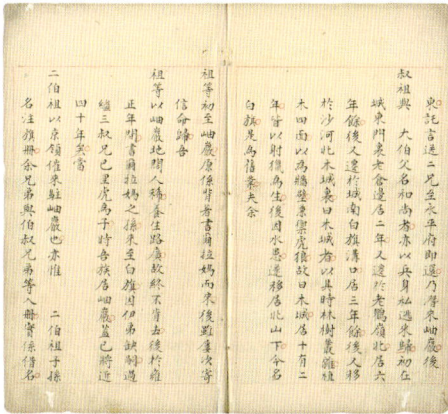

舒穆禄（孙）氏清代著名诗人多隆阿手书小楷家谱

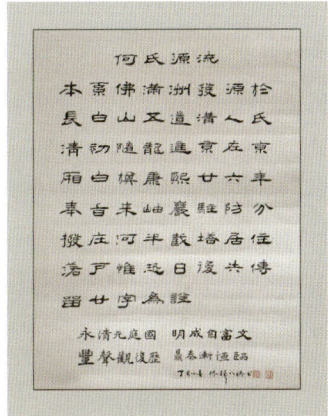

岫岩何（赫舍里）氏谱序

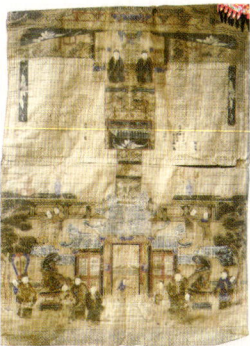

窝棚沟杨家百年老宗谱

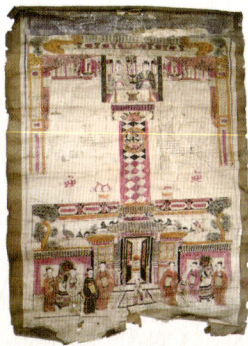

曲家百年老宗谱单

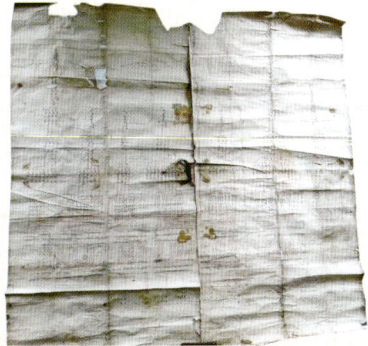

驻防八旗景氏百余年老谱单

刀辟山海刃犹寒，剑指青天铚。未残征战岁岁照肝膽，忠孝精神永留传。

岁次癸卯仲夏之夜 沐阳斋主人 朱学东

绘 敬亮 何

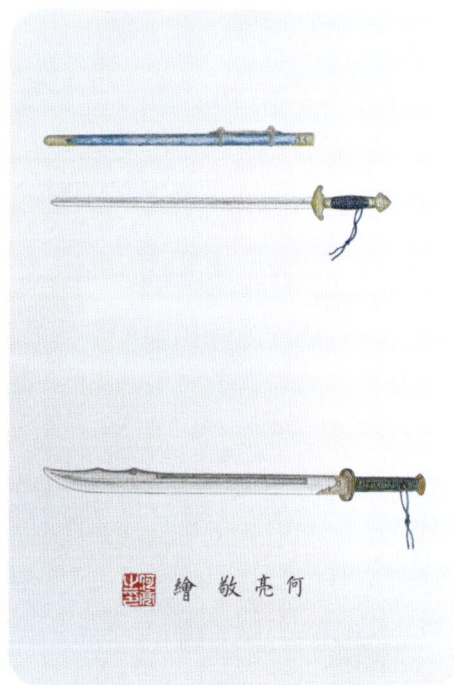

　　景氏蒙古八旗，康熙二十六年（1687年）奉旨来岫岩驻防，屯垦戍边，亦兵亦农。弓马报国，平定"三藩"，出兵南疆，战死沙场，屡立战功。有家传三百余年先祖战刀痛失，为使家国忠孝精神永留传，笔者为其题词，并邀书法家朱学东书法。并特请清代兵器收藏人何亮（满族）为其绘制战刀复原图。

旧时萨满跳神器具

镇墓器

马镫

抽丝纺线的拨锤子

那家近百年的老挂钟

任家的百年大火盆

老堂柜

老桌与文案

那家的大石碾子

制作香油的手磨

老宅的西山墙

老宅上的戗砖

老宅门上的精致木雕

洋河镇里的满族大院

样子岭村烟囱落在地上的曲家老式住房

样子岭村李家门前一百多年的
老石板

刺绣荷包　　　　　刺绣钱袋　　　　　刺绣云肩

满文刺绣　　　　　　　　刺绣饰品

刺绣枕头顶

刺绣鞋面

绣花鞋

妇女额饰

镶边女式旗袍

女式刺绣长旗袍

放牧散养的羊群

生猪饲养

丰收的常种粮苞米

草莓大棚

样子岭特产——山花椒

样子岭特产——小河鱼

苞米面大菜饺子

大锅炖鲤鱼

过大年前准备的大楂子

农家乡土菜

苏子叶饽饽

油炸柞蚕蛹和炒嫩蚕

渍酸菜

满族传统古村落调查（岫岩卷）

何晓芳　赵秀丽　著

东北大学出版社

·沈　阳·

ⓒ 何晓芳 赵秀丽 2024

图书在版编目（CIP）数据

满族传统古村落调查. 岫岩卷 / 何晓芳，赵秀丽著
. — 沈阳：东北大学出版社，2024.5
ISBN 978-7-5517-3532-2

Ⅰ. ①满… Ⅱ. ①何… ②赵… Ⅲ. ①满族—村落—
调查报告—岫岩满族自治县 Ⅳ. ①K923

中国国家版本馆 CIP 数据核字（2024）第 103361 号

出 版 者：东北大学出版社
地址：沈阳市和平区文化路三号巷11号
邮编：110819
电话：024-83683655（总编室）
024-83687331（营销部）
网址：http://press.neu.edu.cn
印 刷 者：沈阳市美图艺术印刷有限公司
发 行 者：东北大学出版社
幅面尺寸：170 mm × 240 mm
插 页：16
印 张：17.25
字 数：301 千字
出版时间：2024 年 5 月第 1 版
印刷时间：2024 年 5 月第 1 次印刷
责任编辑：郎 坤
责任校对：潘佳宁
封面设计：潘正一
责任出版：初 茗

ISBN 978-7-5517-3532-2 定 价：80.00 元

目 录

上 编　岫岩满族传统古村落概述

绪　论 ………………………………………………………………………2

第一章　岫岩满族传统村落形成及社会管理 ………………………………15

　　第一节　清代八旗驻防，满族传统村落形成 ……………………………18

　　第二节　汉民进入满族传统村落 ………………………………………22

　　第三节　满汉杂居传统村落的社会管理 ………………………………24

第二章　传统村落向农耕生产生计方式变迁 ………………………………44

　　第一节　明代女真人的狩猎游牧生产生计方式 ……………………………44

　　第二节　满族驻防八旗向农耕生产生计方式转变 …………………………52

　　第三节　满族驻防八旗转型为农耕之家 ………………………………58

　　第四节　农业多种经营与柞蚕放养、岫玉开发 ……………………………65

第三章　满族传统村落向农耕人家生活方式变迁 ……………………………72

　　第一节　食品变迁 ………………………………………………………72

　　第二节　土葬墓园变迁 …………………………………………………77

　　第三节　满族民居建筑变迁 ……………………………………………82

　　第四节　农业生产劳动工具 ……………………………………………87

第四章　满族妇女的生产生活方式变迁 ……………………………………91

　　第一节　满族妇女日常生产生活器具 ……………………………………91

　　第二节　满族妇女的满绣 ………………………………………………94

　　第三节　满族的烈女 ……………………………………………………97

第五章　满族传统村落向"耕读传家"的文化变迁 ………………101

　第一节　岫岩满族的读书情结与流传 ……………………101

　第二节　岫岩满族兴办教育"耕读教子" …………………108

　第三节　岫岩珍贵的满族文本历史遗存 …………………121

下　编　样子岭村专题调查

第六章　村落概况 …………………………………………………138

　第一节　基本概况 …………………………………………138

　第二节　村名来历 …………………………………………138

　第三节　建制沿革 …………………………………………139

　第四节　民族迁徙 …………………………………………140

　第五节　人口与民族 ………………………………………141

　第六节　传统经济结构 ……………………………………143

　第七节　历史遗存与传承发展 ……………………………147

　第八节　家规礼仪 …………………………………………155

　第九节　家族组织 …………………………………………155

　第十节　房屋建筑 …………………………………………156

第七章　村落各姓氏调查 …………………………………………157

　第一节　满族那氏 …………………………………………157

　第二节　赵氏 ………………………………………………175

　第三节　任家堡赵家 ………………………………………194

　第四节　曲姓 ………………………………………………203

　第五节　杨姓 ………………………………………………212

　第六节　任姓 ………………………………………………223

　第七节　其他各姓 …………………………………………238

第八章　结　语 ……………………………………………………261

后　记 ………………………………………………………………264

上　编

岫岩满族传统古村落概述

绪　论

　　本书是以何晓芳为首席专家主持的国家社会科学基金重大招标项目"满族民间历史档案资料整理研究与数据库建设"（编号：19ZDA181）的阶段性成果。该课题以历史上的满族民间历史档案资料收集整理为对象，重点涉及反映满族历史文化变迁的家谱、契约、碑刻、口碑传说以及民间民俗、文艺资料。虽然看起来内容有些庞杂，但目标只有一个，以收集整理满族民间历史文化遗存为中心。满族传统古村落正是满族民间历史文化遗存发生、发展到变迁的所在地，是民间文化的聚落载体。对满族传统古村落的调查，是解读满族民间历史文化遗存的重要途径，以描述历史文献没有记载的微观层面。历史文献主要有公文档案及地方志资料，二者都是官方文献，以地区大事纪为线索。而满族传统古村落调查，使用民族学的"他者"视野，以人和家族史为对象，借助于官方文献考察满族社会文化变迁的过程，重新审视满族历史文化，给我们认知历史以启迪。

　　岫岩满族自治县满族传统古村落样子岭村是本课题调查的重点，选择该村作为调查重点的原因及条件介绍如下。

一、岫岩在历史史料中有明确记载，有良好的前期研究基础

　　辽宁省是重要的满族发祥地，努尔哈赤在新宾建立大金，以赫图阿拉为国都，史称后金，开始统一女真各部战争，起兵反明。皇太极时期完成统一东北女真、漠南蒙古各部，在盛京（沈阳）改女真族名为"满洲"，改国号为"大清"。清入关前以辽宁境内为政治军事中心，因此，清前史研究主要集中在辽宁省境内。作为明清争夺战略要地，努尔哈赤起兵之时即已经派兵招抚纳降岫岩城，皇太极时期开始在岫岩实施八旗驻防，因此，岫岩记载于清前史资料之中，成为清前史的一部分而受到清史研究及地方志关注。最引人关注的是清康

熙时期陆续从北京调拨八旗兵来岫岩驻防，其中以佛满洲人数最多，仅康熙二十六年（1687）一次即调拨 1000 名，此后还陆续有八旗锡伯、巴尔虎蒙古安插于岫岩。前来驻防的八旗兵实行屯垦戍边，开发建设岫岩，一住就是三百余年。

关于清代八旗驻防以及东北开发历史，清代官修志书有明确记载，主要有：《八旗通志》《清朝文献通考》《盛京通志》，民国时期在此基础上修撰《奉天通志》。这些志书书写范围或是全国，或是东北，或是辽宁，是一种地方总志，岫岩仅是地方一隅，这些总志中关于岫岩的记载虽然不多，但却将岫岩历史沿革、山川地貌、风土人情、物产资源及政治、经济、文化等各方面情况作出概述，是研究清乾隆以前岫岩相关情况的权威资料，成为后世撰写岫岩地方志的基本遵循。

清咸丰以后，有鉴于岫岩经济发展，关内汉民人口大量涌入，清政府开始在岫岩设县管理，实行驻防八旗与地方行政机构双重管理体制。作为一级地方政府，有必要与关内府州县统一一致，修写县一级志书。在上述地方总志基础上，岫岩官方陆续修写县志，共有三种。《岫岩志略》十卷，首一卷，咸丰七年（1857）成书。全书分沿革、营建、舆地、山川、食货、职官、选举、人物、艺文、杂志十卷。《岫岩州乡土志》不分卷，宣统元年（1909）完成。该书设历史耆旧录、政绩录、兵事录、人类、户口、氏族、宗教、实业、地理、山、水、道路、物产、商务等类目。《岫岩县志》六卷，首一卷，民国十七年（1928）完成。全书分地理、政治、人事、人物、艺文、轶闻等卷。这三种岫岩地方志，是继乾隆朝《盛京通志》之后，专门记述岫岩一县的地方志，将整个清代岫岩全貌记述下来，成为现今研究岫岩弥足珍贵的历史资料。

1985 年，为落实党的民族区域自治政策，岫岩、新宾、凤城三县率先成立满族自治县。为加强满族历史文化抢救与保护，肯定满族开发保卫祖国边疆的历史功绩，在岫岩满族自治县县委、县政府领导下，由县文化局牵头，开展满族社会历史与传统文化调查，硕果累累，出版满族民间故事、曲艺、刺绣手工艺、玉雕等著作。关于满族历史研究方面成果突出的当是县文化局原副局长、文化馆原馆长张其卓先生。她经过三年多时间，跑遍了岫岩县的沟沟岔岔，走乡串户，调查访问，查阅并核实了大量历史资料，包括上述各种方志，完成《满族在岫岩》一书。这是一部研究岫岩满族的代表性著作，1984 年由辽宁民族出版社出版，并改写论文发表在《民族研究》期刊，在当时产生较大影响。这部书尽管只有 12 万字，但却详细书写了岫岩满族传统习俗，从婚丧嫁娶，到居室、饮食、服饰、信仰等全方面勾画岫岩满族社会历史生活，与上述各种方志共同构成岫岩满族研究的系统知识。此后，张其卓先生没有停止脚步，在丹东市委、市政府，岫岩县委、县政府支持下，陆续出版《丹东建州女真史》（2017年）、《丹东满族氏族史》（2017年）、《岫岩满族前世传奇》（2018年）。这几部书的特点是从氏族研究入手，以家谱为纲，参照清代史料，将清代康熙时期陆续来岫岩八旗驻防满族姓氏源流、迁徙、发展、人物逐一梳理考证，使岫岩满族研究深化详实。

以上各种方志和张其卓先生的研究成果，奠定了扎实的学术基础，提供了重要参考，因此，课题组将第一阶段满族传统古村落调查选择在岫岩。

二、关于调查点的选择与确定

本书第一作者何晓芳教授作为一名满族历史文化学者，一直热衷于田野调查，曾经承担云南大学发起的教育部"211工程"项目中国少数民族村寨调查的满族村寨部分，与云南大学张晓琼教授带领课题组联合开展对新宾满族自治县爱新觉罗家族聚居地腰站村的调查，出版《满族——辽宁新宾县腰站村调查》一书（2004年）。此后，又参加中国社会科学院牵头的国家哲学社会科学"九五"规划项目"中国少数民族现状与发展调查研究"，作为第一作者完成《新宾县·满族卷》（2008年出版）。这两次调查皆以新宾满族自治县为中心，可以说，对新宾满族历史文化及当代发展有了深入了解，积累了丰富资料，如果再继续深入下去，更容易取得成果。但本次调查却重新开辟路径，选择岫岩满族自治县，而在全县几百个传统古村落内又专门挑选样子岭村为追踪调查点，主要基于以下考虑。

第一，调查点选择要与时俱进，适应新时代发展需要，服务于国家重大战略需求。当今世界和平与发展仍是世界的主题，我国现阶段民族工作的中心任务是：民族问题以经济建设为中心，缩小地区经济发展差距。新宾是满族发祥地，努尔哈赤率领建州女真人崛起的地方，保留有世界文化遗产清永陵以及赫图阿拉城等清代重要历史遗迹。新宾的满族已经有几百年世居历史，大多来源于清永陵的守陵者，其中有努尔哈赤伯叔祖爱新觉罗氏宗亲"红带子"[①]，腰站村就是爱新觉罗姓氏最大的聚居地，有一定代表性。清代在建立巩固多民族

---

① 清朝以红腰带作为努尔哈赤伯叔祖后代标识，以黄腰带作为努尔哈赤父祖嫡系标识，因此有"红带子""黄带子"之称。

统一国家，奠定中国版图，繁荣文化方面有重要历史功绩，应当正确评价清代历史地位①，落实中国共产党的民族团结平等政策，新宾有一定代表性。1957年国家开展的少数民族社会历史大调查，新宾就曾被列入调查重点。1985年辽宁成立满族自治县，新宾被列为三县（新宾、凤城、岫岩）之首。由于各种历史原因，新宾经济发展落后，曾是国家级贫困县。为加快新宾经济发展，国家及省市进行大量投入，到2000年新世纪，新宾满族自治县有了日新月异发展，摘掉贫困县帽子，进入辽宁省自治县发展前列，满族乡村也得到大力的发展。本书作者何晓芳教授作为满族历史文化研究者，亲身经历新宾发展变化。因此，在承担上述科研项目选择满族代表性聚居调查点时，首选新宾县和腰站村②。

现在，距离新宾县及腰站村满族调查已经过去20多年，党的十八大以来，大力培育和铸牢中华民族共同体意识成为新时代党的民族工作、民族事务、民族研究的主旋律，民族学研究要服务于铸牢中华民族共同体意识大局，重点研究中华民族命运共同体形成、发展的"四个共同"（各民族共同开拓辽阔的疆域，各民族共同书写悠久的历史，各民族共同创造灿烂的文化，各民族共同培育伟大的精神）和"四个与共"（休戚与共、荣辱与共、生死与共、命运与共）。"四个共同""四个与共"，概括我国民族关系特点，丰富了铸牢中华民族共同体意识的内涵和意义，是新时代民族理论创新发展的具体体现，为我国统一多民族国家理论提供支撑。民族村寨调查点的选择必须服务于新时代国家重大战略需求。

岫岩满族与新宾满族有不同的特点，主要来源于清代康熙朝八旗驻防。1644年清军进入山海关南下，开展统一战争。山海关外曾经繁荣的盛京地区，从辽东到辽西土地荒芜，战备空虚。康熙时期平定"三藩叛乱"之后，为加强东北边疆开发，防范沙俄、日本侵略，扼守进入山海关的盛京（沈阳）战略要地，从京师（北京）各地调拨大量满族八旗前来盛京驻防，岫岩即是八旗军驻防地之一。调拨八旗驻防军以佛满洲数量居多，还包括锡伯、蒙古、汉军八旗，是一个多民族聚居的八旗共同体，统称为满族八旗。满族八旗来到岫岩驻防后兵农一体，开垦山林，农耕稼穑，交粮纳税，而且遇有国家战事还要出征

① 周恩来总理对满族建立清王朝的历史贡献有详细阐述，详见周恩来：《关于我国民族政策的几个问题》，《周恩来选集》上册。
② 请见本书作者之一何晓芳为《中国少数民族现状与发展调查研究丛书》之一《新宾县 满族卷》撰写的前言。

上战场杀敌。从康熙朝到清代中晚期的道光、咸丰朝，岫岩已经开发建设成为物阜民丰的一方富饶之地。这期间，关内汉民因灾荒逃难，背井离乡，陆续进入岫岩，带来农耕、养蚕、纺织技术。劳动生产上的互助互补需求，使汉民进入八旗驻防形成满族传统古村落，汉民以滚雪球方式人口骤增，超出驻防八旗数倍。满族传统古村落的汉民人口开始占据绝对优势，形成每一个满族传统古村落由一个或两个满族旗人姓氏为中心，加上数个不同姓氏的关内汉民家族，共同组成旗民共居的村落聚居体，单一由满族驻防八旗居住的村落已经找不到了。因此，选择岫岩满族自治县的满族古村落作为调查点，能够充分体现"四个共同""四个与共"精神。

第二，满族古村落调查课题组选择样子岭村，因为该村的原生态文化保存比较好。这里所说的原生态文化，是指满汉两民族来到样子岭村以后形成的文化。该村形成于八旗驻防，康熙三十八年（1699），那姓名叫那巴三泰的八旗兵受命来到样子岭村"跑马占山"，成为该村的第一户居民，从此至今三百余年，巴三泰支系一直生活在这里。该村另外的赵姓、曲姓、杨姓，都是山东人，在那姓之后逃荒来到岫岩，通过租种或购买那姓土地而定居在样子岭村。那姓满族与山东来的赵姓、曲姓、杨姓汉人在样子岭村共同生活了近300年，尽管原生态文化截然不同，但在近300年的长期共处中，相互交往交流，那姓长白山满族渔猎骑射文化与山东汉人农耕文化相互影响，相互学习，风俗习惯逐渐融合。样子岭村的这种民族成分和姓氏结构一直保持到民国时期，都没有外来文化介入。清晚期迁入的关姓、白姓、汪姓、赵姓，每姓都是八旗驻防来到岫岩，有相同的历史文化背景，而且每姓仅一两户，其家族重心都在其他村屯。其他汉人姓氏，兰姓和李姓，也同样都是山东祖先逃难来到岫岩安家落户，由于人口繁衍分支，民国时期开始才迁来样子岭村。这些晚来的满汉姓氏由于户数人口少，对样子岭村的民族人口结构没有多大改变，这样方便课题组进行调查。

第三，样子岭村满汉相互认同、相互依赖的民族关系在岫岩具有普遍代表性。清康熙时期分拨八旗来到岫岩驻防，八旗组织内部由满洲、蒙古、锡伯、汉军组成，岫岩的汉民则是关内山东、河北等地移民，还有随八旗驻防一起带来的"三藩旧人"，形成岫岩多民族聚居。尽管民族文化背景不同，但各民族之间和谐相处，对不同的民族风俗习惯相互尊重、相互认同，民族身份的界线意识比较模糊，这是民族文化相互影响、走向融合的基础，样子岭村有代表性。这种相互尊重、相互认同，是满、蒙、锡伯、汉各民族长期共同生产生活形成的。驻防八旗屯垦戍边，跑马占山，精于骑射，擅长山林狩猎，但却缺少农耕经验。而山东汉民来到岫岩，通过租种耕地，与驻防八旗满族结成互助的劳动生产关系，他们带来中原地区农耕生产经验，促进荒地耕田开发，而发展柞蚕放养产业，传授柞蚕放养经验和缫丝知识，充分利用山林开发林木经济，使岫岩的茂密森林不再仅仅是狩猎围场，成为经济发展的重要资源。满族向汉民学会农业生产，逐渐形成由渔猎经济向农耕经济转型。满汉人民共同开发岫岩、共同生产劳动中结下深厚友谊，结合成命运共同体。300年来，岫岩满汉民族之间从来没有爆发过冲突，而且汉族也对满族产生认同，民族成分登记为满族，在岫岩样子岭村驻防八旗满族那姓与赵姓、曲姓、杨姓之间的融洽关系带有普遍性。

第四，完成本次调查，课题组的人员有良好的学科基础和条件。何晓芳教授作为民族历史文化研究学者，曾在辽宁省民族工作系统从事民族研究，对满族自治县比较熟悉。早在20世纪80年代参加工作伊始即参加辽宁省首批满族自治县新宾、凤城、岫岩的成立工作，此后又参加三个自治县的县志编审工作，以及国家民委《民族问题五种丛书》之一《满族社会历史调查报告》，还有满族自治县民族经济文化发展建设相关的法律、政策贯彻落实工作调查等。何晓芳教授长期坚持到岫岩等满族自治县进行调查，积累了丰富的相关历史文化资料，并将其整理出版。作为主编主持编纂满族历史文化遗产抢救项目成果《辽宁省民族民间故事大系·满族卷》《辽宁省少数民族民间文化遗产·满文卷》，国家清史工程项目成果《清代满族家谱选辑》，岫岩都列入其中。因此，何晓芳教授作为课题负责人对岫岩满族自治县民族历史文化研究有扎实的前期研究基础。课题组成员辽宁省委党校副教授赵秀丽老师，对民族文化有浓郁兴趣，作为下派驻村干部在样子岭村兼职第一书记，在与村民和村干部两年朝夕相处中，对样子岭村历史文化产生了浓厚的兴趣，愿意为样子岭村的历史文化抢救以及应用服务于国家需求做一些力所能及的事情，愿意承担样子岭村的调查点任务。调查点开展调查是一项很艰苦的任务，基本条件要深入村民当中做访谈、聊家常、启发思路，需要耐心，更需要细心，这些赵秀丽老师都做到了，时常放弃节假日休息做访谈，收集资料。赵秀丽老师有驻村第一书记的条件，也有对调查点执着的工作热情，很难得，增加了本书完成的优势。

三、调查与写作

1. 前期准备，广泛调查

尽管项目负责人何晓芳教授对岫岩的满族历史文化了解很多，但课题组加入民族研究新人，为完成新的课题打好文献资料基础，仍然要对岫岩的历史文化资料进行重新阅读和梳理，尤其是党的十八大召开后，重视中华优秀传统文化传承，抢救民族文化遗产，建设各民族共有精神家园，一向重视民族历史文化挖掘保护的岫岩满族自治县采取措施，推陈出新，出版系列历史文化资料，包括民间文学、家谱、曲艺、刺绣和剪纸等，另有能够反映岫岩及辽东八旗驻防的清代历史资料，以及相关研究论文，皆列入调查前期准备资料。

在对资料梳理准备的基础上，何晓芳教授组织成立岫岩专题调查组，成员有：辽宁省委党校副教授、岫岩样子岭村省直机关下派驻村第一书记赵秀丽，岫岩籍满族历史文化学者汪学松，课题组历史档案资料收集整理编辑王忠禹。他们于2021年8月15—22日，对岫岩进行第一次普查性的课题考察，此后又连续进行补充考察多次，结合此前的2020年7月由沈阳大学阎丽杰教授参加的考察，包括与岫岩交界的凤城市、东港市、庄河市地段（清代曾经归属岫岩管辖），整个考察行程共计3市、1县、7个乡镇、11个村屯。考察内容有：市、县、乡满族博物馆、满族非遗展馆、满族民俗用品收藏馆、满族老宅院、抗日英烈纪念馆，兴边富民行动示范乡镇和龙满族镇，红色文化旅游基地中国少数民族特色村寨大梨树村。专门采访市县文化工作者，县文化原局长赵朝勋，镇文化馆馆长田岐佳，凤城知名党建与满族文化研究专家、市文联原主席李练。通过上述考察，对岫岩满族文化有了深入认识。岫岩的满族文化是满族长期与汉族共同生产生活，相互学习、相互影响，形成满汉融合被各民族认同的地方文化。

2. 在感人的故事中确定主题

经过广泛调查，如何将看到、听到、搜集到的历史资料凝聚出焦点，确定为本书的主题？这是广泛调查后课题组接下来要做的事情。

课题组响应习近平总书记"哲学社会科学工作者要多到实地调查研究"号召，深入乡村农户，在考察中"接地气"，走访岫岩满族文化的传承人，即清代驻防八旗后裔，寻找满族先祖屯垦成边保家卫国的历史记忆。

调查组深切感受到岫岩满族有浓厚的家国情怀，受访谈人提起他们八旗驻防来到岫岩的祖先，总是很自豪地说，"我们是从长白山下来的"，"我们是驻防八旗"。"长白山发源""清初从龙入关""随龙安家（拨回岫岩驻防）"，是岫岩满族家谱常有的关键词。课题组运用档案整理归户法，根据掌握的家谱做访谈，重点访谈康熙二十六年（1687）来岫岩驻防的八旗后代。从他们那里听到许多令人感动的传说故事，都是家族里的真人真事。

康熙二十六年（1687）是清代拨调来岫岩八旗驻防人数最多的一批，官兵共计1000人，而且都是佛满洲①，从京师（北京）派回。康熙二十六年距离平定"三藩叛乱"八旗大军凯旋回京师不久，八旗兵征战沙场，累累伤痕尚未痊愈，又再次接受调遣，艰难跋涉来到岫岩。《汪氏宗族谱书》记载的哨子河汪氏，金代女真人后裔，完颜氏，来岫岩时，由名叫三各的三世祖，携带寡母刘氏、寡嫂李氏、两个幼弟、一个年幼侄子，祖孙三代6人来到岫岩。这是课题组成员汪学松的家谱，他说，推算刘氏当年40多岁，李氏当年20岁上下，都处于青壮年，婆媳二人却成了寡妇，而且爷爷（刘氏的公公）因去世没一同来岫岩，说明家中男人都是战死的，最有可能就是战死在平定"三藩叛乱"的战场上，因为三各的媳妇在家谱上注明从云南带回。康熙二十六年来岫岩驻防的汪氏家族的情况不是个例，较为普遍，洪氏（洪雅氏）、何氏（赫舍里氏）、沈氏（塔坦氏）都有类似仅有母亲随子来岫岩或父亲身死没来岫岩的情况。汪学松说，他们汪氏一直有不怕死的为国牺牲精神，可能就是从那时候传下来的。抗美援朝时，岫岩汪氏族人积极报名从军，他知道的曾有三兄弟瞒着年迈的老父亲报名，还有人牺牲在朝鲜战场上，也有九死一生幸存返回岫岩的。沈氏等也都有牺牲在朝鲜战场上的亲人。

驻防八旗来到岫岩还要随时接受征召奔赴战场，至今还流传着动人的故事。庄河胡沟（清代岫岩所属）《景氏族谱》收藏人讲述，他们祖先是孝庄皇后所属的蒙古八旗军，康熙二十六年（1687）被拨来岫岩驻防。他家谱上的一世祖曾率两个儿子出兵打"三藩（叛乱）"②，一世祖战死，两个儿子活着回来，带回了父亲的一把大战刀，这把大战刀流传了十几代人。景家的七世祖出兵西北③14年，七世老祖母思念丈夫，每一年都为丈夫纳一双鞋，当纳到第十四双鞋收尾最后一针时，听到丈夫出征平安回家，在院子里朝屋内高喊："我

---

① 这是《八旗通志初集》的记载，但是岫岩收集的康熙二十六年（1687）来岫岩的驻防八旗家谱或家族口述史中有蒙古、锡伯等民族成分。推测，这些民族成分编隶于八旗满洲之下，因此被记载为"佛满洲"，并且这些家族一直报称满族。

② 应当是迁来岫岩驻防之前的事。

③ 按八世祖年龄推算，应当是出兵参加平定大小金川战役。

回来了!"还有《洪氏谱书》也有山林保出兵打大小金川12年返乡的记载。另有何氏（赫舍里氏）84岁的受访谈人告诉我们，他们家一辈接一辈地告诉下一代，他们是康熙二十六年来岫岩的驻防八旗，是正红旗铁甲牛录下，他现在也把这个告诉儿子们要牢记。这位老人说，他们家的老祖先一连几辈人都出过兵，有一个老太爷打南边①的时候战死，捎了一条辫子回来葬在后山上，现在还有那个坟。这位受访人的母亲就是前面说的《景氏族谱》的景家女儿，母亲怀他的时候，父亲被日本侵略者抓走再也没回来，所以，他是一个梦生子（遗腹子）。由于母亲度日艰难，姥姥心疼他，他一直住在景氏姥姥家长大，母亲终身守寡未改嫁，他们恨透了日本侵略者。抗美援朝时，他们何家积极报名上战场，堂哥光荣负伤返乡。

根据方志和家谱资料记载，清代岫岩驻防八旗参加过的重要战役有雍正、乾隆年间出兵西北平定准噶尔部，乾隆年间征大小金川，《汪氏宗族谱书》中的黑达色、《李雅拉氏谱册》中的白牙尔突，都在出兵中阵亡。岫岩城守尉彰武泰调任绥远城右卫副都统，战事中殉职。中日甲午战争爆发后，也曾征召岫岩驻防八旗出兵。因此，岫岩满族"驻防八旗"的自豪，饱含着保家卫国勇于牺牲的精神。

最令人感动的是，岫岩满族儿女塑造了一个著名抗日英烈辈出的岫岩。九一八事变爆发，蒋介石下令张学良东北军奉行不抵抗政策，但义勇军在中华民族危亡时刻挺身而出，岫岩人黄显声将军打响九一八抗战第一枪，被誉为东北抗战第一人。抗日英雄群体中国少年铁血军在岫岩诞生，由岫岩师范、中小学②的青年学生组成，满族占大多数，第三任总司令白承润，第四路军总指挥曹国仕，第二路军总指挥赵庆吉、赵庆吉夫人参谋长关世英、参谋长赵伟、大队长刘壮飞，都是岫岩满族人。从本溪来岫岩的苗可秀被推举为中国少年铁血军第一任总司令，从岫岩起始，形成以岫岩、凤城、大连为中心的抗日"三角区"，给日本侵略者以沉重打击，因此日本侵略者对岫岩几次发动血腥"大讨伐"，曹国仕一族54人、关世英一族40人全部被屠杀。关世英，满族姓氏瓜尔佳氏，打双枪，而且枪法极准，长相美貌，是东北抗日义勇军前线战场上唯一的女英雄。这些抗日英雄陆续牺牲，无一人看到抗日胜利，还有许多没有留下名字的岫岩抗日英雄，但却谱写了永远唱下去的中华民族抗战的"义勇军之歌"。中国共产党抗日《八一宣言》中将邓铁梅与方志敏等共同称为为救国而

---

① 究竟老人说的"南边"指什么地方不清楚，根据世系推算，应当处于清道光或同治年。
② 当时年代，小学生的年龄参差不齐，十多岁的不在少数。

捐躯的民族英雄。中国少年铁血军是成立最早、坚持武装抗日斗争时间最长的义勇军武装之一，纳入中国共产党领导的抗日武装系列。邓铁梅、苗可秀、白承润、赵庆吉被国家民政部于2014、2015年分别列入第一批、第二批"著名抗日英烈和英雄群体名录"，中国少年铁血军是岫岩大地上诞生的抗日英雄群体，岫岩成为著名抗日英烈列入名录最多的县，而且都是满族。

为了搞清楚抗日英烈精神传承的血缘根脉，课题组专门到白承润英烈的家中访谈，亲侄白树标接待了我们。白家保留了一份民国十年（1921）制、清道光年间编修的《白氏源流族谱》。白氏是长白山女真人，满族姓巴雅拉氏，汉姓白，先祖后金归附努尔哈赤，编入镶黄旗。康熙二十六年（1687）护军校崇厄力带着4个儿子来岫岩八旗驻防，从此定居于岫岩。白氏祖先曾出过4位举人，而整个清代岫岩的举人总计有16位，白家占了四分之一。中了举人的前辈官至五品知州，为官清廉。采访白树标老人时他已经80岁高龄，是退休教师，当时正患带状疱疹，但仍然忍着疼痛给我们讲述白承润的抗日事迹，以及他们白氏全族因为支持白承润抗日遭受日本侵略者迫害的情景。白承润夫人白娠媛娘家也是康熙二十六年来岫岩驻防的蒙古八旗，因积极支持白承润抗日，与女儿下落不明，据传被日本侵略者秘密杀害。日本侵略者将白氏族人定为"匪属"进行追杀，白承润的父亲死在躲避日本人追捕的逃难途中，母亲领着年幼的五弟、六弟乞讨度日。白树标的父亲率全家逃难到西丰荒芜山村扛活打工，白氏族人以及表亲多人都曾被日本侵略者抓捕遭受酷刑和拷打，陪决，有一族弟丧生。1939年白承润弹尽粮绝被捕后坚决不投降，被日本侵略者示众后凌迟处死，极其惨烈。但是白氏族人没被吓倒，白承润三弟参加中国少年铁血军，年龄最小的六弟长大后参加中国人民解放军，加入中国共产党，屡立战功。同时期，岫岩还有众多青年人纷纷报名从军，但是，看到新中国成立的人寥寥无几。白树标老人口才好，讲述生动，内容丰富，我们课题组人员无不动容，热泪盈眶。当时，白树标老人的孙子白哲是东北大学的在读博士研究生，放暑假也在场陪伴，并且主动与我们加微信，表示愿意帮助我们课题组做好调查，使我们课题组深深感到这是一个有良好家风和家国情怀的家族。

这些感人的故事引人深思，英雄与英雄群体不是凭空产生的，必然有其成长的客观环境与历史文化涵养，所谓"一方水土养一方人"。用历史唯物主义史观看待岫岩的历史，应当将清代驻防八旗守卫祖国边疆与现代英勇抗战联系起来，放在中华民族的大视野中解读，白承润等著名抗日英烈和英雄群体之间贯穿着一条中华民族的红色血脉。这告诉我们，历史不是断裂的，而是连续的，岫岩的抗日英烈与英雄群体从清代驻防八旗保卫祖国边疆的历史中走来，传承中华民族的伟大精神。体现满族从长白山发源，走向中原，融入中华，与各族人民在"四个共同"中融合成"四个与共"的历史过程。满族民间历史档案资料不仅仅是一张张发黄的历史记录，还是满载着历史的鲜活叙事，为我们今日新时代前行提供滋养能量。我们回首历史，是为了向前看而回首，为了知道我们的血缘根脉，我们的来路，进而筑牢奔向更远大目标的道路基石，这才是笔者主持国家社会科学基金"满族民间历史档案资料整理研究与数据库建设"，抢救满族历史文化遗产的动力和宗旨，才是撰写满族传统古村落调查作为阶段性成果的意义所在。

何晓芳教授在岫岩满族调查的历史感悟中心潮澎湃，于2022年连续发表3篇相关论文：《白氏源流族谱传承中华民族精神的历史叙事》（何晓芳主编辑刊《满学研究5》）、《满族家谱：改革女真旧俗融入中华的历史叙事》（《黑龙江民族丛刊》第3期）、《中国家谱：中华民族命运共同体形成发展的历史叙事——以岫岩、青州家谱为个案》（《广西民族研究》第3期），充分表述了上述认识，由此确定"四个共同""四个与共"作为本书撰写的主题。

3. 写法与结构

为了清晰展现本书确定的主题，采取历史学、民族学与人类学多学科交叉，历史学文献与田野调查相结合方法。本书设计结构由两部分组成：岫岩满族传统古村落概述和样子岭村专题调查。

（1）岫岩满族传统古村落概述

该部分由何晓芳教授完成。基于历史人类学视角，借助历史古籍文献，辅助口述调查，对岫岩满族传统古村落形成及社会历史文化变迁做出基本概述。

满族传统古村落调查研究，基于这样一个历史人类学理论的基本认识：一个民族的文化应当包括四个层次的内容，即物质构成（民族的生境与生计方式）、组织构成（民族的社会组织、语言、习俗）、指导构成（民族的社会传统、知识、技能）、精神构成（民族的信仰、伦理、道德、意识、文艺）。根据马克思主义经济基础决定上层建筑理论，四者之间的层次关系可以看作：物质构成是民族文化生成的经济基础，组织构成是人类活动对物质构成的原生适应形态，指导构成是作为人类活动的主观改造客观的有意识行为，而精神构成则是前三者的总结与创新发展，是人类物质构成的高级形态。从变迁速度的关联上看，物质构成呈现线形速度，随机性比较强，以谋食为中心，伴随主体活动的场域移动而变化，古代北方游牧民族业经济"逐水草而生"，东北通古斯民族渔猎经济"衣渔皮""半穴居"，都体现谋食方式的原始性所决定的组织构成。指导构成对于前两者的变迁速度起到促进作用。而精神构成则是远离物质构成的存在，其变迁速度是渐进式的、久远的。在这一历史人类学的研究视角下，满族传统古村落，既是满汉各民族生存的经济聚落体，也是相互交往、交流、交融的文化聚落体。聚落体内经济和文化互动交织，实现共生、共存，相互认同的命运共同体。

基于上述认识，该编重点描述岫岩满族传统古村落形成、发展过程中，满族不断学习吸收汉族文化，促进长白山女真渔猎文化向农耕文化变迁，满汉民族文化差别性不断缩小，对中华文化认同性不断增强。涉及以下几方面的内容。

① 清代岫岩满族古村落形成。岫岩满族古村落形成于清代康熙时期，为加强东北边疆安全，防御俄国与日本，从北京各地调拨八旗来岫岩驻防形成。后来汉民陆续迁入，形成满汉杂居共处的满族传统古村落。由于驻防八旗在岫岩实行屯垦戍边，边当兵边务农，脱离原有军旅生活，社会组织向宗族组织转向。

② 古村落的生产生计方式。满族入关前女真人时期，处于渔猎经济，以养马狩猎为主要生计方式。但来岫岩屯垦戍边后，开垦山林，向汉民学会了种植及山林多种经营，逐渐转向农耕生计方式，土地成为家产，成为事实上的自耕农民，与汉族农民以耕田为生无异。

③ 饮食与居住。随着满族由女真人渔猎经济的生计方式向农耕经济生计方式转变，饮食与居住发生不同变化，居住的房屋从形制到建筑材料，饮食的食品结构和技艺，都向农耕文明转变。

④ 文化教育。岫岩满族十分重视文化教育，提倡"耕读"之家，清代设有八旗学校，民国时期设有各级中小学校。学校教育不断提高岫岩满族文化素养，与满族传统文化结合，培养家国情怀。岫岩著名抗日英烈与英雄群体由青年学生组成。

⑤ 民间礼仪与信仰。主要包括满族家庭伦理礼仪、婚丧嫁娶风俗、多神信仰与满族祭祀。这是满族的精神文化，随着满汉共居交流，原来相对独立的满汉民间文化日益趋同。

⑥ 满族文本遗存。满汉文化交流加深，满语逐渐与汉族原输出地方言融合，形成岫岩方言。满文作为书面文字退出社会生活，通用汉文。

⑦ 民间文学与艺术。满族来到岫岩驻防，带来浓郁的满族特色的文学与

艺术，在此基础上又吸收、融合汉族移民带来的中原文学与艺术，形成独具特色的岫岩民间文学与艺术，被列入国家、省、市非物质文化遗产名录。

（2）样子岭村专题调查

该部分由赵秀丽老师完成。本次样子岭村调查，与以往满族传统古村落的调查有所区别。以往从全村的层面上进行全面调查，着眼于整个村落的政治、经济、文化发展，历史变迁，因此，所选择的调查点注重整个村落行政建制与边界的历史延续中的稳定性（请见笔者的新宾腰站村调查）。而本次调查的主题是"四个共同""四个与共"在岫岩大地上形成的历史过程。历史前行并不总是轰轰烈烈，更多的是一种现实生活。在中国传统社会里，宗族或家族是社会的基本细胞，是构成民族的基础，这是我国民族的重要特点。所以，本书的这部分专题调查选择存在至今300多年的满族传统古村落样子岭村，按照民间档案归户方法，以每一个世居姓氏为单位进行调查，写明白每一个姓氏的民族源流，缘何迁徙到样子岭村，在样子岭村300多年的生产生活方式以及民俗习惯，展现发展中的自然状态，与前面岫岩满族传统古村落概述相呼应，以口述史为主，提供学术思考的基础资料。

基于这一出发点，专题调查全部针对该村的世居姓氏调查。每一姓氏调查内容统一撰写体例，分为氏族、民风民俗、生产生活三部分。氏族部分的内容有：家族源流，氏族谱系，支脉繁衍，家族组织，家规礼仪，祭祀祖先；民风民俗部分有：红白事情，时令节日；生产生活部分有：农业生产，家常饮食。另有民间文艺部分：爱好特长。通过口述史描述，展现样子岭村人朴实、耐劳、乐观的生产生活态度，在300多年的邻里相处中，互相学习，互相帮助，结成满汉友好关系。

由于时间漫长，具体的历史细节伴随村中老年人离世而逐渐消失。所以，口述史难免有代际上的空白，叙事缺少紧密衔接，致使调查不尽完善，令人遗憾。但本书毕竟在岫岩众多满族文化研究成果中又绽放一朵新花，提供一个新的思考。希望本书能给岫岩文化建设做出点滴贡献。

第一章　岫岩满族传统村落
形成及社会管理

　　岫岩满族自治县，隶属于辽宁省鞍山市，地处辽东半岛的北部。东及东南与凤城市、东港市毗连，西与大石桥市、盖州市为邻，南与庄河市相接，北及西北与辽阳县、海城市接壤。地理坐标北纬40°~40°39′，东经122°52′~123°41′。行政区域总面积4502平方千米。目前，岫岩满族自治县辖3个街道、18个镇、3个乡。岫岩满族自治县，因盛产岫玉，有"中国玉都"之称。1947年6月，岫岩收复后，成立人民政府，先后隶属辽宁省、辽东省、辽宁省安东专区、辽宁省安东（丹东）市。1954年，属辽宁省辖。1958年，为丹东市辖县。1985年1月17日，撤销岫岩县，设立岫岩满族自治县。

　　岫岩是一个多民族聚居的县份，根据第七次全国人口普查数据，2020年，岫岩满族自治县常住人口为413007人，其中，少数民族有满、蒙、回、朝鲜、锡伯等多个民族成分。满族是岫岩县的主体民族之一，人口占少数民族总人口的绝大多数。

　　满族进入岫岩有悠久历史。辽金是中国历史上首先突破长城进入中原的北方政权，契丹、女真皆兴起于东北，因此极其重视对大后方东北全域的经营与管理，满族最早迁入岫岩即是从辽金时期在岫岩设置管辖开始。辽天赞四年（925），辽太祖耶律阿保机统率大军灭掉渤海国，为防止渤海遗民伺机反抗，将其南迁。徐梦莘《三朝北盟会编》记载，"阿保机虑女真为患，乃诱其强宗大姓数千户，移置辽阳之南，以分其势，使不得相通。"其中即包括渤海国的原属鞨鞨人，户300、丁500，迁到岫岩东南的洋河镇（本书的调查点样子岭村的管辖乡镇）附近，隶属东京道管辖。金推翻辽，占领辽阳城及所统辖的辽东半岛，重新行政建置，在岫岩设大宁镇，直隶盖州。金代有鉴于对辽东及鸭绿江流域土地及属民管辖重视，特派王寂前往巡视督察。王寂于金明昌元年（1190）写成《辽东行部志》，金明昌二年（1191，写成《鸭江行部志》，此二篇行部志为姊妹篇，日记体，对其所经之地的历史沿革、人文地理、山水风物作了追溯与描述。其中涉及岫岩："己未，发龙岩山前，数十里北望，大山连绵不绝，数峰侧立，状如翠屏，秀色可鞠，里（俚）人谓之磨石山，以出磨石故也。予恶其名不佳，欲改之曰竞秀岩。"此后，金明昌四年（1193）升大宁镇为秀岩县，始有秀岩县名称。说明当时女真人已经大量进入岫岩，而且岫岩玉石（磨石）已经得到开发。金亡以后，岫岩转而为元代辽阳行省辽阳路管辖，女真人受制于元朝，多次跟随元将领出征。如，至元十一年（1274）命凤州经略使忻都等"将屯田军及女直（真）军，并水军，合万五千人，战船大小合九百艘，征日本"。据《元史》各《本纪》和《地理志》记载，女真人每年要缴纳粮食、布匹等实物税。当时归元辽阳行省辽阳路管辖的岫岩，女真人必定无可避免出征纳粮。明洪武元年（1368）采取同音异字，改为岫岩，延续至今。明洪武元年正是朱元璋推翻元朝建立明朝的当年，明朝建元当年即改秀岩为岫岩，说明对岫岩这一军事战略要地的重视。因此，岫岩在明代已经有较大规模的军事屯堡开发，是守卫辽东半岛的军事重镇，现在境内尚有二十多处明代遗存墩台，是这里曾经设有重兵的佐证。这里生存的女真人与汉族等各民族杂居，经济有了比较大的发展。而元代留居于黑龙江和松花江的女真人部落，他们是元代合兰府水达达等路所属斡朵怜等万户府女真人的后裔，自明初大量向南迁移。明代对东北少数民族包括女真人设置卫所进行管辖，其中的一支，即明史记载中的建州女真，也就是后来努尔哈赤所在的卫所一支，几经转移，最后于明正统初年（1437—1440），集结于浑河流域，以浑河流域为中心，东达长白山东麓和北麓，南抵鸭绿江边。从此开启以建州女真为主导的满族历史。

明万历四十四年（1616）努尔哈赤在赫图阿拉城建立金国（史称后金）。据《盛京、吉林、黑龙江等处标注迹舆图》所载，"太祖高皇帝降岫岩城"。明天启元年（后金天命六年，1621），后金派兵大举攻明，取沈阳，攻下辽阳，"数日间金、复、海、盖州卫，悉数传缴而陷"，"辽阳即下，其河东之三河……岫岩、青苔峪等大小七十余城官民俱剃发降"，岫岩归顺后金，大批后金兵进入岫岩。既然岫岩作为军事战略重镇，就应当有军事驻防。天聪七年（1633）三月，皇太极派遣济尔哈朗贝勒来岫岩筑城分兵驻扎①，宣统元年

---

①《东华录》卷之三载：天聪七年（1633）"三月，遣贝勒济尔哈朗筑岫岩城，贝勒阿巴泰筑揽盘城，贝勒阿济格筑通远堡城，贝勒杜度筑碱场城，分兵驻守"。《岫岩志略》仅转"遣贝勒济尔哈朗筑岫岩城"一句。实际上，天聪七年是整个一次军事驻防部署，涉及与岫岩毗邻的凤城、本溪碱厂、揽盘城等地，设置军事驻防群。

（1909）修写的《岫岩乡土志》，将这一年作为满族八旗驻防岫岩开始。[①] 崇德元年（1636），岫岩驻防牛录章京尼牙汉，因犯有错误，被解除驻防任务，由此可知当时已派牛录章京作为岫岩的驻防官。[②] 岫岩驻防八旗兵除守卫城池之外，还要进行屯垦农耕。[③] 当时八旗兵民一体化，家属随军，实际上已经形成军事化村落，军事、行政、生产三种职能合一，按照不同旗分的牛录"有定界"。八旗兵一边"守边驻防"一边屯垦种粮，奠定入关后驻防八旗体制，清入关后返回岫岩的八旗驻防即是在入关前这种"守边驻防"基础上不断加以完善制度化。

顺治元年（1644），清大军突进山海关，清朝迁都北京。但是，盛京（沈阳）作为清入关前的都城仍有重要战略意义，需要有八旗军留守。任命何洛会为盛京总管，下设左右翼由梅勒章京统领，驻防八旗兵800名。与此同时，在盛京以外的15个原设八旗驻防点设城守官与满、汉章京率兵留守，其中即包括岫岩[④]，岫岩的城守官名青善，八旗驻防兵205名。这些八旗驻防点以盛京为中心，对内扼守进入山海关的辽西走廊，对外防范朝鲜半岛和辽东半岛的海上入侵威胁。由于清军入关开展全国统一战争，兵力严重不足，关外的各八旗驻防点兵员数较少。

清朝向盛京各驻防点大批增派八旗兵丁是在平定"三藩叛乱"以后的康熙二十六年（1687），这时俄国不断向我国东北扩张，日本也虎视眈眈，正在向与清朝仅一江之隔的朝鲜半岛进行渗透活动。因此，康熙二十六年向盛京增派八旗驻防兵丁，主要是防范从黑、吉两省南下进入辽西走廊、辽东半岛和鸭绿江的沿海沿江地区，增派八旗驻防兵丁的驻防点7个，岫岩是其中之一，派兵1000名，数额最多。康熙三十一年（1692）派巴尔虎蒙古55名，康熙三十八年（1699）派锡伯兵82名，在历史交往中，有的认同为满族。来岫岩的八旗官兵随带家属，在岫岩各处跑马占山，一边戍边，一边开荒种田，满族人口逐渐增加，形成满族传统古村落。虽然由于分拨调遣，有些驻防八旗兵丁离开岫

[①]《岫岩乡土志》记载："本境旗户，自天聪七年以来，先后分防驻此。"《岫岩乡土志》，第18页，沈阳，辽宁民族出版社，1999年影印本。

[②]《清太宗实录稿本》卷二十九，原文载："驻防岫岩尼牙汉、锡翰率领本城七十人，沿海侦探，遇明兵二百，败还，一人被杀。坐是各鞭一百，贯耳鼻，革尼牙汉牛录章京职，解驻防任。"

[③] 皇太极时期，针对在驻防城进行屯垦，曾追溯到努尔哈赤时期说："太祖时，守边驻防，原有定界。后因边内地瘠，粮不足用，遂展边开垦。"说明早在入关前的努尔哈赤时期已经有八旗兵一边"守边驻防"一边屯垦种粮。《清太宗文皇帝实录》，102页上，北京，中华书局，1985年版。

[④]《清世祖实录》卷7，顺治元年八月丁巳，记载的15个关外时期设置的八旗驻防点分别是：熊岳、锦州、宁远、凤凰城、兴京、义州、新城牛庄、岫岩、东京、盖州、耀州、海州、鞍山、广宁等。

岩，但到清末的宣统元年（1909），岫岩满族人口已达6319户，46848人，占当时全县总人口的28.7%。这期间，关内汉人因灾荒不断流入岫岩，进入满族传统古村落，形成满汉杂居。而且早期来岫岩的汉人被编入旗籍，有了旗人身份，长期与满族共处中，认同为满族。

本书以铸牢中华民族共同体意识为主线，以研究岫岩满族传统村落为中心，以挖掘满族历史文化资源及当代价值为目标，以历史学文献考证与民族学田野调查相结合，对岫岩满族传统村落进行综合概述与专题调查。

本书满族传统古统村落的概念，参考国家关于传统村落评价认定标准，村落现有选址形成于清代前期，村民自清代以来世居本村，已有300多年历史，保存有相关历史记忆。

岫岩满族传统村落的历史叙事，从清代八旗驻防开始。由于岫岩八旗驻防对满族实行兵民合一体制，因此，岫岩满族传统村落形成、发展具有军政合一性质，这是岫岩满族传统村落的特点。

第一节　清代八旗驻防，满族传统村落形成

清代满族传统村落经历过从明代到清代的重大历史变迁。满族的先人明代女真人居住的村落或称村屯、寨，女真语称为嘎珊。一个村落里居住着同姓或同姓不同宗的家庭，是一个以血缘关系为纽带的地缘组织。一般以10户人家至40户人家组成居多。生产活动或战事就是以这种村屯为单位进行的。例如，努尔哈赤的祖父辈有6个兄弟，分别是德世库、刘阐、索长阿、觉昌安、包朗阿、宝实，分别与他们各自的儿子分居在12个村落，这12个村落有血缘关系。由此也可以说，女真人村落是由人口繁衍，向别处迁居形成的，但居住的距离都不太远。所以，努尔哈赤祖父辈虽分居于12个村落，但以赫图阿拉为中心，近者5里[①]，远者20里，环卫而居。一旦有部落间敌情发生，他们即可以迅速集结，共同对敌。朝鲜官员申忠一在《建州纪程图纪》中专门描写后金建立前建州女真社会的样貌，其中内容就涉及较多的女真人村落情况：

> 各部落酋长，聚居于城中。动兵时，则传箭于诸酋，各领其兵，军器、军粮使之自备。兵之多寡，则奴酋定数云。

---

① 1里 = 0.5千米，下同。

　　这里面说的"城"，就应当是村落、村屯、村寨，与设立衙门的"城"概念不同。村中之人相互之间有血缘关系，酋长就是村长。

　　由于女真人自由迁移，当氏族人口繁衍，生态资源压力过重时，即迁移到另一处适合生存之地，再形成新的村落。努尔哈赤祖父辈有6个兄弟及各自儿子分居12个村落，就是这样形成的。但自努尔哈赤起兵建立后金政权，情况有了天翻地覆的变化。首先开展统一女真各部的战争，将被征服的女真各部落迁入赫图阿拉为中心的后金所在地，打散了这些女真各部落血缘以及原居住地的联系，编入建州女真之中，努尔哈赤创建八旗牛录组织，以300男丁为一牛录。牛录中的军官有章京或领催，女真人原有以血缘关系为纽带的村落组织向军事组织迈近。后来，努尔哈赤有鉴于战争规模不断扩大，征服之部落越来越多，在牛录基础上始建四旗，旗下统领牛录。再后来，于原有四旗之外另增设四旗，确定八旗制，女真人原有以血缘关系为纽带的村落组织彻底被八旗制这一军事组织所取代，原有女真人的自由民之身已经被严格束缚在八旗军事组织之内。因此，努尔哈赤时期开始的"守边驻防"，到皇太极即位后继续实行的筑城驻扎，已经属于军事屯堡性质，与女真人原有的村落（嘎珊）有本质区别。岫岩从皇太极天聪七年（1633）到康熙二十六年（1687）满族八旗来岫岩驻防，就是从军事屯堡开始的。

　　清代的岫岩辖区占地辽阔，远远超过今天县界，民国十三年（1924）版《岫岩县志》关于"疆域"记载："县境在前清设治之初，疆域颇广，地方千里，东邻朝鲜，南濒大海，兼有凤凰城为之附庸。虽不必以溪山为险固，而海滨巨镇，棋布星罗，郭外烟村，山襟水带，沿海岛屿，咸隶版图，居然一大邑也。"具体疆界是：东至哨子河（镇）60里，迤东系凤界；西至峦古岭90里，迤西系盖界；南至海150里；北至分水岭150里，迤北系辽界；东南至洋河口140里，迤东系凤界；西南至毕里河240里，迤西系熊岳界，以南系复界；东北至东分水岭150里，迤东系凤界；迤北系辽界，西北至古扫石135里，系海城、牛庄分界。简言概括之，以现今岫岩为中心，周边的东港市（南临黄海）一部分、庄河市（辽东半岛东侧南部，黄海北岸）一部分、凤城市（地处黄海北岸，隔鸭绿江与朝鲜为界）一部分、海城市（辽东半岛北端，控扼辽南进京的门户）一部分，都在岫岩辖区之内。清代八旗驻防兵丁到来时，就是在这片山峦起伏的广袤土地上跑马占山，开垦种田，安家立业，形成满族传统村落。满族驻防八旗作为第一批居住民，就是村落的第一命名者。

　　岫岩满族传统村落名称形成情况，目前官方史料记载十分有限，所能依据的第一手资料是满族家谱、口述历史记忆。

岫岩大多数满族家族几乎都编修过满族家谱，满族家谱的主要内容有姓氏源流、迁徙、族居地、世系表、家规家训、典型人物及大事记等，还有行辈排字（民间称为范字）。其中，姓氏源流、迁徙、族居地三项，说明该族来源，迁徙过程，来岫岩的第一代始迁祖，旗籍、职务及来岫岩的年份、定居地何处，清清楚楚。编修家谱要写明立谱时间，从岫岩满族家谱的立谱时间看，最早的在乾隆中期，这时距离满族八旗来岫岩定居已经过去近百年，说明记入家谱中的传统村落名称已经形成。家谱还有世系表，也就是家族人员繁衍谱系，这是家谱的核心内容。随着家族人口繁衍就要向他处分居，世系表上往往要记清楚，哪支人分出去，定居到什么地方，定居的地方叫什么名字。还有排行辈字，有的写在家谱上，有的家谱上没写，但每一家必须有排行辈字，避免人伦错乱。如果家谱上没写，就是口头传承。根据排行辈字，就可以找到分居于其他村落的同一家族之人，搞清同姓人口分布及居住村落。

满族传统村落名称确定来源于满族八旗的另一种方法，就是家族口述历史记忆，不仅有村落第一定居者满族家族的认定，而且还有其他众多姓氏口述史的认同，岫岩不少满族传统村落名称的来历都是这样确定的。

满族村落名称分类主要有以下几种。

堡子、营子。堡是一种军事设施，是防御敌军的地方；营是军队安营扎寨的地方，北方汉语方言中与"子"字合称，古代战争发生的地方或军队驻扎过的地方，以此命名很常见。岫岩这里，将居住在此地家族的姓氏放在前面，就形成某某堡子。例如，洪氏居住的地方叫洪家堡子，赵氏居住的地方叫赵家堡子，董家居住的地方叫董家堡子，关家居住的地方叫关家堡子。还有前缀所属旗籍称名，如红旗堡、蓝旗堡。旗籍加缀上"屯""堡""沟"字及方位词，如红旗屯、黄旗堡子、黄旗沟、西蓝旗、南蓝旗等。

"大""小"区别同姓的分支村落。如，从洪氏洪家堡子分支另居的叫小洪家堡子，相对于小洪家堡子的旧居洪家堡子，经常被称为大洪家堡子。赵家沟的分支称为小赵家沟。

沟、岭。以沟、岭命村名大致有两种情况，一种是以居住姓氏冠前，如黄家沟、于家岭、红旗岭，再加上居住方位及区别分出的不同支系，就叫黄家东沟、黄家北沟等。

另一种，直接以居住地的河川山脉命名，本书的满族传统村落样子岭村，即是以附近山脉蜿蜒走出"牛样子"（民间对驾牛木辕的称呼）形状而命名的。

还有赵氏的小虎岭村、马氏的五道河村、田氏的娘娘沟、徐氏的马道岭、赵氏的龙宝峪等，将居住地的山脉河川进行命名作为村名。

另外，还有十八个马甲兵曾聚居的村子叫十八副甲村。哈达碑村，因满语"哈达"意为山峰，山上有碑（传说有）。

满族传统村落举例表

序号	村名分类	村名	满族姓氏	始迁祖	旗分	来岫岩时间
1	堡子	曹家堡子	曹（索绰罗氏）	舒力突防御	镶红旗	康熙三年（1664）
2		洪家堡子	洪（洪雅）	洪雅兵	正蓝旗	康熙二十六年（1687）
3		白家堡子（长支）	白（巴雅拉）	崇厄力护军校	正黄旗	康熙二十六年
4		傅家堡子	傅（富察氏）	三达力领催	正黄旗	康熙二十六年
5	旗籍、营子	西蓝旗	汪（完颜）	三各领催	镶蓝旗	康熙二十六年
6		黄旗沟	王（完颜）	平突甲兵	镶黄旗	康熙二十六年
7		西北营子	吴（乌尔锡氏）	六十兵	镶蓝旗	康熙二十六年
8		红旗营子	傅（富察氏）	雅粘	正白旗	康熙二十六年
9	沟、岭、河	娘娘沟	费（费莫氏）	巴力虎县守尉	正黄旗	康熙二十六年
10		汤沟	赫（赫舍里）	洼尔达将军*	正白旗	康熙二十六年
11		老鹳岭	白（巴牙拉）**	巴扎力骑兵官	正白旗	康熙二十六年
12		五道河	马（马尔加）	门都逊	镶红旗	顺治六年（1649）
13	大、小方位	大、小虎岭	赵（伊尔根觉罗）	常明前锋校尉	镶黄旗	康熙二十六年
14		小河北、南	田（田佳氏）	蒙古尔岱	正黄旗	康熙二十六年
15	其他	东塘坊	罗（萨各达）	固三太	正红旗	康熙二十六年
16		荒地	傅（富察氏）	三泰笔贴式	正红旗	康熙二十六年
17		燕窝	赵（伊尔根觉罗）	占代	镶黄旗	雍正四年（1726）
18		哈达碑	李（瓜尔佳）	李佚	正黄旗	嘉庆元年（1796）

*此处"将军"仅根据家谱记载，是否为军职至今没有定论。

**家谱没有记载，仅为口传旧有姓氏。

第二节　汉民进入满族传统村落

清初，满族八旗驻防形成满族传统村落，由于关内汉民来岫岩，形成以满族为中心的满汉民族杂居村落。这种情况从顺治初年已经开始。

由于清军入关，移都北京，盛京辖地大面积土地荒芜。清朝一边加强八旗驻防，圈拨土地给旗人的同时，还积极鼓励汉民出山海关到东北开垦土地。顺治八年（1651）清廷下令："是岁以山海关外荒地甚多，有愿出关垦地者，令山海关造册报部，分地居住。"① 鼓励关内汉民出关垦荒。顺治十年（1653），清廷颁布《辽东招民开垦条例》规定："顺治十年议准辽东招民开垦，有能招至一百名者，文授知县，武授守备，百名以下、六十名以上者，文授州同州判，武授千总。五十名以上者，文授县丞主簿，武授百总。招民数多者，每百名加一级，先将姓名数目册报户部，领出山海关，交与辽东府县验收，给印文赴吏、兵二部选职。又议准辽东招民照直省垦荒例，每名口给月粮一斗，秋成补还，每地一晌给种六升，每百名给牛二十只。"② 康熙二年（1663），为了鼓励招民者，清廷再次重申："辽东招民百名者，不必考试，俱以知县录用。"③

移民招垦的奖励政策，激励招头（招民开垦的组织人）到处游说拉人，吸引关内在土地兼并中失地、无地农民涌向辽东垦荒，岫岩就是这些关内农民的流向地之一。其中，以山东来者最多，其次为河北、山西一带。根据《辽东招民开垦条例》规定，出关来辽东的汉民要被安置入籍，编成民地，由州县征收赋役，组成与关内生产关系一样的民地系统。但是，岫岩此时已有满族八旗驻防，而且旗人在政治、经济上都享有优惠，于是这些出关来岫岩的汉民选择"出民入旗"，即除去民籍，加入八旗旗籍，编入汉军，然后以旗籍名义申报垦荒。这种"出民入旗"的汉军与八旗军队中的八旗汉军完全不同，只是在旗下随旗当差，或者自耕红册地而已④。但在长期与满族相处中，这部分人逐渐认

---

① 鄂匀泰等修，李洵、赵德贵主点校《八旗通志》初集卷十八，《田土志一》。
②《古今图书集成·食货典》卷五十一；《大清会典》户部田土一。
③《古今图书集成·食货典》卷五十一。
④ 清代登载旗地的官方印册称红册，入册之旗地为红册地。上书旗地顷亩数额、坐落、周围四至。

同满族，申报满族成分。现今留传的岫岩满族家谱，记载了顺治八年（1651）《辽东招民开垦条例》颁布的成果，即山东汉人来岫岩的经过。

镶黄旗汉军《田氏谱书》记载：田氏祖籍是山东省黄县松岗村，顺治八年（1651）田氏三兄弟报名来到东北辽阳、海城、岫岩各占一方，占岫岩始祖田守贤占居韭菜沟前堡，被编入汉军镶黄旗，从此在岫岩垦荒创业。

与上述记载内容相同的还有镶黄旗汉军《朱氏谱书》，朱氏始祖朱进道，祖籍江西中原人，顺治八年（1651）谋生来辽阳后到岫岩落户石庙子，隶汉军镶黄旗。《钟氏族谱》记载：始祖钟朝显，祖籍山东，顺治八年（1651）移民来岫岩，编入汉军镶蓝旗。汉军镶黄旗《韩氏谱书》记载：顺治八年（1651），二世祖韩氏二兄弟从山东移民迁到岫岩韭菜沟地方，"出民入旗"在镶黄旗下，获得与驻防八旗同样的圈地占荒待遇，将当地没加入八旗的汉民马姓、田姓的山峦和荒地一部分划归韩氏两兄弟。《高氏宗族阴谱阳册》记载：高姓祖籍山东莱州府掖县，顺治八年（1651）移迁岫岩三家子高家堡沙河东高家庄落户，驻岫岩先祖（三世）高登耀、高登进、高登煊，隶汉军正蓝旗。

由于清廷担心汉人移民涌入辽东等地带来大量社会治理安全问题，于是在康熙七年（1668）取消了《辽东招民开垦条例》。但自康熙十年（1671）以后，关内多省连续遭受自然灾害，山东灾情最为严重。《荣城县志》记载："地脊民贫，百倍勤苦，所获不及，下农拙于营生，岁欠则轻去他乡，奔赴京师、辽东、塞北。"各省情况也都基本相同。因此，地广人稀、土地肥沃的东北黑土地再次成为出关移民的输出流入地。清政府为了社会稳定，解决灾民生活困境，几次开禁，允许灾区汉民到东北谋生。灾区汉民来东北的热情高涨，在康熙二十六年（1687）增派满族八旗来岫岩驻防时，也有汉民顺势而来者。汉军正白旗《周姓族谱》记载，周家的祖籍是山西洪桐县，一世祖周念，于康熙二十六年来岫岩钟家村周家西沟落户，"出民入旗，划入正白旗下。周家西沟真可谓大山沟，背山面河，道路崎岖，交通不便"。从以上家谱的描述可以看出，出关汉民来岫岩开垦山林十分艰苦。

继康熙之后，雍正四年（1726）丈量八旗土地，允许汉民来岫岩报地植田。乾隆年间关内各省又连受大旱天灾，清廷无奈开禁允许汉民出关进入辽东，其中进入岫岩的以乾隆二十六年（1761）为最多，山东移民占大多数。但由于清廷开始八旗裁减，乾隆二十一年（1756）实行"出旗为民"政策，顺治八年（1651）"出民入旗"的汉军，这时有不少"出旗为民"。所以，这时期再来岫岩的汉民都没入旗，属"在民"的民户。民国十三年（1924）《岫岩县志》

记有"民籍"条："邑境初无殖民。清乾隆间，山东饥馑，始有避荒而流寓于兹者，继有经商负贩来而得籍者。邑内居民鲁籍占大多数，其直、豫、晋等省之民流寓斯邑者为数无多。余系邻近辽、海、盖、金、复等县人民自由迁入者，聚居杂处，历年既久，畛域亦无分矣。"来到岫岩的汉民，依靠双手和智慧，紧紧抓住清廷开发岫岩机遇，发家致富，提升自身社会地位，成为地方豪绅大户。现将《岫岩县志》中记载的来岫岩汉民知名氏族摘录于下：

石灰窑子张氏　清乾隆十四年（1749），张公希匡尧由山东牟平县迁居斯邑。起家，地租至五千馀石，商号数十处。

石佛崖张氏　原籍山东黄县。清嘉庆初年，以懋迁卜居斯土。凡九世，丁口百有奇。有已故岁贡生张倬云，子名锦波，文庠生。

苏子沟周氏　清嘉庆初年，由山东蓬莱迁居兹土，以经商起家，继以耕读。前清时，有武举人周渭泉，文举人周瀛春，武庠生周树幹。凡传九世，丁口百有馀，现已析居，仍以农商兼读为业。

小洋河子林氏　清嘉庆间，由山东迁岫，以农起家，耕读为本。传凡九世，丁口百有奇。……现已析居，仍称望族。

到清末宣统元年（1909）岫岩境内有汉民（民籍）13913户，112666人，三倍于满族旗人人口。虽然清初到中期强调旗民分界，但由于后来土地买卖频繁，境内迁徙，形成满汉杂居、共居的形势。根据2010年统计，全县有24个乡镇（办事处），满族人口占当地总人口80%以上的乡镇（办事处）有10个，占50%～80%的有10个，占50%以下的有4个。基本反映了岫岩传统村落的民族结构和比例。需要说明的是，这里统计的"满族"，包括已经认同并融入满族共同体的八旗汉军，山东移民汉民，清代八旗蒙古、锡伯族后裔。

第三节　满汉杂居传统村落的社会管理

清代岫岩民间流行一句话，"不问满汉，但问旗民"，充分表达清代旗民分治，对满汉实行两种管理体制。

一、机构

清代由于满族八旗驻防大批进入岫岩，关内灾民也大量涌入，清廷不断改进岫岩旗民分治的管理体制。岫岩管理机构有通判衙门、巡检衙门、城守卫衙门。通判和巡检两衙门管理民事。通判衙门掌管全县行政财赋及民刑诉讼等一切事务。巡检衙门主管监狱、缉捕及盘查违法等事宜。清同治九年（1870），还设置了"儒学官厅"，专管春秋大祭、增瘝出贡、乐舞生斗役各事宜。城守卫则为旗务衙门，管理正黄、正白、正蓝、正红、镶黄、镶白、镶蓝、镶红及巴尔虎合计九旗的行政及旗地征收事务。

二、旗界与民界

满族八旗驻防居住于旗界，汉民则居住在民界。满族八旗驻防最早一批来岫岩时，由于境内人少，没有固定的居住界线。但康熙二十六年（1687）在京满族八旗来到岫岩落户，开垦植田，这时需要确定旗界。

1. 旗界

《八旗通志》中有如下记载："两黄旗位正北，取土胜水。两白旗位正东，取金胜木。两红旗位正西，取火胜金。两蓝旗位正南，取水胜火，水色本黑，而旗以指麾六师，或夜行黑色难辨，故以蓝代之。"京师和盛京、山东青州的八旗驻防都按《八旗通志》所述方位划分旗界。满族八旗进入岫岩后，旗界的划分是：岫岩邑为中心，邑周围及北方是正黄、镶黄两黄旗地，为总领四方的中旗；邑东方为正白、镶白两白旗地；邑西方为正红、镶红两红旗地；邑南方为正蓝、镶蓝两蓝旗地。依照这一划分原则考证，康熙二十六年来岫岩落户的千名八旗官兵眷属定居点的位置如下：

东方，正白旗2户，富察氏、巴颜氏。

西方，两红旗6户，李雅拉氏、丁氏等。

南方，两蓝旗7户，他塔拉氏、瓜尔佳氏、完颜氏、洪雅氏、佟氏、赵氏、吴姓。

北方，两黄旗界，7户，蔡姓、富察氏、伊尔根觉罗氏、费莫氏、田佳氏、何氏、赵氏。

以上仅是大概的旗界情况，但并不是遵照旗属严格划分。例如：同为康熙二十六年（1687）来岫岩的正红旗罗姓、付姓、白姓、徐姓、赵姓，都没有按照旗籍方位的旗界居住。本书作者认为，有以下原因：

首先要考虑有利于满族八旗入驻岫岩的生产生活。京师、青州八旗驻扎在城中，可以整齐划一，而且青州建城时有专门的规划。但岫岩满族八旗来此开垦种田，以自然山川为基础进行划拨。岫岩是多山的丘陵地貌，大部分可开垦的耕地都在两山的峡谷之间，而哨子河、石灰窑、龙宝峪岫岩邑西部这一侧正是耕地较为肥沃的地方，如果仅仅安排6户两红旗，可耕地宽闲许多，但正北方已经安排6户两黄旗，剩余3户，若严格按八旗方位来安排，势必造成山田划分矛盾。因此，将本应当在北方的两黄旗白、徐、赵三姓安排在西方，这也是从自然山川实际出发。再者，自然地理上的方位都是相对的。白、徐、赵三姓所居的西方是以岫岩城为中心视角，而如果从旗界毗邻的视角看，蓝旗汪氏在白氏南方，镶红旗曹氏在白氏西方，仍然体现白氏在北方的八旗方位特点。

旗界划分的初衷是为了保证八旗社会管理的组织秩序，财产分配公正，但随着时间推移，旗界逐渐被土地开发和买卖所打破。当初来岫岩的一家一户，经百年人口繁衍，已经分出多个支系，原划分的山川耕田经过多次分析家产，已经远远不够使用。除继续在本族旗界周边开垦拓展外，就是向更远的地方开垦。雍正四年（1726）丈量旗地时，出现大量"旗余地"，就是满族八旗在划分旗地之外开垦的耕地，而且超出本旗旗界。例如蓝旗汪氏，在西方的红旗界边缘开垦一块地，因为自己的旗籍是蓝旗，这块新开垦的地在原旗地西方，就将其称为西蓝旗。汪氏将"西"与"蓝旗"两个不搭界的概念捏在一起，逐渐约定俗成，被认可。而典买其他旗界耕地则是打破旗界的根本原因。康熙九年（1670）明文规定，不准越旗交易旗地，但由于这种情况逐年增加，乾隆二十三年（1758）以后，改为八旗内部可以相互买卖旗地。岫岩满族家谱记载了旗人之间的相互买卖旗地。例如《田氏族谱》记载杨家堡田氏一支，于乾隆四十九年（1784）买费氏的土地而离开原正黄旗旗界迁居他处，这是目前能看到的岫岩旗人相互买卖土地最早的记录。而费氏，满族姓氏费莫氏，始迁祖为巴力虎，任岫岩城守尉，因而比一般兵丁多占旗地，所以，费氏的旗地买卖频繁，各支系离开原旗界迁居他处。根据《费氏谱书》记载："先世支繁叶茂，生活居住时有外迁，如五世费文信支系迁入石灰窑镇龙宝峪南沟占地而居；五世费文礼迁偏岭镇丰富村而居，长支系费德昌老中医迁居黄花甸。"典型的是《凌云堂白氏事宜录》记载了白氏（巴雅拉氏）家庭收支账目，其中不乏越旗界典买耕地和房屋。囿于清廷规定旗地不允许买卖，满族旗人遇手中钱用匮乏之时，采取迂回的卖地办法，就是出典耕地，到期限时不再赎回，即归承典（买）方所有。白氏典地记录选择摘录于下：

白氏于道光十四年（1834）"典杨文喜草房三间、册地十一日，价一千六百吊"。该杨氏为镶蓝旗汉军。道光二十年（1840）"典西蓝旗汪舒印地一段一日，价四百三十吊"。道光二十二年（1842）"典二道沟洪得福草房五间、山岚一处，价六百吊"。该洪氏为蓝旗满洲。道光二十三年（1843）"典河东佟钦地三段八日，价一千七百吊"。该佟氏为蓝旗满洲。

鉴于旗地管理需要，清廷承认旗人的旗地买卖事实，开始允许旗人之间买卖：

白氏于咸丰二年（1852）"买唐天增草房八间、山岚一处、贺力布领名册地六段十九日，价一万吊"。该卖主为蓝旗。咸丰六年（1856）"买石昌、石成草房三间、园地一块、山岚二处，价银二十两；伊祖付青阿领名册地三段五十四亩、余地一段十二亩，价七千吊"。该石氏为康熙三十三年（1694）来岫岩的镶白旗满洲。

从上述白氏典购土地山岚的账目可以看出，土地由最初的"典"到后来的"买"，从最初毗邻的两蓝旗界，一直发展到东方的镶白旗地界。该收支账目为白氏文秀公支系，从乾隆五十五年（1790）分居独立起，到光绪八年（1882），93年时间，文秀公支系已经达到五世同居，150余口人，产业积累百万之多，其致富途径主要就是典买土地。有买就有卖，土地买卖交易中突破原有旗界划分。到清末，岫岩旗界已经完全没有实际意义，民国时期，旗人身份成为历史，与汉民同样编甲注册无异。

2. 民界

与旗界相对，清廷对待出关来岫岩的汉民重新进行户口登记，安置入籍，编成民地，由州县征收赋役。康熙十八年（1679），奉天开始清查丈量汉民土地，开始划分为旗界与民界。目的是："务令旗民咸利，设立边界，永安生业。"[①] 康熙二十八年（1689）进一步重申："分界之地，不许旗人、民人互相

①《清圣祖实录》卷91。

垦种，以滋争端。"① 由此可见，清廷明确旗民分界的目的是，划清旗民界线，保证越来越多汉民涌入辽东开垦山林的同时，建立稳定的社会治理秩序，防止汉民侵入旗地，威胁旗人生计。对于进入旗界侵占旗地的民人或入官，或课以重赋。岫岩城五块石牧马官厂旗界内有山东民人偷垦地亩，户部议定令其地亩入官②。清廷严惩汉民进入旗界开垦地亩的另一个主要目的是，保证满族八旗不受汉文化影响，"不忘旧俗"。乾隆四十六年（1781）上谕将两方面考虑说得很清楚：

> 流民私垦地亩，于该处满洲生计大有妨碍，是以照内地赋酌增，以杜流民占种之弊，且撤出地亩，并可令满洲耕种，不特于旗人生计有益，并可习种地之劳，不忘旧俗，原非为加赋起见。③

由乾隆上谕可以看出，防止汉民进入旗界，清廷还有防止满汉文化交流，影响满族八旗保持"纯朴"的担忧。但农业生产上的互需、互补令清廷无法阻挡越来越多为生计所迫的汉民进入旗界，直接后果是旗界逐渐被破坏。乾隆四十四年（1779），盛京侍郎兼府尹富察善上奏说："奉天各州县旗庄地方，旗民错处，并无旗界、民界之分。"④ 这也是岫岩乾隆朝以后的写照。

三、"旗民错处"

这种旗民界线被破坏的情况，缘于满汉生产生活相互需要，比较普遍的情况就是逃荒进入岫岩的汉民迫切需要租种旗田。顺治、雍正时期来到岫岩的汉民可以选择加入旗籍成为"在旗"人来获得旗地，但是乾隆年以后，这项政策逐渐被取消。逃荒来到岫岩的汉民一无所有，大部分挑挑，一根扁担两只筐，房无一间地无一垄，唯一的生存资本就是出卖劳动力给旗人当租户，当了租户以后，满族旗人向其提供房屋、农具，安顿生活。因此，汉民给满族八旗当租户是初来乍到岫岩最好的选择。满族旗人生性憨厚，对收租不是很刻薄，长时间相处后，成为亲近的邻里关系，出于友情，不少满族旗人将自己的远离村屯

---

① 《清圣祖实录》卷143。
② 《清朝文献通典》卷3《食货典三》。
③ 《清朝文献通考》卷5《田赋考·八旗田志》。
④ 《清高宗实录》卷998。

的田地白送给租户①，或者允许汉民在自己旗地范围内开荒，让汉民得以生存，有的逐渐发家致富。满族接纳汉民，是因为有迫切需要。满族八旗来岫岩驻防时地广人稀，清廷鼓励满族八旗大力开垦，经过康熙到乾隆百年开垦，已经家家有耕田，勤劳善于经营者，已经达到"产业百万之多"，十分需要精于耕作的汉民为其当租户，传播农耕技术，缓解劳动力缺乏难题。另有满族旗人因手中缺乏资金周转，或者因各种变故，家道中落，愿意出让耕地。而汉民善于经营，会过日子，多年当租户积攒一定银两的，便以白契②的方式从旗人手中购买耕地，使自己获得稳定生活保障。生产生活上的相互需求，使满族传统村落在汉民滚雪球式进入岫岩后，形成以满族旗人土地为中心的满汉杂居传统村落。村落中有些汉民积累一定资金后，也开始购买周边旗人土地，扩大原定居的满族传统村落范围，打破了原有旗界划分。下面以本书下编洋河镇样子岭村口述史调查为例，说明旗民分界打破的过程：

样子岭村人口占主体的姓氏有：那氏、赵氏、任家堡赵家、曲氏、杨氏、任姓6大姓。

那姓是该村最早的居民，也是该村能形成并发展成村落的核心。那氏锡伯族，康熙三十八年（1699）与82名锡伯（《八旗通志》记为"席北"）兵拨来岫岩驻防，隶岫岩镶蓝旗庆善佐领下。那氏追溯族源时将锡伯作为籍贯，称为"原籍"，而民族身份一直以满族报称。那氏来岫岩驻防的始迁祖有4个儿子，长子巴三泰的父亲（没传下来名字）定居于样子岭村。

巴三泰的父亲，刚刚来到样子岭村的时候，一片荒芜，他们跑马占地，所

① 向租户提供房屋农具，赠送田地等，来源于笔者对岫岩满族旗人后裔的访谈调查。例如，2021年7月庄河（清代归岫岩所属）景氏调查。景氏传说为孝庄皇后直属蒙古八旗，康熙年拨来岫岩驻防，先祖因"打三藩"及后来出兵立有战功，受到3000亩良田（种植水稻）奖赏，再加上来岫岩后开荒，景家的耕田加上山场差不多达到七八百亩。当年给景氏当租户的王姓汉民后裔，告诉采访他的笔者，他们的先人逃难来到这里时，一路上没住没吃，几近饿死，租了景家的地以后才有了落脚的地方。后来他们王家告诉山东的亲戚朋友也都奔这里来了。这个村，除了老景家是满族，其他全部都是汉族，当初来这里时都是给景家当租户后落脚的。景家地多富有，也不在乎租子多少，租户灾荒年就少给，丰收年就多给点儿，关系一直都处得挺好。时间长了，景家把离村远种不过来的地就白给租户了。笔者同时采访的还有徐屯徐氏、鄂营子鄂氏、土门子何氏等来岫岩驻防的满族八旗后裔，说法与景氏大致相同。笔者问，离村远的地种不过来，为什么不卖出去？这几家都说，他们山东来的都很穷，时间处长了都成了"老亲古邻"，反正那个地也种不过来，卖点钱他们也没有，白给他们算了。这几处村屯的共同特点是，保持了当年汉民闯关东时的分布特点，汉民住在村子边缘，满族住在村子中心；或者满族住在山脚下，汉民住在平坦的耕田附近。满族沿袭传统居住选址，以山脚下为善。

② 没经过官府勘验，钞盖红章，只是民间私下交易草签的土地买卖协议，因写在白纸上，民间称为"白契"。

到之处，伐木为证，占领大片山和荒地，包括现今称为曲塘坊、大东沟、山嘴等地方。以后那家辈辈都在此居住，人口越来越多，远近称为那家堡，是现在样子岭村的自然屯之一。

赵氏，样子岭村除满族那氏之外的第一大姓，清代到民国时期，大约占全村人口四分之一。赵氏原籍山东省登州府海阳县牛肚山下七甲八社，当年山东遭遇霜灾，五月份麦子全部被霜打死，赵氏的老祖先（始迁祖）赵芳①带着全家逃荒跑到那家堡附近的大东沟，大东沟全都是那家的山林和地。赵家初来时租种满族那家的地，安顿下来。以后为了能在岫岩落脚入籍，先人传说赵氏随那氏加入镶蓝旗八旗，当地称为"随旗"。有了旗人的身份，赵家除租那家地种之外，不但开荒，而且还买了满族旗人的耕地。卖地的是正黄旗白氏（巴雅拉氏），康熙二十六年（1687）来岫岩八旗驻防。白氏来岫岩时在松树嘴跑马占山，经过百年开发，已经成为良田。松树嘴毗邻那家堡，白氏人白连刚出卖1000亩地，赵家买回，从此分出去一支人，在松树嘴盖房，安家种地，繁衍生息。为与大东沟赵氏区别，这支赵姓人被称为松树嘴赵家，是现在样子岭村的自然屯之一，称为松树嘴组。

任家堡赵家，传说从山东省登州府莱阳县赵家庄过来的。传到第三世赵长春时搬到任家堡居住，距今已经200多年。据说赵长春是投亲而来，原来住在岭沟（乡）塘岭村。第一代祖太爷从山东过来时兄弟丢了（失联）一支人，那支人到了苏子沟（镇）。至于该赵家因何、何时从山东原籍来到岫岩，已经无考，但因逃荒而来应该没问题。来岫岩的第一站居住地岭沟，失联那支人去了苏子沟。这两个地方都曾是满族八旗聚居较为集中，也是闯关东汉民来此开荒种地比较集中的地方，大多数汉民都是乾隆年以后来到这里开荒种地谋生，乾隆年间山东反复大灾，所以，赵家第一世应当在乾隆年间来到岫岩，第三世赵长春才来到样子岭村。

曲氏，祖上传说从山东省烟台黄县曲阜村来到岫岩，第一站到岫岩城附近讨生活。大约清同治年前后，曲家曾太爷曲彭令带着四个儿子，来到

---

① 赵氏赵芳何年代逃荒来到那家堡，赵氏后代已经没有记忆。但本书作者根据山东省海阳县多个来辽宁闯关东的汉族家谱查找比对，大都记载康熙年以后，乾隆年之前来辽东。其中西乐畎村《于氏族谱》记载，他们于氏明天启末年到乐畎村，第四代人起来辽东，此后世代都有。据此推算，赵芳来那家堡时间应当为顺治到康熙年。因为赵氏人回忆，村里当时只有那家和他们赵家两姓人家，在很远的西面有一个姓付的人家。这个姓付的人家也是满族八旗。当时只有赵氏一家汉民插在满族八旗界内，也证明其在康熙年间。乾隆时期汉民已经大量涌入岫岩，赵家这种唯一住在满族旗界的汉民不大可能。

样子岭村，买下满族那氏的曲塘坊地亩，这里原来只有地，没有人家，曲姓就成为这个屯的第一家住户，兄弟四人都住在一起。老四绰号"曲四爷"，娶了岫岩当地的大户人家"孙家大院"的姑娘，被称为"曲四奶奶"，在村里很有名。后来四兄弟的支系分家立业，土改时，有一支被划分为地主，与他们没出五服的曲姓人被定为中农。这是山东来岫岩闯关东汉民，从逃荒到脱贫致富，买得起地的典型。曲塘坊，现在是样子岭村的自然屯之一，曲塘坊组。

杨氏，清代时是样子岭村的大姓之一，整个窝棚沟都住着杨姓。传说，杨姓祖先300多年前从山东省登州府莱阳县逃荒来的，当时什么都没有，没有地，没有山，也没有房子，在东山（因山在村东面称之）找个地方搭建窝棚住，所以当地人称杨家住的这个沟为窝棚沟。杨家的生活依靠租种哨子河张家张玉吉的地。张家的地与那家的地毗邻，所以，杨家租了张家的地以后，进入样子岭村，定居窝棚沟。张家是满洲旗人，在民国十三年（1924）的《岫岩县志》有这样的记载："哨子河张氏，原籍云南。有张宽者，清初随清兵来岫岩驻防。雍正四年（1726），因功编入满洲正黄旗，当兵首报城南十八副甲仙人嘴子荒地开垦。传至五世，户口众多。于乾隆初年继报哨子河街、羊砬寨、张家堡子、大岭、后泡子沿、烧锅流子、灵神庙、张家沟、头二道千沟、大小碾子沟、二道河子、河夹信、冰岭、张家隈子、夹皮沟、啦嘛屯等处。"杨姓租张家山林放养蚕，在山沟里也放蚕，而且开荒。到清末时，杨家已成为有钱人，在吉林做买卖。

任氏，传说老祖先名字任週，从山东省登州府莱阳县来样子岭村。来村后租张家（前面提到的哨子河张氏）的田地，还刨地开荒，也租了张家的山放蚕。自从任家来到这里，人口繁衍，越来越多，任家人勤劳，会管理，攒点钱买了张家的地，逐渐脱贫致富。支脉繁衍形成任家堡子，现在是样子岭村任家堡组。[1]

从上述样子岭村的个案可以看出，满族传统村落形成是满汉人民共同开发建设的结果，在共同开发建设中形成互利关系，互利关系中生成邻里友情，清代实行的旗民分治政策，就此在满族传统村落中逐渐打破，名存实亡。

---

[1] 本书作者赵秀丽调查。

四、传统村落中的家族治理

尽管传统村落中旗民错处，满汉杂居，但基层的村落管理井然有序，重要的是村落里以各个姓氏家族为基本单位的自治管理。清代乡村，聚族而居，满族更是保留氏族部落传统习俗，以大家族聚居为常态。初来岫岩时，仅为一兵带领一家老小包括未成年兄弟，然而，经过若干年以后，正如《白氏源流族谱》所说："所子复生子，孙复生孙，族已繁而支已多。"尽管采取支多即分居的措施，但每一支仍然以大家族聚居，例如康熙二十六年（1687）来岫岩的白氏，到民国初期，已经分成三大支，其中仅文秀公一支即分为16股，150余人共同生活，而全部三大支达到500余口人。汪氏初来时四兄弟分为四大支，到民国时期三千余人已分化为25系。洪氏尽管不断分支分居，但到编修《洪氏谱书》的民国二十五年（1936）仍然是有70余口人的大家族。其他满族各姓，无一不是聚族而居。一般为四代同堂，几十口人，少者也为三代同堂，二三十口人①。因此，在辽东地区，民间称家族聚居为"大家口"。

满族之所以要聚族而居，保持"大家口"，这是从女真人时期氏族部落生活向农耕生产生计方式转型过程中的一种必然的宗族组织形态，对宗族利益的一种集体保护。有三个方面原因：一是有利于对内部弱势成员，诸如鳏寡孤独救济。满族入关前女真人时期实行族中相娶，子娶庶母、弟娶兄嫂的收继婚制，被中原文明所排斥。实际上是游牧渔猎经济生产生计方式下的一种救济方式，"娶"丧失丈夫女人的同时连带其所抚养的未成年子女，实际是一种家庭责任的接管和承担。岫岩满族保持"大家口"生活，仍然保持对族内弱势成员的救济责任，只是改变了救济方式，由族内共有（民间称为"伙上"）财产作为保障。二是有利于生产生计中的互帮互助。女真人时期的野外生计方式，诸如打猎、采参，需要互助，而农耕经济是一种自给自足的小农经济，更需要互助。满族八旗驻防来到岫岩多年后，家族内在旗上当差吃粮饷的人越来越少，而依靠种地为生的"闲散"②却越来越多，以家族血缘为纽带组织农业生产，劳动力多，可以更好地分工协作。三是有利于家族成员受到群体保护。女真人

---

① 这一说法，除以满族家谱为据外，笔者专门在岫岩（包括清代属岫岩管辖的庄河）作了调查，聚族而居是普遍现象。但也有特例，支系分居以后，因为战乱或自然灾害，人丁迅速减损或迁徙他乡，剩下独居户，这种情况在清朝末年和民国时期很常见，本书此处说的是满族家族的一般形态。

② 清代称八旗组织内没有披甲当兵的人。

的氏族部落时期，为争夺生存空间，相互之间经常发生争斗冲突，脱离氏族的个体很难生存。落居岫岩后，由原来完全的兵营生活转入自耕农生活，虽然八旗组织可以保障成员的基本政治经济权利，但邻里矛盾，各家族之间的纠纷也在所难免，矛盾对抗时需要全家族的力量对个体的庇护，这种庇护已经不是女真人时期的武力解决，而是社会关系的一种综合考量，是一种家族为单位的群体之间矛盾，而不是个体成员。所以，聚族而居对于中原农耕文明来讲历史悠久，而对于满族来讲，则是入关后生产生计方式变迁情况下的宗族组织整合的结果。这三个方面优势成为黏合剂，将满族家族成员连接在一起聚族而居。除此之外，还有思想理念转变和文化上的原因。满族接受儒家文化，讲究孝悌，提倡大家族和睦聚居，如果能几代同堂，则说明这个家族讲伦理，有品德，"礼让齐家"，而分家"另过"者，除非是因生活需要，否则就是因为做不良的事被家族开除之户，十分不光彩。从岫岩满族家谱上看，大部分家族都是在乾隆时期分居。康熙时期来岫岩驻防的满族，按兄弟人数各自占地开荒，但到乾隆时期已经是第五代，产生家族人多地窄的生存问题，所以需要分居，然后各自另行寻找耕地或出路。以家谱举例如下：

　　《汪氏宗族谱书》：康熙二十六年（1687）来岫岩驻防，"岫岩城南蓝旗营居住多年，后移居城东南地名陡沟子住多年，后移居地名孤家子住多年，蘧蘧靡骋，无所底止，后移居哨子河西蓝旗屯处，世世子孙遂永住于此焉。"三道河支系："溯我汪氏自三世三各、四世六十五之长支进山生福宁额，遂由哨子河西蓝旗移居三道河落户，年籍无考，生息日繁。福宁额生七子、道光七年又由三道河分居，散居在大营子、汪家堡子、大索字沟及磊子后、白家堡子等处。"

　　上述《汪氏宗族谱书》反映出，该汪氏自从来到岫岩后几经迁徙，城南蓝旗营—陡沟子—孤家子—哨子河西蓝旗屯，共4迁。然而，道光年间第五世长支又开始迁居，哨子河西蓝旗屯—三道河—大营子等5处，共3迁，而且最后一次迁移，分布5处。每一次迁徙，就相伴一次族人分居。

　　《汪氏宗族谱书》仅记载迁徙中的分居，而《白氏源流族谱》则不仅记载分居，并且表达分居的无奈，说明并不是不想效仿张公艺"以礼齐家"，而是被耕地狭窄所限制的无奈：

自乾隆五十五年（1790），群住公与文秀公分居，迄今年九十有三载，五世同居，人一百五十余口，产业已积百万之多，租粮约有三千余石。因人口众多，房基窄小，无处修房，遂公议于是年三月按老三股阄分，每支小股亦阄分，各立门户。

立分书人成安、瑞安、锡安等。因吾家我祖开基创业，我父兄弟三人承先启后，以迄今日，计年则百有余年，阅世则同居六世，吾辈岂不欲效张公之百忍。但生龄百有五十，照拂（抚）实觉难周。况同居此宅基五亩，使樽俎云难容，何若效鼎足三分，免拥挤之为患。为此，父兄宣谕于子弟，子弟请命于父兄，一家俱无闲言，三支均有同心。今情愿以先人所遗田产以及牛马六畜、车辆农器、日用铺垫、柴草粮米，一切器物搭配三股，有物必匀，毫无遗漏。至房屋少者拔（拨）钱作价，合家均允，别无异说。遂邀亲友同面，拈得何处，各由天命。自分之后，各守各业，决无追悔。

白氏自康熙二十六年（1687）来岫岩，到光绪末年，200多年时间里经过3次分居：第一次分居在乾隆五年（1740），第三世伯宁公主持，给4个儿子分居；第二次于乾隆五十五年（1790）群住公和文秀公分居（此二人是伯宁公第三子五十七之子）；第三次光绪末年白氏第八世文秀公支系分居，因此前群住公支系已于嘉庆年迁往双城堡。该白氏曾经五世或六世同堂，迫于人口增加耕地不够，采取分居的办法各支自己解决。但是，即使分居之后仍然是"大家口"共同生活，人口也有几十口人。

家族的"大家口"实行族长管理。族长在满语中称为穆琨达。但是，随着满语消失，改由汉语习惯称为族长，在岫岩也称为"当家的"或"大当家的"。满族编入八旗组织，仍然承认家族管理，八旗组织以佐领为基本单位，管理涉及旗内事务，而家族内部事务则由族长管理，诸如：家族财产分配，生产生活组织，婚丧嫁娶，祭祖，祭田管理等。族长一般选举在家族内德高望众者担任。族长除处理家族内事务外，负责对外协调家族事务。族长还有一项主要的职能就是教育族中子弟遵纪守法，恪守孝道，求学上进。从族长行使的职能不难看出，家族是社会组织的细胞，而族长制则是家族管理自治的一种形式，有利于社会稳定，成为政府基层管理的重要补充。与官员的权力来自国家不同，族长的权力来自家族对其人格品德的认同，这一点十分重要，《萨嘛喇氏族谱》记载族长人选的资格"虽非官署任职比，而其人为乡望素孚者，始膺兹选"。

符合这种要求的人，基本上都是在八旗上曾经任过差使退休还乡之人或者为地方乡绅。这类人有一定文化，通常与官府有联系，见过世面，在社会上有一定影响力，被家族人所信服。比如，《洪氏谱书》在"先人典型"中记载乾隆到民国160余年时间里的7位洪氏典型人物，其中4位担任过洪氏族长①：第三世祖曾任佐领的山林保，第七世祖锡聚、锡英，第八世汝钧。现将"先人典型"中记载的4位族长的事迹摘录于下：

　　山林保"里中有事，排解持平，毫无瞻徇，以是人多敬仰，远近数十里内，凡有事者，无不藉片言以为定评。尝谓人之争闹，多由狡，苟能平心正气，反己自思，良心判断，当能胜于质官，多多嘉言懿行，垂裕后裔，凡历七世二百余年中，族内无有为事而一质于官者。村俗朴厚，人务实业，不事急讼，屏除浮华，人皆目为仁里。"

　　"锡聚，为锡安亲弟，曾充地方乡正多年。排难解纷，公直素著，理家持算，多集广益。每值要事，则招侄孙于一室，令各抒所见，以为取择，以是家口虽至七十余，均能雍雍穆穆，各司其事，有条不紊，诚可谓治家之领袖，洪氏之模范也。"

　　"锡英，字慎余，号竹安。性纯孝，善事亲。……理家改俗，力戒赌博，族中子弟有财癖者，望之急避，有若官家来临者。"

　　"峻山公，讳汝钧，兄弟三人，公其季也。公笃于友，于长兄早世，与仲兄同居，终身无间。语性豪爽，而自处谦和，尤喜排难解纷，乡党之有争端者，不避嫌怨，恒以一言判曲直，是之非之，当事者莫不心服，颂盛德焉。……"

从上述洪氏"先人典型"中的4位族长可以看出，族长的能力最主要体现在以身作则，善于化解矛盾，团结族人，和睦乡里，将几十人，甚至百余人的大家族治理得井井有条。对内大家在一起过日子不闹分居，对外没有争讼发生，洪氏到第七世锡字辈，来岫岩共二百余年中，"族内无有为事而一质于官者"，达到族长治理的最高境界。

---

　　① 族长的身份在"先人典型"中并没有明确介绍，而是通过介绍其人的行为可判断为族长。另《洪氏谱书》中"洪氏宗和堂坟山祭田规条"中提道"七世族长锡聚、锡英、锡山等率全族子弟遍种橡树"。查《洪氏谱书》世系表第七世，明确记载三位族长姓名。但"先人典型"中没有锡山的典型记载。还有第八世峻山公汝钧，临终时"集家中子侄于榻前"，表明其为族长。

大家族几十口人聚居在一起，以"家"为单位，各"家"亦称为各"份"或"户"。每家即是一个主干家庭，是大家族的基本组成单位。亲属称谓上分为"大排行"，即族中亲属关系，每一个辈分中的人按年龄男女分别排出长幼顺序；"小排行"，即家庭中的亲属关系，以各自家中的同辈子女按男女年龄分别排出长幼顺序。例如某姓氏大家族中的一男子，在整个大家族同辈分中年龄排行为第五名，即称为大排行五哥，简称为大五哥，或直接称五哥；而这同一人在自己的家、份、户中排行第二，则称为我二哥，或直接称为二哥。这种称呼上的习惯，在家族内相互之间都明白，平日里相称，直接称呼即可，但落在文本上就要清楚标示出是胞亲还是族亲。清代满族人都记录在八旗旗册上，记录时将大排行的亲属名称前冠以"族"字或"同族"，"小排行"直接记为"兄"或"弟"。而在满族民间家谱上，则直呼其名，或名前冠以某某始祖或曾祖，或高祖，或第几世祖字样。大家族内的成员虽然都有血缘关系，但仍然是一个利益共同体，因此需要有相互制约的契约，即制定共同遵守的规则，规范全体人员行为，这样才能使大家族成员避免矛盾冲突，各自的需求得到平衡，和谐地生活在一起。通常，一般的家族，只是由族长出面主持，在日常生活中形成口头约定规则。口头约定规则由族内共同遵守，一般都在聚居人口20到40人的家族中，或者经济生活不很富裕的家族内通行，因为规则的内容比较简单，通常仅涉及吃饭、子女上学、买卖土地等支出，已经形成日常习惯，无须落实在文字上。比如吃饭的吃法，族中的全体儿媳妇轮流做饭，称为"轮饭班"或简称为"饭班"。吃饭全族人在一起吃，叫"伙上吃"；如果某家有条件者，想吃一些爱吃的饭菜，或有病人需要特殊照顾，则自己家出费用安排，"伙上"不管。如果遇有临时的特殊情况，则由族长召集各家的当家人征求意见，做出决定。但是，人口超出50人的大家族，或者族长是"文化人"，就要将规则落实在纸上，详细写明各条款，以便遵守，通常写在家谱上。因为，清代满族家家（指家族）修家谱，每到一定年份就要续修，以便当兵挑丁、科举、承袭所用。最初以世系谱单为多，但同治年以后，岫岩满族编修谱书增多。与谱单相比，谱书的文字容量更大，因此，修谱的同时，即将家族规则写于其上，整体体现该家族历史源流与家族风貌。遗憾的是，特殊历史时期，岫岩满族家谱大量损失，与此相关的资料也损失殆尽，但仍然有满族家谱保留下来这方面记载，每一族根据本族的重点列入不同的家族规则，下面分别以《白氏源流族谱》《索绰罗氏谱书》《洪氏谱书》为例，说明满族大家族日常规则内容。

1. 族中日常支出规则

《白氏源流族谱》录入一份《凌云堂白氏事宜录》，记载咸丰九年（1859）族中议定如下：

　　——男人每年穿衣钱三十吊。

　　——女人每年穿衣钱十五吊。

　　——生男、生女小孩每岁给钱一吊，至十五岁每年给钱三十吊。

　　——娶媳妇每名给穿戴钱二百八十吊，外给柜箱一套，外给石镟钱十七吊，若亲家要两次双猪、双酒，不给柜箱。

　　——姑娘出门，每名给钱一百八十吊。

　　——娶媳过三年后，每名给穿衣钱十五吊，如三月内娶，扣去两月，仅给十个月穿衣钱。

　　——女儿出门，如四月内出门，扣去未来者八个月，仅给四个月穿衣钱。

　　——女儿出门，女婿头一年来拜年，公中出钱二吊，至未过门女婿来拜年，公中不出，任女儿父母自便。

　　——女儿出门后回门不给钱，至于上摇车，每名给钱四十吊、猪一口，其余给多少，任女儿父母自便，公中不管。

　　——嫡妻过门病故续娶者，仍给钱二百八十吊，扣去金钳钱六十吊，仅给二百二十吊。

　　——小儿定亲换盅，给装烟钱四吊，送会亲猪、酒、给装烟钱四吊。至于问话、送衣裳、装烟钱，小儿父母自出，公中不管，寻常有事故至小儿丈人家，媳妇若出装烟，小儿父母并伊祖父母吃烟，仍宜伊祖父母、并父母出装烟钱，公中不管，若外人吃烟，公中共议出钱四吊，再多者，吃烟人自出，不与伊祖父母并公中相干。

　　——闺女出门后，每年给钱四吊，以六年为期，过期不给钱，如有给者，任伊父母自便，公中不管。

　　——续娶者换盅，给装烟钱十吊。

　　——小儿会亲事，若要猪、酒，仍送猪、酒，若折钱，共议给钱四十吊，此不可照四吊之数，共议给装烟钱十吊，再多者，任伊父母自便，公中不管。

　　——妇人生小孩，共议给鸡子钱二吊，如有未足月生者，共议给钱一吊。

——新娶媳妇当给新席一领，俟后自买，公中不管。

——一家人善能赶车出门诚实谨慎者，每年公中外给靴鞋钱三吊，出门穿吊面羊皮袄一身。

同治九年（1870），又增加雇佣女工做饭、洗衣，族中妇女增加穿衣钱额度等条款，在此省略不一一列出。

2. 族中礼仪

满族十分注重礼仪，在民间普遍流行"旗人礼大"的说法。满族礼仪充斥于社会生活各个方面，诸如婚丧嫁娶礼仪，"办事情"的程序；家庭伦理礼仪，晚辈对长辈、儿媳对公婆、接待客人都有一套礼仪；祭祀礼仪，主要在于祭祖，每家族各自有一套祭祀规则等。《索绰罗氏谱书》记载的礼仪内容涉及丧葬、祭祖与春节三个方面，其中祭祖方面最为详尽。笔者见过诸多岫岩满族家谱，关于礼仪方面记载《索绰罗氏谱书》比较丰富。该家谱记载的祭祖礼仪包括"安祖宗方位章程"记载象征祖宗的祖宗板、祖宗架、香碟、索绳、黄蒙子等有多大尺寸，安放在西屋的西山墙上。"祭祀应用的器具"比较复杂，下面有节选。"一年四大季上坟祭祀"记载清明、农历七月十五、十月初一、春节4个季节的上坟做法。"斩衰三年"记载丧葬期间的孝服及每一期的做法。在家谱该款后面注有："上述《五服图说》内容，皆为汉俗，索氏全部如实地吸纳为满俗。"

节选"祭祀应用的器具"及"春节礼仪"如下：

祭祀应用的器具（节选）

午后，西炕放桌一张，桌后悬大蒙子，桌上放六双筷子，六个小酒盅。斟烧酒，上香，蒸好饽饽装九碟：皂神一碟，索柱妈妈一碟，留背灯一碟，桌上六碟。用净水一碗，放桌下，换酒行礼三次。用猪一口，进屋内请牲。每盅酒往猪耳内灌，耳动为接。宰猪下锅，灌血肠煮熟时放高桌，按件摆上。左蹄含口，肚油蒙头，左肋叉（插）刀，换酒行礼三次。用北头香碟一个，饽饽一碟，大蒙子包上酒盅一个，全放高桌上，抬在房门后背灯用。人在桌旁，换酒三次，拿蹄骨扔地下。家主行礼一次明灯，将桌抬回，全撤。大家吃肉，喝烧酒。

第二日，天地上还愿。高桌一张，锅一口，碗、筷子、刀、板、勺、水、火、柴户（禾），应用的家器，一并齐出。在天地前放高桌，桌上小米子一碟、水一碟、水包（吹泡）苦胆一碟，上线香。在院西安锅，用包皮猪（即剥皮猪）一口，不灌血。按件各要小份，左边长肋二根，右边短肋三根，连头整派，按骨三刀。将小份下锅，煮熟时切为肉丝两碗。小米饭两碗，筷子四双，拿索子骨套天地杆子上。小肉丝、长短肋两碗，第一碗是给……（此处为满文）的，第二碗胸岔骨是给……（此处为满文）的，供于天地桌上。行礼一次，撒小米子。礼毕，大家吃小肉饭，不哈酒。饭后燎猪皮，大肉进屋煮熟不供，同吃。将骨拿了，送到影壁前，用毛纸叠三夹（角）三块，火燎竿子一根，将纸挟上，每人全擦，竿子、洗碗水一并送出。

第三日，换索。在西炕北角放桌，小香碟一个，上达（子）香。净水碟一个，装爪尖、苦胆碟一个，箭一支，小酒盅一个，斟烧酒。房门外东边立柳枝一个（枝），毛纸一张，裁条挂在柳枝上，拉索绳，拴在柳枝上。屋里行礼一次，将桌抬出，放在柳枝下。用猪一口，在桌前请牲一盅，耳动为接。宰猪下锅，灌血肠。肉熟，按件每份三刀，共合一处，分为两碗，小米饭两碗，筷子四双，供在祭桌上。件肉按件摆上。行礼一次，将箭转三转。四碗，每碗拨出一点，归一碗用。外人在门外旁等，全搭（抬）进屋内，叫他在外吃。吃完将碗放在门外，三日后拿碗。礼毕，全撤。桌立西炕上。本家吃肉，不给外人吃。吃完收索绳，将洗碗水、帚地土、柳枝一并送出，完事。

春节礼仪

除夕晚饭后辞岁。先由长辈向祖宗磕头辞旧岁，迎新春。礼毕，由长子、媳向祖宗磕头辞岁，再给玛玛①、讷讷②磕头辞岁。礼毕，由次子、媳向祖宗磕头辞岁，后给玛玛、讷讷、哥哥、嫂嫂磕头辞岁。礼毕，再由长孙、次孙等按等级顺序向祖宗、爷爷、奶奶、玛玛、讷讷、叔叔、婶母、哥哥、嫂嫂、姐姐等顺序磕头辞岁。礼毕，而后到近支各家各户磕头辞岁。初一零时分，接财神，祭祖放鞭炮，煮饺子，给祖宗上供五碗，大家吃饺子。吃毕即拜年，先向祖宗磕头，而后按祖辈、父辈等级顺序行请安礼，磕头拜年，遂（随）后即前往近支家中拜年。次日早饭后，分男女同伙前往同宗各家，逐户磕头拜年。拜年之意，本族和睦团结，兴旺发达。

---

① 满语爸爸。
② 满语妈妈。

3. 坟山祭田规则

岫岩地理为"八山一水一分田"的地理面貌，满族本来即为山林渔猎民族，来岫岩八旗驻防时，此习惯仍然保持，每族都"跑马占山"拥有山岗，因此，岫岩满族习惯于将故去的先人埋在山上，经过几代人形成的家族坟茔地，称为"老坟山"。起初满族来岫岩时，仅利用山林狩猎，别无其他经济来源。但自从山东移民带来柞蚕放养技术以后，山岗具有了可利用的经济价值，因此也就容易产生对"老坟山"的破坏性开发。祭田，属于家族性公有财产，随着山东移民进入岫岩，土地可开发的空间越来越小，经济价值增高，祭田被侵占的可能性也在增加。所以，"老坟山"和祭田管理成为家族一件重要大事，有必要约法三章，制定规则。《洪氏谱书》上记载的"洪氏宗和堂坟山祭田规条"较为完整，摘要如下：

规条序省略……

规　　则

第一条　此老坟山、西坟山为洪氏全族之坟山，此北山、西山为洪氏全族之山。凡属洪氏本族之人，均有保护之责、享用之权（此享用权指居本堡及附近者言，远徙者不在此例，但如迁回，仍一律同待）。

第二条　每年定于夏历十月一日大祭祖墓一次，其花费则由族中公产出项下动用之（举办此事，由四条公举诸人）。

第三条　此公族之出产，除祭祀之花费外，其余以兴本堡全族公益事务为宗旨，其有远徙他方及千百里者，不得干涉、享用，但有迁回，仍一体相待。

第四条　此山坟祭田公有，诸所事务为管理便利起见，公举经理二人，司账二人，检查八人，凡钱项之花费储蓄、契照、字据之收存登记，均由经理人指令司账者详记，其收存处所出入细目，其有不实不尽处，检查人得究（纠）正之，账目每至年终清算，榜示周知。

第五条　凡存、使款项，必须二人以上经手，或经理同检查，或经理同司账，不得一人私自存、使，至存储时，得以"宗和堂"名义为准。

第六条　凡经理、检查、司账诸人，均系义务职，以五年为期，期满另举。前期人如有被选者得连任，其有未及期而生他故，得集族人补选之（补选以前人期为限），至举办公益事务动用款项，则由所举诸人及族老决定之，决定以多数为准。

第七条　凡坟山树木不许放蚕，不许个人私自砍伐、樵采，不许牧放牲畜于坟近之地。如有不遵故犯者，得处以相当之罚项。但关公益事，得经理、检查诸人之许可砍伐几株，或牲畜奔蹿，猝不及防，驰入林内，跟人追找者，不在此例，不得援以罚办。

第八条　蚕场现归六大支后人平均放蚕，场租每人定为七十元，六人共计四百二十元，系上纳租，以夏历十月初一日为交租期，十二月初一日为截止期，日后租价长（涨）落随时酌定，且关族中公益，必要时得以"宗和堂"名义处分之，应租者不得抗违。

第九条　牧场以先人成例，仍留西山三分之一作为全族樵采牧养之地，其近蚕场边，牧放人得极加小心，以防牲畜践踏树蚕，其不遵故犯者，得由放蚕人告知经理诸人，处以相当之罚项，若有奔蹿猝入而追出者，事出不意，情有可原，放蚕者不得藉口据以罚办（蚕场罚办，告知经理诸人者，以场人均系本族也）。

第十条　西山北山各地虽容本族死葬，自由选择，惟葬后坟边植树仍属公族所有，各坟主无动用之权，不得据为己有，私自砍蜕其坟木。公族为之保护，与两坟山树木相同。有窃砍者，仍处以相当罚项。"说明"盖（该）地是公族所有，非自买到树木，当然非自所有，仍归公族，且以公族地植树护己坟已属厚待，设再据为己有，则日后流弊遍处是私坟，即遍处是私坟树，公族将无隙地林木矣！且此例一开，刁狡者援例将不计地之佳否，各处埋葬植树，以便私利，再顽强者将起而反抗，不许各处埋葬，以占公地。于是由前言之则，不应葬之地，亦可植树，由后言之则，应葬之地亦不得葬，岂非两失，且两派纷争纷乱，必呈将理胜理矣。故此处不可不慎。

第十一条　本规则自批准立案之日施行，其有不适不尽处，日后得集四条诸人同意，随时更正添补之。

由上述3部满族家谱可以看出，满族的家族治理涉及社会生活的方方面面，规章明确，族人遵守不乱。

再来看岫岩汉民的家族治理。

岫岩传统村落中有外来汉人移民，以山东为最多。山东是孔子故里，周朝时齐鲁的受封地，儒家思想传承久远，影响深厚，大家族聚居，几代同堂，忠亲孝悌，"齐家治国平天下"，是山东的文化传统。所以，山东移民来到岫岩后，将山东的儒家文化带入岫岩。这些山东移民来到岫岩时有的是单身，大多数是独家独户，一根扁担挑挑来到岫岩投奔满族租田耕种。上面已经提到本书的专题调查样子岭村，有赵氏、任家堡赵家、曲氏、杨氏、任姓5大汉民姓氏，全部是从山东逃荒而来。经过几代人繁衍生息，成为大家族，任家堡赵家就是从赵氏分支出去的。这些汉民将山东家族治理习惯带入样子岭村，通过编修家谱，一方面保持与山东的联系，不忘记在山东的根脉；另一方面将山东的大家族治理"移植"到岫岩。其中任姓体现家族治理的好方式就是编修《任姓谱书》，通过编修谱书凝聚家族亲情，将家规落实在文字上，以供族人遵守。《任姓谱书》编写得比较完备，清代经历4次编修：第一次雍正六年（1728）；第二次乾隆三十二年（1767）带入；第三次嘉庆十年（1805）；第四次咸丰十一年（1861）。样子岭村任姓于乾隆十九年（1754）由任週率四子迁来岫岩，这时《任姓谱书》已经完成第二次编修，所以，任週将《任姓谱书》带入岫岩，并且又创写东北支系任姓谱书，作为任姓家族的管理依据。现将咸丰十一年（1861）所立家规节录于下：

俗语云，国有政，有家法。国无政不立，家无法不行。所以治国必由于齐家而孝友，驶于有政也。倘限之以法，亦可以息讼狱，免纷争，大有裨益於。

王化之所不及，非第辑让周旋于父子兄弟之间，取悦于乡邻而已矣！其有实在不遵者，可会同各支族长，从实送官，再以国法治之，不可姑息畏仇，以辜立法之本意也。

——凡父母兄弟不相和睦，将成争讼者，族长当于先祠中，传集各支嫡长及父老辈共同议处，酌其过之大小，罚出钱粟若干，以充祠费，不可以相交之厚薄，服制之远近，上下其手，有失公论。与其典卖血产以充隶役之贪，囊何若俾出横资，一助香花之生色。若罚棍罚跪等情，彼无礼者，既不以为羞而发议者，亦谈而无味。今分晰开列于后，以便照拟：

——酗酒滋事，殴辱尊长者罚。

——律讼武断，恃势凌人者罚。

——男奸女淫，至争风滋事者罚。

——侵占地亩，偷砍树木及草窃窝藏者罚。

——偷砍茔树及于坟墓放者倍罚。

——勾拐本族妇女者，强卖寡嫂及弟妇者，当预先阻禁，事成而罚已晚矣。

　　——其余赌博游荡不事生产者，父老辈当严加解劝。

祖训

祖训昭垂　子孙宜尊　父母尽孝　兄弟相亲
耕读教子　端谨持身　勤俭有道　和平勿嗔
严戒博弈　亲近正人　顺理守分　乐也欣欣

　　比较任氏与满族家规可以看出，满族家规重教育，任氏汉民家规重惩罚，惩罚事由比较具体；任氏祖训与满族家规接近，教化意义强，体现不同民族背景的不同特点。但是，基本的主导思想都是一致的，维护社会和家庭稳定，将家族治理作为国家的一级基层自治组织，与国家行政管理职能相衔接。满族家族之上有旗衙门管理，汉民家族之上有县衙门管理，形成清代乡村治理完整体系。

第二章　传统村落向农耕
生产生计方式变迁

生产生计方式是民族社会赖以生存的基础，也是民族文化构建的物质基础，对整个民族的文化具有奠基功能，在多层级文化构成中处于最底层，是最先发生的文化现象。满族发源于长白山，历经明清三百多年，从明代女真人渔猎捕获到清代农耕之家的生产生计方式变迁过程，最终融入中原农耕文明。岫岩满族传统村落形成就是满族生产生计方式融合变迁过程中的底层文化变迁结果，满汉文化交往、交流、交融从满族传统村落这个最基层的社会组织的底层文化开始，由生产共同体形成文化共同体。因此，本章从满族生产生计方式融合与变迁的底层文化进行探讨，为下章满族精神文化变迁作基础。

第一节　明代女真人的狩猎游牧生产生计方式

满族由明代女真人发展而来，探讨满族生产生计方式发展变迁离不开对明代女真人的历史追溯。

明代女真人地域分布："其地东濒海，西接兀良哈，南邻朝鲜，北至奴尔干北海"①，大致在外兴安岭和长白山脉沿线，那里山脉纵横，森林茂密，明朝时期的朝鲜历史文献资料记载这时期的女真人"边镇会宁迤北，系是野人窟穴，山溪阻隔，树木茂密，诸种野人四散占据"②。在女真人居住的周围，"大木如栉，郁密蔽空，小路仅通，木枝翳路""芟夷其大木，则虽硕之，必附他木，不能落地，竟不见天日"③。长白山地域森林生态环境下，决定明代女真

---

① （明）李东阳等，《大明会典》卷107，第1606页。
② [朝鲜]《朝鲜李朝实录·文宗》卷13，第275页。
③ [朝鲜]《李朝实录中的女真史料选编》，第150页，辽宁大学历史系：清初史料丛刊第七种，1979年版。

人仍然以向自然直接索取的原始经济占主要地位，明代史籍记载女真人以"养马弋猎为生"①，准确概括当时女真人生计方式特点。

养马，仅是女真人畜牧和渔猎业结构中的主要部分，实际上女真人的畜牧业种类齐全，兼有渔业，曾居住在建州的朝鲜人所写的《建州闻见录》中记载女真人"家家皆畜，鸡、猪、鹅、鸭、羔、羊之属"满庭院，"禽、兽、鱼、鳖之类，蔬菜，瓜、茄之属皆有"②。考察当时女真人婚、丧、饮食、祭祀风俗，都有大量的马、牛、羊、猪等牲畜作牺牲品就是证明。③ 但女真人以养马为畜牧之重，这位朝鲜人亲眼所见建州女真人"六畜惟马最盛，将胡之家，千百成群，卒胡家亦不下十数匹"④。马成为最珍贵的家产，努尔哈赤曾分给长子褚英、次子代善各八百牧群。由于女真马有良好特性，成为女真人与明朝贸易换取粮食、布匹、铁器等生活物资的重要商品。为笼络控制女真人，明朝沿辽东长城设立关口进行贸易，陆续设立马市⑤，分为官市和私市两种：明政府收购马匹等"攻战之具"，称为官市；女真和各族民众之间换取"食用之物"，称为私市。马市设立之初（明永乐三年，1405年），贸易形式以物易物，12年之后（明永乐十五年，1417年）改为货币交易，并且征收商业税，叫作"马市抽分"，而且，对于女真前来马市贸易的各部首领还给以抚赏，以资奖励⑥。

明代辽东都司设关一览表

名称	所在地
镇北关	开原城东北七十里
山头关	开原城南六十里
清河关	开原城西南六里
广顺关	开原城东六十里

---

① （明）严从检，《殊域周谘录》卷24，第8页，故宫博物院图书馆印，1930年版。

② ［朝鲜］李民寏，《建州闻见录》，第43页，辽宁大学历史系：清初史料丛刊第八、九种，1979年版。

③ 《清太宗实录稿本》，第3-13页，辽宁大学历史系：清初史料丛刊第三种，1978年版。

④ 《清太宗实录稿本》，第3-13页，辽宁大学历史系：清初史料丛刊第三种，1978年版。

⑤ 针对明廷与女真开设马市贸易一事，明宣宗直接说出目的："朝廷非无马、牛而与之市，盖以其服之物皆赖中国；若绝之，彼必有怨心，皇祖许其互市，亦是怀远之意。"参见，《明宣宗实录》卷84，第10页。

⑥ （明）毕恭，《辽东志》卷3《边略·马市》。

续表

名称	所在地
靖安堡新安关	开原城西六十里庆云堡
抚顺关	抚顺城东三十里
白土厂关	北镇城北七十里
连山关	辽阳城东南一百八十里
梁房口关	海城西南七十里
鸦鹘关	辽阳城东三百三十里
旅顺口关	金州城南一百二十里
刺榆关	辽阳南一百一十里
大片岭关	海城东一百里
石门关	盖州城东七十里
连云岛关	盖州城西五十里
栾石关	复州城南六十五里
哈思关	金州城南十八里
萧家岛关	金州城南十八里
分水岭关	北镇城北八里
魏家岭关	北镇城西北六十里
镇朔关	凤城北三里

注：来源于辽宁省档案馆、辽宁省社会科学院历史研究所编《明代辽东档案汇编》，辽沈书社，1985年。

明代辽东都司马市一览表

名称	设立时间	所在地
广宁马市	永乐三年（1405）	义州团山堡
女真马市	永乐四年（1406）	开原城东屈换屯，成化年间改于城南门外西侧
达达马市	成化年间	开原古城堡南，嘉靖三年改于庆云堡南
抚顺马市	天顺八年（1464）	抚顺城东三十里
宽甸马市	万历初年	宽甸

续表

名称	设立时间	所在地
叆阳马市	万历初年	凤城
清河马市	万历初年	开原后施家堡

注：来源于辽宁省档案馆、辽宁省社会科学院历史研究所编《明代辽东档案汇编》，辽沈书社，1985年。

从以上明代辽东马市可以看出，马在满族经济中占有重要地位。清代编修的满族家谱追溯祖先事迹时对女真马好，让人羡慕，有所流露。岫岩佟氏家族在吉林省同族收藏的《佛满洲佟佳氏全谱》对二世六祖延图木图的谱注有这样一段记载：

> 开原官距延图木图三里，有奋鞍花马一匹，开原官欲要，诓骗未给，惹得内穿暗甲。兄达尔汗图木图恐其牵连，在通事前出首通告，后上官将延图木图诳去灌醉，偷看穿甲是实。官议，并不打仗为何穿甲？寻隙要马。延图木图怀恨而走，去求扶助。随路经遇村屯，在街上人说，人俊马强。有一人从众中惊异而出，向延图木图言讲："看你好似远行，若不弃嫌，到我家中用饭再行。"因而留住，即将女子给与结亲，在彼处过夏。因无故白要花马之故，与妻并骑而逃，……从此又至高丽边界伐尔卡屯居住，高丽官请去商议要马，始终未给。自计因马之故何日是了，反致误事，闭口气闷而亡。

从上述家谱记载可以看出，好马是当时的普遍追求，努尔哈赤和皇太极都有极其优秀的战马。在女真社会中，好马可以作为对上奉献或亲友相互赠送的礼品，从现在收藏的清宫文书档案中有体现。例如下图，崇德四年（1639）恭顺王向皇太极献马手本[1]。

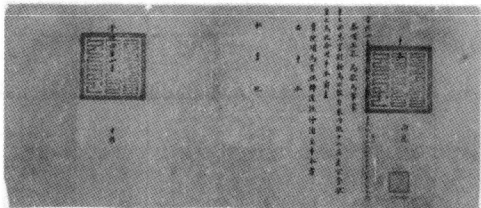

---

[1] 收藏于台湾"中央"研究院。

正因为马在满族（女真）社会生活中的重要性，备受满族尊崇，将马作为陪伴祖先的神加以祭祀，成为一种流传悠久的民风民俗。乾隆皇帝赐享的《钦定满洲祭神祭天典礼》中就有祭马神，满族民间则制作马神影像及神偶，或制作祖先骑马神影及神偶，一同供奉。虽多经磨难损毁，但仍然有老物件保存至今，使我们得以窥探马神实物。

岫岩在本溪东营坊乡同族关氏供奉的瓜尔佳（关）氏祖先骑马神影

丹东富察氏祖先木人木马神偶

弋猎，即射猎，是女真人维持生存的最基本技能。女真人练就一身高超水平的骑术和射术，形成一种以骑射为娱乐的民风民俗，"少有暇日，则至率妻妾畜猎为事，盖其习俗然也"①。满族射猎习俗，在满族家谱上仍然可以窥探一斑。岫岩满族那氏收藏于抚顺族人手中的总谱《乌喇纳拉氏谱书·先祖事迹》真切反映了那个时代女真人依靠弋猎为生的场景。

————————
① [朝鲜] 李民寏，《建州闻见录》，第44页，辽宁大学历史系：清初史料丛刊第八、九种，1979年版。

乌拉地方纳喇姓，先世居住于长白山，赋国十二世。老祖讳纳齐布禄，移混同江西、扈尔奇山以东克尔萨河源处，独自居焉。

而纳齐布禄善猎，贤声不泯。虎密雅拉库河沿居人前往探访，恰遇贤士纳齐布禄，问曰："予汝知贤士纳齐布禄否？"老祖纳齐布禄问曰："汝访贤士纳齐布禄何为？"其人答曰："欲食贤士所捕之禽肉，欲衣贤士所猎之兽皮，甘为契友。"老祖答曰："我即是也。我无妻子、房舍，处于旷野，与修隐无异。汝则焉能经受？"其人答曰："是知无房舍而来者。"老祖纳齐布禄曰："汝既至此，可为兄长。"其人未许，老祖纳齐布禄居为兄长。以来访贤名曰德耶库，欢欣得一手足，食以甘美禽兽肉，服以猞猁狲、虎皮，常为生业。[①]

再例如上面提到的《佛满洲佟佳氏全谱》二世祖之一的噶尔汉图木图（大约与纳齐布禄同时期人）的谱注上记载，他因饥饿：

欲将三岁之子杀害（食之），妻说不可，令其乳哺。自持弓箭往山谷上行，隐一萤火丛杂处，适来一狍，即发一矢，将狍子喉下软处戮透，于是得食救饥。由此即在彼处存住度日，将欲杀之子名为木图裴达鲁喀莫尔根，所使之弓箭开如车轮，鹞头犹如名兔头，射械在地上，人不能空举。[②]

以上满族家谱记载了清未入关之时女真人的射猎习俗，清入关后，很长时期仍然保留这一习俗，随着八旗制度建立，这种传统民俗演变为八旗将士的军事训练。入关后康熙皇帝建立第二政治中心承德避暑山庄，每年召见蒙古各部进行围猎军演，"肄武绥藩"，即由女真人的骑射传统发展而来。康熙朝开始，清帝出山海关东巡祭祖，沿途皆以行围打猎为行军内容。清高士奇所撰《扈从东巡日录》，详细记载康熙皇帝每天行程，皆是一路行围打猎前行。另一位随行的传教士南怀仁记述，从山海关到沈阳的900余里距离间，"一天也不停地狩猎"。祭祖后，从沈阳去往吉林长白山400里路上，同样"一日也不休息地

---

① 国家清史编纂委员会，文献丛刊《清代满族家谱选辑》，第378页，辽宁民族出版社，2016年版。

② 国家清史编纂委员会，文献丛刊《清代满族家谱选辑》，第308页，辽宁民族出版社，2016年版。

追逐着野兽"①。

除八旗兵军事训练外，清政府还利用满族在山林生态环境下养育形成的射猎民族习俗，在守卫东北边疆中发挥作用。由于清初八旗兵几乎倾尽全力入关，造成辽东地区山林密布荒芜一片，因此，康熙朝派遣大量在京八旗返回辽东驻防，这些被派回的八旗兵皆为佛满洲②，仅康熙二十六年（1687）一次就分派驻防6000名。清朝向以"满洲为国家根本"，给予优厚待遇，但这些佛满洲八旗被安排于山林密布的辽东地区"跑马占山""报领荒地"，而不是集聚到城镇。如果从满族传统射猎习俗视角就可理解，东北长白山是满族发源地，至康熙年间时，满族入关仅四五十年，仍然保留浓郁的骑射传统和生活习俗，再返回东北，能很快地适应东北生态环境。所以，清政府将满族驻防八旗安排于山林密布的辽东，既符合满族传统习俗，也可以保持八旗武力③。满族家族中仍然保存祖先活跃于山林之中的射猎、骑马、砍伐等器具。

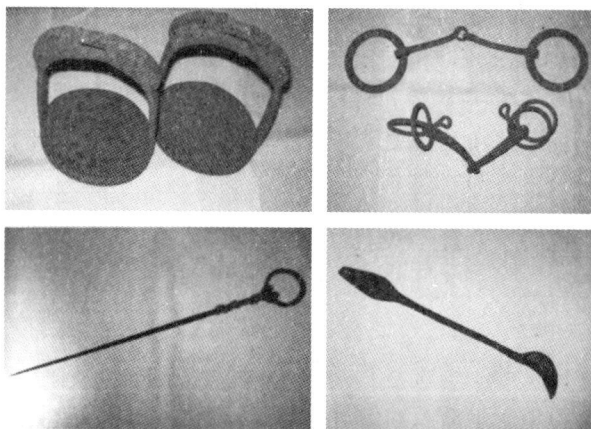

东港（清代属岫岩）满族沈氏家族收藏的马具④

关于渔猎，这是满族森林经济生产的一种补充。满族人直接向江河索取生活物资的生计方式，其工具大致分为两类，一类是训养海东青作为捕猎的帮手。辽金元时期直到清代，女真人和后来的满族一直盛行海东青，只是清代晚

---

① （清）高士奇，《扈从东巡日录》，收录于"长白丛书"，吉林文史出版社，1986年版。

② "佛"，满语发音，汉语陈或旧之意，清入关以后，将凡是入关前无论努尔哈赤还是皇太极时期归服清的都称为佛满洲。

③ 这种观点请参见鲍明的《满族文化模式·满族社会组织和观念体系研究》，辽宁民族出版社，2005年版。

④ 广州沈林先生提供图片，该图片所拍照物件保留在今东港市沈氏家中。东港清代属岫岩管辖，沈氏生人于康熙二十六年（1687）来岫岩驻防。

期逐渐萎缩，现于吉林打牲乌拉与黑龙江诸地仍有存留。另一类是手工制作工具，主要以船、网、鱼叉、鱼篓为常见。其中"威呼"最有特点。"威呼"满语weihu，汉译为独木船，满族常用的捕鱼工具，这种小船轻巧灵活，适合于江水捕鱼。《满洲源流考》

马袋

中记载："威呼，刳巨木为舟，平舷圆底，唇锐尾修。大者容五六人，小者二三人。剡木两头为桨，一人持之，左右运棹，捷若飞行。"① 高士奇曾在其《扈从东巡日录》中介绍"威呼"："威护（呼）。小船也。独木虚中，锐其首尾。大者容人五、六，小者二、三人。一人持两头桨，左右棹之，乱流而渡。"② 春秋两季是捕鱼的好季节，满族人家常常划上威呼，在江中撒开鱼网，或在江水浅而靠岸的地方设置鱼篓子（也称鱼沤子）网鱼。吃不完的鱼都制成"奥尔克奇"（满语，鱼干）保存。冬天冰雪封江之后，满族人就在江上用铁制尖头的"冰钎子"凿"冰眼"，然后操网捞鱼或用鱼叉捕鱼，一网甚至可捕鱼几百斤乃至上千斤。这种劳作方式，吉林、黑龙江地区部分满族一直持续到民国时期。

长白山地区满族捕鱼威呼（木船）、渔网

鱼篓子（鱼沤子）

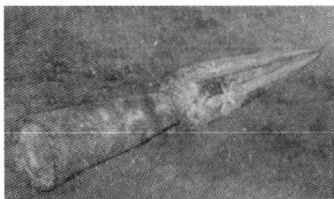

凿冰钎子

---

① （清）阿桂等纂修，《满洲源流考》，第375页，辽宁民族出版社，1988年版。
② （清）高士奇，《扈从东巡日录》，第128页，收录于"长白丛书"，吉林文史出版社，1986年版。

第二节　满族驻防八旗向农耕生产生计方式转变

女真人明朝中期即已经发展农业生产，明正统二年（1437）朝鲜派人窥探建州女真人情况，在兀喇山北隅吾弥府（今辽宁省桓仁满族自治县境内）[①]，"见水两岸大野，率皆耕垦，农人与牛，布散于野"。海西女真"分寨驻牧"，置立田庄，"颇有室居耕田之业"，"颇同中国"[②]。农业生产在女真人经济结构中所占比重伴随努尔哈赤攻占农耕经济的辽沈地区而迅速增高，天命六年（1621），努尔哈赤下令后金对满汉人丁实行"计丁授田"，每一丁领地6坰，其中5坰种谷，1坰种棉，有清史研究学者计算，足以供给5万八旗兵军需之用[③]。而且，后金八旗王、贝勒等设立大量拖克索（满语，汉语为庄园、田庄、农庄之意）。

但需要注意，女真人农业经济发展，包括满族八旗人丁在内实行"计丁授田"，并不意味着满族八旗将士躬身农耕，而是使用汉人等奴仆耕种，清入关前历史资料中多有这方面记载："奴婢耕作，以输其主"，而八旗兵丁"但砺刀剑，无事于农亩"[④]，实行"计丁授田"地区，前来后金的朝鲜使臣看到"南北四百里，东西二百里，汉人内耕，夷人外卫"[⑤]。即是说，女真人的农业经济发展直接从汉人"拿来"。因此，后金时期的女真人盛行向汉族居住区抢掠人口、财物，受到一心进行女真旧俗改革的皇太极严厉痛斥：不应当"恃俘获为生计"，而是"厚生之道，全在勤治农桑"。皇太极的痛斥实则强调各个牛录将官提高对农业生产的重视，勤加督促管内而已。他在位十几年，曾组织5次大规模进入关内军事抢掠，主要目的是壮大实力，仍可以看作女真人传统生计方式在军事活动中的延续。

女真人传统生计方式向真正的农耕生产方式转变，是清入关后由京师大量向关外回流派遣八旗驻防屯垦戍边开始。清入关前到入关后的顺治朝初年，东北已有15处八旗驻防点，人数仅千余人，主要集中于盛京统辖地区，留守后

---

①［朝鲜］《朝鲜李朝实录·世宗》卷82，第563页。

②（明）瞿九思，《万历武功录》卷11，第1页，中华书局影印本，1962年版。

③周远廉，《清朝开国史研究》，第187页，辽宁人民出版社，1981年版。

④［朝鲜］李民寏，《建州闻见录》，第42页，辽宁大学历史系：清初史料丛刊第八、九种，1979年版。

⑤［朝鲜］《朝鲜李朝实录·仁祖》卷7，第164页。

方，以把守盛京通向关内通道为主要军事目标。康熙朝以后，因东北是"龙兴"之地，加强防御俄国军事力量，充实根本，由军事留守转为防御抗击俄国侵略，不断从京师回迁满族八旗兵丁，增加盛京八旗驻防兵力，向吉林再向黑龙江拓展。至乾隆朝基本完善东北八旗驻防体系，建立驻防点44处。与关内八旗驻防完全依靠吃粮饷不同，清廷向驻防满族旗人分拨旗地，旗兵一面种地，一面戍边，从此开始满族生计向农耕转变，而这一转变从辽东八旗驻防拉开序幕。

康熙三年（1664），将盛京昂邦章京改为镇守辽东等处将军，以后改称奉天将军，着手恢复和建立八旗在辽东地区的驻防体系。以盛京为中心，驻扎在辽西通向山海关，辽东通向吉林沿线的军事战略要地上。其中辽东驻防：凤城、岫岩，向东扼守通往朝鲜半岛通道，铁岭、开原向西防蒙古，向南保卫盛京，向北直达吉林、乌拉及珲春。辽南：辽阳曾为清之东京，金州、复州、熊岳防控辽东半岛出海口。康熙二十六年（1687），清朝平定三藩叛乱后仅几年的修整，即向这些八旗驻防点派驻八旗官兵6000余名[1]，全面覆盖辽东（辽南）[2]各驻防点，这是辽东地区增派八旗驻防兵力数量最多的一次，按当时清朝八旗驻防兵力看，数量确实是不少，而且都是从京师派回的佛满洲。这是清朝从京师派遣返回东北的佛满洲数量最多的一次。本书讨论的满族八旗生计向农耕生产的变迁，主要就是以佛满洲为例。

辽东及岫岩康熙朝派遣八旗驻防情况表[3]

	开原	凤凰城	复州	辽阳	岫岩	金州	熊岳
康熙十八年 （1679）	180						
康熙二十一年 （1682）	298新满洲						
康熙二十六年 （1687）	801	650	1000	808	1000	800	1000

---

① 因盛京驻防各点兵额多种文献记载差距较大，定宜庄采用《八旗通志初集》转引的《驻防来册》数字，本书以此为准。参见定宜庄：《清代八旗驻防研究》，沈阳：辽宁民族出版社，2003年版，第64页。

② 按清代八旗驻防，现今辽南地区包括在辽东体系内。

③ 此表摘取于定宜庄的《清代八旗驻防研究》，第64-65页，辽宁民族出版社，2003年版。表中带有"-"的，是减少兵员数。

续表

	开原	凤凰城	复州	辽阳	岫岩	金州	熊岳
康熙三十一年（1692）	55巴尔虎	55巴尔虎		55巴尔虎	55巴尔虎		55巴尔虎
康熙三十八年（1699）	285席北	205席北 -35	178席北	247席北 -126	82席北	159席北	131席北
康熙五十年（1711）						200	
康熙六十一年（1722）	16福州汉军	16福州汉军	56福州汉军		16福州汉军	16福州汉军	16福州汉军

吉林八旗驻防最初以吉林将军所在地宁古塔①为中心，为加强抵御沙俄入侵，清建立吉林乌拉船厂，康熙十五年（1676）吉林将军移驻吉林乌拉②，陆续设立伯都讷、三姓、珲春等八旗驻防。黑龙江八旗驻防设置于康熙二十二年（1683），其中，主要驻防地为齐齐哈尔、墨尔根（今嫩江）、瑷珲。

清初八旗大军"从龙入关"，农业开发停滞，土地荒芜，千里无人烟，重新恢复原始森林密布生态。现有仅存的历史资料证实了这一事实。清初顺治年间有官员描述清入关之后奉天广大地区："合河东、河西之边海以观之，黄沙满目，一望荒凉。""合河东、河西之腹里以观之，荒城废堡、败瓦颓垣，沃野千里，有土无人，此内忧之甚者。"③康熙二十一年（1682）随从康熙皇帝东巡的文臣高士奇，描述经过辽东（清代辽东包括岫岩）到达吉林的景象，进一步印证顺治年间那位官员描述的情况，而且更细微具体："辽阳北抵开原路，形胜依然紫气深。大漠惊沙来滚滚，重关怒马去骎骎。十三山外凌丹障，甘四屯边望黑林。"④"过抚顺旧堡，败垒丛莽中，居人十余家，与鬼侏为邻。"铁背山处，"崇山巨阜，岈崿横云。磊磊石崖，连续不断。"⑤柳条边沿线，"关口砦堡，居人十余家，名耿家庄。出此为宁古塔将军所辖，荒山古碛，道荦不行"。庚格"白草黄云，弥漫一状，牧人遗火，野烧横烟，顷刻异观矣"⑥。同行的传教士南怀仁描述他眼中的辽东状况："在辽东，村镇全已荒废。残垣断

① 宁古塔，满语地名，"六"之意，现今黑龙江省宁安市。
② 乌拉，满语地名，"江"之意，现今吉林市。
③ 定宜庄，《清代八旗驻防研究》，第62—63页，沈阳：辽宁民族出版社，2003年版。
④ （清）高士奇撰，陈见微点校，《扈从东巡日录》，第87页，吉林文史出版社，1986年版。
⑤ （清）高士奇撰，陈见微点校，《扈从东巡日录》，第103页，吉林文史出版社，1986年版。
⑥ （清）高士奇撰，陈见微点校，《扈从东巡日录》，第107页，吉林文史出版社，1986年版。

壁、瓦砾狼藉，连续不断。废墟上所建的房屋，毫无次序，有的是泥土夯筑，有的是石块堆砌，大多是草苫的，瓦顶的、木板圈房缘的极罕见到。""战争前的许多村镇，其遗迹早已消失。"[1]

从京师返回东北驻防的岫岩满族家谱也反映了辽东地区的荒芜情况，康熙二十六年（1687），一次从京城分拨1650名佛满洲来丹东地区驻防，岫岩驻防的《洪氏谱书》记载："彼时田尚未辟，山林翁翳，禽兽尤繁。"[2]凤城驻防的《瓜尔佳氏宗谱书》记载："我八世祖于康熙二十六年由京师拨回奉天府，遂卜居于东边凤凰城镶红旗界旧有之红旗堡，古名乐善屯。其地祥云霭霭，卡巴岭高耸东北；秀水洋洋，蝲蛄沟横斜西南。"[3]满族驻防八旗来岫岩这种崇山峻岭中驻防戍边，开荒创业成为深刻的群体历史记忆，岫岩满族家谱以及家族口述史几乎每家都有始迁祖来岫岩的艰苦记忆，《镶黄旗佛满洲哲尔金佐领下王氏谱书》记载，二世祖"迨平突公奉令驻岫，斩荆棘，辟草莱，创业立绪"[4]。来到岫岩驻防开荒创业的不仅有普通旗兵，而且包括军官，《哨子河振江满洲正黄旗蔡氏谱书》："油坊沟萨嘛喇氏（汉姓蔡）正黄旗人，……于清朝康熙二十六年由京分拨至岫岩当差，设于佐领之下，任正五品防御……。祖先定居油坊沟，开荒种地，辛勤劳作，繁衍生息。"[5]不仅满族家谱上反映了满族驻防八旗初来岫岩时山林密集，虎豹成群景象，落户的地名，诸如小虎岭、大虎岭、三道虎岭，让人听起来就知道当时的情景，满族民间传说《老牛顶死虎》[6]也足以作为佐证，传说来自索绰罗（曹）氏，摘要如下：

> 曹家堡子住着十几户人家，靠开荒种地，打猎捕鱼为生。堡子北头有一条人们叫北大沟的大水沟，村民都在此处放牛。沟里有一个大洞，里面住着一只老虎，动不动（时常）就出来伤人，叼家畜。有一天一只大牤牛到北大沟吃草，老虎扑过来，大牤牛没有畏惧，与老虎打斗起来，一连几天都是这样，大牤牛一来吃草，老虎就出洞。虽然老虎没得胜，但大牤牛越来越疲于应战。于是放牛的小牛官想了一个办法，到铁匠炉打了两把尖

①（清）高士奇撰，陈见微点校，《扈从东巡日录》，第138页，吉林文史出版社，1986年版。

②何晓芳，张德玉：《清代满族家谱选辑》，国家清史编纂委员会：文献丛刊，沈阳：辽宁民族出版社，2016年版，第826页。

③同上，第52页。

④同上，第525页。

⑤高东明、李文通主编，《岫岩满族家谱选编》，第一册，白山出版社，2013年版。

⑥该传说由曹氏老人讲述，本书引用张其卓，《岫岩满族前世今生》第321页，读书文化出版社，2018年版。

刀绑在牛角上，再去北大沟放牛。老虎见到大牤牛来了，凶猛地扑上来，大牤牛顺势将头对准老虎脖子，两把刀将老虎刺死了，给曹家堡子消除虎害。大牤牛老死后，村民为了纪念它，把它埋在北大沟的一棵老树下。后来发大水，把北大沟淹没了，水退走后，埋大牤牛的地方出现一条牛形的沙岗子，从此村民就称之为老牛岗，这个地名就此称呼到现在。

在这样恶劣的环境下，从京师返回东北驻防的满族八旗不畏艰难，开垦山林，将清初进入山海关建立全国统一大业称为"从龙入关"，将出京来东北屯垦戍边称为"随龙安家"，从此开始，女真人"养马弋猎为生"的传统渔猎生产生计方式向满族八旗农耕生计方式转变。

以往习惯性思维，只要提到清朝八旗就想到铁杆庄稼，"伸手即来钱粮"，"用度不知节制，纵有子辈，亦属肩不能担、手不能提之辈，娇生惯养，不知艰辛为何物"①。"故八旗将佐居家皆弹筝击筑，衣文绣策肥，日从宾客子弟饮，虽一卒之享，皆兼人之奉。"② 实际上，这些描述仅为京师八旗权贵的个别现象，且不说基层京师八旗兵丁苦，广大屯垦戍边的东北驻防八旗亦农亦兵，终年辛苦农耕劳作，与普通穷苦百姓无异，甚至超过普通百姓艰苦程度，除耕种外，满族八旗驻防兵还要随时应召出征。辽宁大学知名清史研究教授张杰，在他所作的《清代东北边疆的满族》一书中专门对东北驻防八旗开垦山林的艰苦生活做出深入研究，写道："通过上述（作者举例）大量史实已经证明，清代东北八旗兵丁和满族群众，祖祖辈辈依靠开荒种地为生。"他反驳以往清史和满族史研究中盲目以康熙时期旗人金德纯的一段史料为依据，得出满族旗人不事生产只顾享受的片面观点，说这只是一个"神话"："若这条史料可靠的话，那么清初不但八旗将领鲜衣美食，终日饮酒，就是普通八旗兵丁也依赖壮丁种地，过着不事生产的富裕生活。然而，大量事实证明，金德纯的记载不过是一个理想的神话。实际上，东北普通八旗兵终年劳动，与穷苦百姓一样艰辛度日，即使在清朝初年也是如此。"③本书作者何晓芳教授对岫岩满族八旗后裔进行口述史访谈，也完全证实了张杰教授研究成果的历史真实性。《汪氏宗

① 刁书仁，《清代东北旗地研究》，第195页，吉林文史出版社，1993年版。
② 金德纯原文："（八旗官兵）平时赏赐优饫，制产：一壮丁予田三十亩，以其所入为马刍菽之费。一兵有三壮丁，将不下十壮丁，大将则壮丁数十，田连数顷。故八旗将佐居家皆弹筝击筑，衣文绣策肥，日从宾客子弟饮，虽一卒之享，皆兼人之奉。"[清]金德纯，《旗军志》，第2页，辽海丛书（四），辽沈书社，1985年版。
③ 张杰、张丹卉，《清代东北边疆的满族》，第169页，沈阳：辽宁民族出版社，2005年版。

族谱书》的作者汪学松，对他母亲曹（索绰罗）氏家族开垦荒山辛苦种粮作了回忆。他母亲家族的满族姓氏索绰罗氏，汉姓曹，先祖舒力突于康熙三年（1664）拨来岫岩驻防，任防御，镶红旗，从此曹氏在岫岩定居，开垦山林，植田纳粮。汪学松回忆母亲曾经讲过的家族生活：

曹氏生活在大山里：母亲生于1934年。母亲说，她小的时候，家里有几十口人，一直是"太太"当家（岫岩的满族人称奶奶为太太），当时家里有胶轮大车，赶车的是二舅、三舅。母亲说：当时家里有许多地，一直到"南大山"那边。这个南大山，就是现在的哨子河乡冰沟村附近的大山，它还有一个名字，叫奇干沟（满语音译）。南大山不仅海拔高，而且异常险峻，要比哨子河这边的山高出许多。山下不远处有一处叫"夹皮沟"的地方，就是曹家当时的居住地。而南大山，就是当时曹家的会山——即曹氏一族共有的山场，也即是曹氏一族聚亲的场所。

住的房子：北曹家堡子的曹氏老屋（指衰落后的曹氏姥爷一支），只是一座临洋河边的三间土坯房，分东西屋，搭的南北炕，两屋中间是烧火做饭的灶房。

全家上阵干农活：母亲说，农忙时，家里人都要去地里干活，我太太也去，也跟着铲地；等秋天了，则都要去山场上收大蚕，采蘑菇、采山楂，捡榛子、核桃、板栗等山货，还有一些药材。老辈人藏有一些药方子，给人治病可灵了。采山货时节，也做大黄米小豆饭，不过饭里多放了一些采回来的栗子，吃嘴里甜丝丝的……说这话时，母亲眼里是满满的回忆。

汪学松感慨说："现在回头看，曹氏当时的富裕程度，也仅仅是温饱有余，更多的吃饱饭以外的资金，基本是投在了农业生产和生产工具的更新上，或是用来购买田地。可见在当时，曹氏对置地田产，以及与农业生产有关的项目，是比较看重的，这也是一家人的吃饭之本。"

汪学松母亲所在的曹氏，因为祖先在岫岩做过城守御，五品官（相当于知府级别），以后家族中还有承袭，应当生活过得不错。但从以上的回忆看出，曹氏族人终年累月辛勤劳动，才能获得温饱有余，而其他普通满族旗人之家却达不到这个水平。

第三节　满族驻防八旗转型为农耕之家

满族驻防八旗转型为农耕之家有四个方面的标志性特点。

1. "原兵"报领土地，成为清廷的农业纳税人

返回东北的驻防八旗，以八旗身份开始务农。就是说，这些满族驻防八旗以军籍的身份从京城派来，仍然"在旗"。"顺治五年定：各省驻防官兵家口，半携去者，在京园地半撤，全携去者全撤，另在驻防地拨给地亩。每兵五垧。""驻防旗人的主要经济来源是旗饷，分为银和米，银以月而计，米以年而计，康熙九年（1670）定：前锋、领催月给银四两，甲兵月给银三两。康熙二十四年（1685）又定，前锋、领催、甲兵岁给米六十四斛，步兵二十二斛。东北因系满洲故地，驻防旗兵除旗饷外，仍可'持南亩耕获'。"

这些来岫岩驻防的满族八旗官兵在家谱世系上全部对祖先的军籍身份进行了记载，其中大多数为领催、护军校、兵。

例如，康熙二十六年（1687）来岫岩驻防的八旗家谱《白氏源流族谱》记载，始迁祖崇厄力为护军校；《汪氏族谱》记载始迁祖身份为领催，第三世雅力泰来岫岩，护军校；《常氏族谱》始祖及第二代皆为领催；领催、护军校都是八旗军队中的基层军官，名称是固定的。但满族家谱上对"兵"的写法上，不同的家谱有所不同。第一种直接写"兵"，例如，《汪氏族谱》第三世雅力泰，护军校，第四世常保，兵，第五世保成，兵；《赫舍里氏宗谱书》，康熙二十六年来凤城驻防的始迁祖为罕都洼尔达（也是岫岩赫氏的先祖），第四代身份直接记载为"兵"："四世，依桑阿行一，兵；雅图行二，兵；长寿行四，兵。"第二种写为"原兵"，仍以《常氏族谱》为例，"一辈领催牙哈、二辈领催常四，……五辈原兵特生额、原兵买住，六辈原兵三音保、原兵阿勒锦、原兵阿明阿……"常氏从始迁祖直至第六代都有八旗军籍，而第五、六代人开始为"原兵"。还有从始迁祖开始连续几代人的身份都为"原兵"，例如，《沈氏族谱》始迁祖那力突为"原兵"，儿子三他哈、二格、四格也都同样记载为"原兵"。再例如，参加同治朝科考的岫岩旗人恒春的试卷记载的家谱上的履历为"瓜尔佳恒春，始祖讳岳力贺吉原兵、太高祖讳多尼原兵、高祖讳阿哈布原兵，……"。第三种写法"原系兵"，例如《康族世谱》记载，第五世老格，原系兵；第六世奇明厄，原系兵。这三种对兵的记载写法，实际上是同一个意思，即来到东北驻防的八旗与关内北京、广州、荆州、青州等地驻防旗人有所不同，关内各地驻防旗人吃国家粮饷，没有自己的旗地；而返回东北屯垦的旗人，仍然是兵，依然在八旗组织内，没有"出旗"，但已经以务农为业，依靠土地生活，可以看作另一份饷。但是，其后代子弟没有被挑丁（当兵）、任职的，继续以父祖留下土地务农为生。家谱是后人对前辈的记载，这些以八旗驻防返回到东北的满族，在他们后代的眼中，这些先祖原来是兵，后来务农，产生身份转变，而且他们的后代也越来越多压根就没有进入八旗组织内当兵，生来就是务农为生。

正是这些康熙年间大批返回东北驻防的满族八旗，报领旗地，加速驻防地开发。同时，由原吃粮饷的职业军人，转变成为务农人。有研究者根据清朝文献分别对辽、吉、黑三处将军统辖旗地进行统计[1]：雍正四年（1726）盛京所属15个八旗驻防地合计旗地1367804日[2]，是顺治朝旗地的5.36倍；雍正朝吉林旗地125879日[3]；乾隆朝黑龙江旗地172719日。清廷对旗地征收赋税设定的形式有：红册地（雍正四年设定），官产，不得买卖；旗余地，旗人红册地以外私自开垦的土地，乾隆四十五年（1780）查丈奉天旗余地，有223557日3亩，约占全省地亩之大半；旗升科地（乾隆朝以后设定），将旗人"隐余地"报官后同民人地一样征收赋税。在旗地开垦不断增加的大潮中，岫岩满族驻防八旗有主要贡献。康熙三十二年（1693），岫岩有旗地12223日，雍正五年（1727），再次丈量为35774日，短短35年增长2倍，由此可见满族驻防八旗开垦荒山植田的积极性之高。乾隆年以后，汉民大量进入岫岩，耕地开垦速度迅速增长，到清朝末年的宣统元年（1909），岫岩的耕地已经达到430639亩（按日换算约为71773日）。

在耕地不断开发增长过程中，满族驻防八旗身份转换为清廷的农业纳税人。

2. 农耕生产成为满族八旗生计的主业

清入关之初，无论关内还是关外，满族八旗皆为正身旗人。但清入关以后，战事减少，康熙年间以后拨派来东北屯垦戍边的满族八旗人，经过若干代至乾隆朝以后，人口繁衍暴增，"一户而分为千门"，各支脉不断分析家产。但

---

① 张杰、张丹卉，《清代东北边疆的满族》，第169页，沈阳：辽宁民族出版社，2005年。

② 清代东北土地度量单位，"日"为满语音译，一日约为6亩。

③ 今黑龙江所属阿城等地区，清代归吉林统辖，而且为乾隆朝后期开始京旗移驻，因此，根据本书论述目标，仅统计雍正朝驻防八旗开垦旗地。

兵额有限，没有差职或披甲的闲散满族旗人越来越多，占有土地以农耕为生计成为主流，自然对土地的需求量越来越大，耕田不足的问题开始凸显。下面以2部对兵丁身份记载比较详细的家谱资料为案例说明。一部家谱为基层官兵《汪氏宗族谱书》，另一部为功勋家族《章佳氏族谱》。

先看汪氏。根据《汪氏宗族谱书》记载，汪氏的先祖居于铁岭，努尔哈赤于萨尔浒大战后攻占铁岭，驻军营地夜半起火，汪氏全族奋力救火有功，被努尔哈赤用为军校，顺治年清军入关，汪氏全族进入北京。康熙二十六年（1687），始迁祖为三各，军中职务为领催，来岫岩驻防，汪氏全族最高职务者仅为领催、护军校之类基层军官。到清末，仅居住在岫岩的男丁闲散人口就有191人，但有差职的仅为5人。

《汪氏宗族谱书》1至9世兵丁人口数目统计表

世系	年代（约1618—1911）	兵/人数	职官/人数	闲散/人数	总人口数
1	努尔哈赤 1618—？		护军校1		1
2	顺治、康熙 1644—1686	2	护军校1		3
3	康熙、雍正 1687—1735	1	护军校1、领催1	2	5
4	乾隆 1736—1795	2		7	9
5	嘉庆 1796—1820	7	领催2、骁骑校2	21	32
6	道光 1821—1850	15	防御1、领催3	50	90
7	咸丰 1851—1861	14	领催4	123	186
8	同治 1862—1874	13	领催3	200	318
9	光绪、宣统 1875—1911	12	领催3、骁骑校2	191	370
合计		66	24	594	1014

再看章佳氏，据《章佳氏族谱》记载，章佳氏始祖穆都巴颜，初居长白山俄穆和苏鲁（鄂磨合索洛，今吉林省敦化市额穆乡）地方，他的子孙于后金时期归附努尔哈赤。清初该章佳氏有"从龙入关"者，有留守盛京者，还有进京以后出关驻防者。该章佳氏在清代多有显贵者，在京章佳氏以阿克敦、阿桂父子为大学士著名，河北以兵部尚书尹继善支系为著名，辽东以观彻（关保）凤城防御支系为知名。该章佳氏可谓不凡，观其支系散布于现今凤城、本溪、岫岩、清原辽东地区，《章佳氏族谱》分别收藏在本溪、清原两地，现以该族谱兵丁人口数目为例。

《章佳氏族谱》兵丁人口数目统计表

世系	年代/差职	兵数	非披甲人数
1–8			
9	康熙十六年—四十一年（1677—1702）	1	
10	康熙四十二年—雍正六年（1703—1728）	1	1
11	雍正七年—乾隆十九年（1720—1754）		6
12	乾隆二十年—乾隆四十五年（1755—1780）	5	17
13	乾隆四十六年—嘉庆十一年（1781—1806）	15	33
14	嘉庆十二年—道光十二年（1807—1832）	4	74
15	道光十三年—咸丰八年（1833—1858）	2	103
16	咸丰九年—光绪十年（1859—1884）	2	178
17	光绪十一年—宣统二年（1885—1910）	1	231
18	宣统三年—民国二十五年（1911—1936）		65
19	民国二十六年—1962年（1937—1962）		8

从以上《汪氏宗族谱书》人丁列表[1]可以看出，到清末汪氏全族仅有5人在旗当差，有粮饷，其余男丁191人，370口人都依靠务农耕种田为生。

再从《章佳氏族谱》人丁列表[2]可以看出，到乾隆朝以后人丁数成倍增长，而能够吃粮饷的当差兵丁数却急剧下降。章佳氏为满族巨族，享有余荫，乾隆末到嘉庆年间，居住在辽东的该家族有15人披甲当兵，占非披甲当兵人数的一半。但此后章佳氏逐渐衰落，以致于光绪年间232男丁中仅有1人披甲当兵。除这1人之外，其他231男丁及其家庭的生计来源无疑依靠务农。

《汪氏宗族谱书》与《章佳氏族谱》并不是个例，而是带有普遍性。本书作者对岫岩40部满族（满洲）家谱进行查阅，发现清末的满族八旗兵丁人口比例皆与《章佳氏族谱》相同，而《汪氏宗族谱书》的兵丁人口比例算比较高的。清代将不能当兵的八旗男丁称为闲散，所以，当初来岫岩屯垦戍边的满族驻防八旗后裔绝大部分成了闲散。当不上兵就要依靠务农生存，这是舍此无二的选择。按清朝规定，八旗人除当兵外不能从事其他任何职业，尽管清晚期八

---

① 由《汪氏宗族谱书》作者汪学松列表。

② 李林、候锦帮、朴明范、高作鹏，《本溪县满族家谱研究》，第106页，沈阳：辽宁民族出版社，1988年。

旗管理松懈，有些旗人出去经商，但能够"挣大钱"的没有一例，大多数是能够满足温饱的小买卖而已。

（3）土地成为满族驻防八旗维持生计的重要生产资料

满族驻防八旗至清乾隆年以后，家族中当差吃粮饷的人越来越少，因此对土地的依赖越来越重，土地几乎成了满族驻防八旗维持生计的全部生产资料。然而，经过康熙到乾隆百余年开垦，岫岩山多地少，满族驻防八旗维持生计的土地已经全然不能满足生存之需要。这时，岫岩满族驻防八旗开始向黑龙江开垦土地大迁移。

经历康雍乾盛世以后，国家安定，民居乐业，人口暴增。在京满族八旗闲散旗丁越来越多，而国家兵额有限，能吃粮饷的旗人比例越来越低，形成在京旗人日益贫穷者越来越多。而岫岩等辽东满族驻防八旗开垦土地，给清朝解决在京满族八旗生计问题提供了经验。所以，清嘉庆时期吉林将军富俊上书建议，效仿康熙、乾隆时期调拨京师满族八旗返回辽东屯垦戍边。在富俊主持下，黑龙江双城堡（清代划归吉林省）是安置在京满族八旗迁移安家的地点之一，解决八旗生计。为了给京师八旗创造好的农耕条件，尽快适应屯垦生活，采取试垦方法。在吉林省第一次选派旗丁试垦没有成功的情况下，清政府于嘉庆二十二年（1817）下令再次调盛京、吉林两省满族驻防八旗2000名于嘉庆二十五年（1820）迁往双城堡，先期前往开垦耕田，建造房屋。去者给予一定优厚的条件，可以获得土地、搬迁费，还有清政府给的房屋，生活生产用具如缸、锅、铁、镢等，外加安家银30两。这个消息传出，岫岩满族八旗争相报名前往。尽管在京满族八旗不愿前往双城堡安家，使这次京旗移驻不了了之，但岫岩满族八旗却在双城堡安家定居，繁衍生息。根据岫岩现存满族家谱记载和岫岩、双城堡两方实地考察调研访谈看，岫岩满族八旗几乎家家都有迁往双城堡者。翁阔特氏（寇姓），在双城堡形成"寇半沟"，何姓形成镶黄旗屯，即使在岫岩土地较多的家族巴雅拉氏（白姓），也有群住带领艾青阿、那青阿前往双城堡，哨子河汪氏据不完全统计已经发展到147户。现掌握的满族家谱都有某某支系前往黑龙江某处的记载，到达双城堡以后，还有的家族继续北迁到望奎、海龙、绥化、虎林等地，寻找更宽松而肥沃的土地。所涉及州县几乎遍布松嫩平原，出现地名频率最高的是双城堡，次之为绥化等地。光绪版本《关氏家族世系谱》记载比较典型，该家谱记有"出京所历迁居之时址"如下：

清康熙二十四年（1685）初，由北京迁到岫岩南教场沟，咸丰四年

（1854）迁居吉林省双城县东镶白旗头屯，光绪五年（1879）迁居卜奎省绥化县西正白旗二屯东地界关家窝堡，光绪三十一年（1905）迁居望奎县北正蓝旗前头佐屯。

从上述关氏家谱记载可以看出，该家族聚居村落命名皆与八旗驻防相关，"教场"为练兵场地，"窝堡"前冠有关家，关家即为该家谱的满族关氏家族，另外其他所定居的村落名称皆以八旗的旗分命名。从该关氏经历的这些村落命名可以看出，满族完全告别清入关前渔猎经济，形成逐田而居的农耕生计方式。

4. 土地作为生产资料成为家庭重要财产

女真人时期"养马弋猎为生"，是一种完全依赖向自然索取的初级状态的生计方式，而满族八旗从国家得到土地，上交农业税，这时土地有了生产资料价值和意义，随之引发家庭财产观念和内涵发生变化。清入关前女真人时期，家庭财产以畜牧为主，不包括土地，从清代满文对"家产"二字的记载可以略窥大概。满文"家产"二字写为aha ulha。aha，汉语音译为阿哈，奴仆之意；ulha，意为牲畜。从满文"家产"二字的内容看，清入关前女真社会中，土地并不包括在家产中，那时的土地是公有的，而牲畜、奴仆却是私有财产。因此，分家产，就是要分牲畜、奴仆之类，奖赏有功之臣也要奖赏牲畜、奴仆等。

而清入关以后，八旗将士获得大量土地，东北驻防八旗虽然红册地为国有，但旗人拥有的使用权继承性仍然让其具有私产的性质。旗人红册地以外私自开垦的旗余地丈量后向国家纳税，等于承认私有化，而且数量占旗地半数之多。土地私有，自然使土地成为重要的家庭财产，"治家产"与"分家产"皆以土地为中心，形成与中原汉族相同的土地财产观念。在土地成为财产的同时，以土地为中心的法律文书也大量出现。满族八旗中以土地为中心的法律文书主要有两种，一种为分家单，将"祖遗地"在兄弟之间划分。大多数情况下"祖遗地"都是始迁祖返回东北报领的旗地，经过世代相传，成为兄弟分家财产，文书形式为立分契单。另一种文书即为旗地买卖契约单。生活出现困境，需要资金时，将旗地转让。最初清政府不允许旗人进行旗地买卖，但逐渐放开，允许在旗人之间买卖，再后来到光绪年间时，"旗民不交产"被打破。东北地区照比京畿、河北等旗地放开交易时间稍晚，但在民间实际已经突破政策规定，而到民国时期，已经普遍施行。土地文书，现今仍有满族家庭作为祖先遗物纪念而保存下来，成为满族向农耕生计方式转变的历史见证。

下图为丹东东港三道林子满族沈氏分家单。分家标的为：祖遗田地、房产、牲畜、车辆，在4个兄弟之间均分。

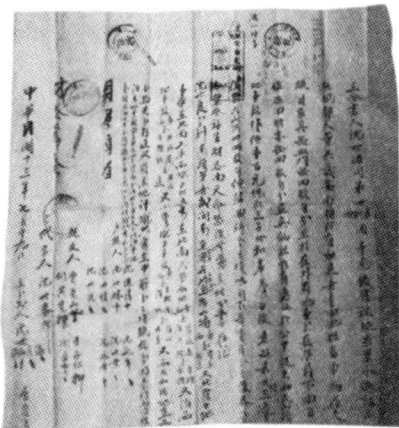

丹东东港三道林子满族沈氏分家单

下图为岫岩满族佟氏分家单。分家标的为：祖遗田地、房产、牲畜、家中器物，在3个兄弟之间均分。

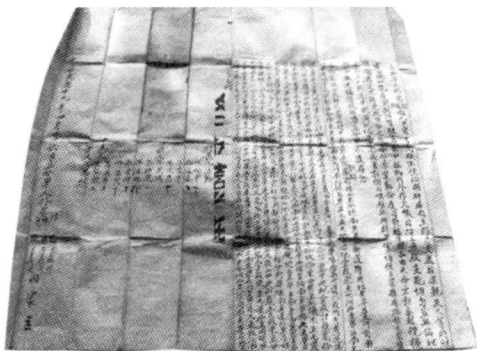

岫岩满族佟氏分家单

由于分家和买卖土地是满族家庭中的大事，因此，这些地契文书被收录于满族家谱之中，或者与家谱共同收藏放置。而且，有些家谱明确记载关于土地的买卖情况，甚至土地争讼情况。这是满族家谱的一个特点。典型者为岫岩《白氏源流族谱》①，详细记载始迁祖护军校崇厄力康熙二十六年（1687）来岫

① 国家清史编纂委员会，文献丛刊《清代满族家谱选辑》，第601-628页，辽宁民族出版社，2016年。

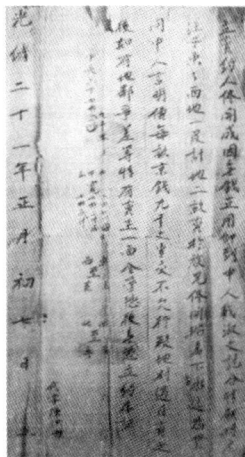

立卖地文契——凤城（岫岩）满族佟开成
因无钱使用，将田地两亩卖与族兄佟开端

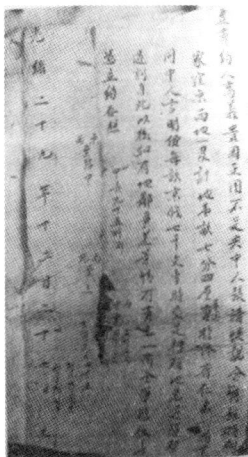

立卖地文契——凤城（岫岩）满族
高义贵将地卖与满族佟氏

岩驻防，一直到民国时期，其家族通过典、买、开垦等方法获得的土地数量达良田万亩之巨，这些田产在白氏族人三次分家中的分配情况也记载得清清楚楚。而且该家谱写入与同为满族旗人的邻居争夺田产经过，而且清代旗档频频记载旗人田产争讼，足已说明满族已过渡到以农耕为生计方式。

第四节　农业多种经营与柞蚕放养、岫玉开发

对于岫岩生产生计所处的自然条件，以及岫岩民众所采取的经营措施，民国十七年（1928）《岫岩县志》有清楚概括：

本邑峰峦不不环绕，河流分歧，除山水而外，满地沙石、山隈、微有平原。土质亦皆松散，远逊承、辽、海、盖之土壤，禾苗虽同时长养，而成熟时期总落邻邦之后，造饭则粒疏味淡，不如牛、海之米粒堪餐。溯厥由来，盖以地尽硗薄，毫无膏腴之田，居民均以种树、养蚕为生活上大宗之补助，……。刨种荒地，开辟水田，蚕场尤日见增多，虽硗瘠之区而出产之杂粮与山茧其产额特别增加，此亦足征农业之进步，而岫邑农务之发达较诸从前大有可观者焉，不禁为邑民祝之。

根据岫岩的自然条件，满族传统村落的农作物种植采取旱田多品种为主，种植数量上，玉蜀黍（玉米）第一，蜀黍（黄米）第二，粟（小米）及大豆次之，再有豆类、水稻等。见下表。

民国十六年（1927）岫岩农业种植情况

类别	兽皮	绿豆	小豆	玉蜀黍	青豆
额数	1500张	50石	300石	80000石	20000石
价目	貂120元 犬80元	200元	200元	140元	180元
类别	水稻	粟子	谷子	荞麦	红粮
额数	2000石	300石	10000石	200石	20000石
价目	175元	460元	145元	130元	130元

注：根据民国十七年（1928）《岫岩县志》第119页"商工业货物输出额数表"抄写，辽宁民族出版社印刷本。

这些农作物适应岫岩的自然条件，有的至今仍为岫岩的主要农作物，在水田小麦种植数量较少的情况下，视小米及黄米为细粮。满族妇女"坐月子"时往往以这两样细粮为营养主食。这种农作物种植结构一直维持到20世纪80年代末期。后来由于国家对农业的支持政策，粮食的温饱问题得到解决，农民开始种植经济作物，诸如花生、特色蔬菜等，但传统的玉米、谷子、黄米、豆类仍然保留，作为人们改善生活、调节口味的粗粮细吃。

岫岩山多地少，满族驻防八旗来到岫岩大规模垦荒种田的基础上，向汉民学习柞蚕放养与岫玉开发。《兴隆四道河佛满洲正黄旗瓜尔佳（李）氏谱书》[1]序言对此有描述：

> 岫岩人本不会磨玉，清乾隆年间有河南、河北一带移民来岫，带来玉雕技术，初来不久的瓜尔佳（李）氏族人及其他氏族满人闻之，纷纷求学，后广为雕琢，并悉心传授乡里，致玉器加工渐成吾岫经济支柱产业；岫岩原本也无柞蚕放养业，清乾隆年间有山东牟平、莱阳移民至岫带来其技，瓜尔佳（李）氏族人及其他氏族的满人后裔亦纷纷先入一步，悉心拜学后，广为放养，所获甚丰。

---

[1] 高明东、李文通主编，《岫岩满族家谱选编》，第151页，白山出版社，2013年版。

柞蚕，也称山蚕，或野蚕，放养于山上生长的野生柞树上，与放养在家中的桑蚕相区别，而且蚕的个头较之桑蚕更大。柞蚕在岫岩之所以得到发展，是因为有着非常适宜发展的自然条件。柞蚕于高峰、平原、坡地、沟塘、河滨，均可放养。满族人原有的渔猎游牧经济，虽然也以山林作为生计之补充，但仅是采参狩猎，猎取兽肉与兽皮补充生活所用，却不会放养柞蚕。而且，满族驻防八旗初来岫岩时，渔猎游牧经济生产生活方式的生存观念仍有遗存，跑马占荒时以山为贵，多占山林，因此，山林大多掌握在满族八旗官兵手中。山东汉民通过租种或购买满族八旗土地和山林，进入满族传统村落，同时带入柞蚕放养技术，有了较高收益，起到示范作用。样子岭村的口述史调查显示，进入该村的汉民全都在农耕种粮之余进行柞蚕放养。杨氏口述史回忆：

> 祖先逃荒过来（岫岩）后，当时什么都没有，没有地，没有山，当时不让放蚕，不让缫丝。杨家祖先为了谋生计就租些山偷着放蚕，而且还在山沟底下放蚕，再开些旁边的荒地，就这样勉强维持生计，也就这样开始了在窝棚沟的新生活。

从样子岭村杨氏这段口述史，可以看出，当时的岫岩满族驻防八旗从保护山林出发不允许柞蚕放养和相关的缫丝，因此，杨氏祖先是偷着干的。后来柞蚕放养在岫岩发展起来，因为岫岩山多地少，随着八旗人口增长，汉人移民大量进入，能够开垦耕种的荒地有限，当时的亩产也很低，玉米亩产不过200斤，就是说，2~3亩地才够一个人一年的口粮。满族八旗康熙朝进入岫岩时，每姓氏仅有五六口人，到乾隆年时，少则已经发展为五六十口人的大家族，多则一百余口人。简单地计算，仅仅吃饭果腹，每家族需要耕地180~360亩，加上其他生活所需，耕地翻倍达到360~720亩才能满足，但也只是满足基本的生活需求。所以，当时的耕地产量已经不能供养成倍增长的人口繁衍。但柞蚕放养却不挑剔土壤，"蚕场又名山场者，以普通养蚕之所，靡不在山，故以得名。实则养蚕之所，不仅在山，凡沟滨、田畔、耕余隙地、畜牧广场，无不适于蚕树之培植，即无不可作蚕场"[1]。掌握大量山林及不宜开荒耕余隙地的岫岩满族驻防八旗，面临生存危机，从招租山东逃荒汉民开始，逐渐接受柞蚕放养。样子岭村的任姓，与之前来到样子岭村的杨氏偷偷放蚕不同，来到岫岩后即租到满族八旗人家的山场放蚕，样子岭村的其他几个汉民姓氏，诸如大东

---

[1] 民国十七年（1928）版《岫岩县志》，第122页，辽宁民族出版社2000年印刷本。

沟赵氏、曲氏、任氏、任家堡赵家等也都打到山场放蚕，而且都成为放蚕能手，至今仍有传承。柞蚕放养已经成为与农业种植相等的家庭经济收入，使满族八旗自谋生路中找到新的经济增长点，从最初出租山林给汉民放养，到后来自己学会放养和管理。例如，《兴隆四道河佛满洲正黄旗瓜尔佳（李）氏谱书》[1]记载，他们向山东莱阳移民学会柞蚕放养技术后，主动支持其他乡民，"有乡人欲仿之，他们则慷慨具出茧种，至此业（柞蚕放养）渐盛，亦成吾岫一大主业"。山东汉民传入的柞蚕放养技术，一般记载为乾隆六年（1741），至于岫岩满族驻防八旗学会柞蚕放养的具体时间是何时，任何官方资料都没有准确记载，而《洪氏谱书》在《洪氏宗和堂坟山祭田条规》中的相关记载可以为推断提供基本信息：北山、西山"南北绵亘约四里，昔均荒山，自养茧法行，七世族长锡聚、锡英、锡山等率全族子弟遍种橡树，报领剪照，以兴茧业"。这个记载说明满族洪氏学会柞蚕放养是从七世祖锡字辈开始，虽然家谱里并没有记载世系人物的出生年月，但却有锡字辈有几人去"边外"的记载。岫岩满族八旗口中的"边外"是指黑龙江双城堡及再北之县地。查《洪氏谱书》的第六世没有去"边外"的人，只有从第七世的锡字辈开始。而双城堡的开发从岫岩调拨满族八旗是从嘉庆二十二年（1817）开始，由此可以断定，满族洪氏是从嘉庆中期以后才开始柞蚕放养的，满族放养柞蚕要晚于山东汉民几十年，符合当时的历史情况。满族洪氏柞蚕放养精心尽力，专门制定家族蚕场的管理规则，记于《洪氏谱书》[2]：

（规则）第八条 蚕场现归六大支后人平均放蚕，场租每人定为七十元，六人共计四百二十元，系上纳租，以夏历十月初一日为交租期，十二月初一日为截止期，日后租价长（涨）落随时酌定，且关族中公益，必要时得以"宗和堂"名义处分之，应租者不得违抗。

第九条 牧场以先人成例，仍留西山三分之一作为全族樵采牧养之地，其近蚕场边，牧放人得极加小心，以防牲畜践踏树蚕，其不遵故犯者，得由放蚕人告知经理诸人，处以相当之罚项，若有奔蹿猝入而追出者，事出不意，情有可原，放蚕者不得藉口据以罚办（蚕场罚办，告知经理诸人者，以场人均系本族也）。

① 高明东、李文通主编，《岫岩满族家谱选编》，第151页，白山出版社，2013年版。
② 何晓芳、张德玉：《清代满族家谱选辑》，第843页，国家清史编纂委员会，文献丛刊，沈阳：辽宁民族出版社，2016年。

上述洪氏为满洲正蓝旗，岫岩一知名家族，《洪氏谱书》编修于民国十三年（1924），从"规则"第八条可以看出，洪氏全族六大支皆参与柞蚕放养，蚕场租金是洪氏家族公益收入的重要来源；第九条，"牧场以先人成例"，"仍留西山三分之一作为全族樵采牧养之地"，可以看出，洪氏的西山已经有三分之二开辟为蚕场，柞蚕放养已经成为洪氏农业种植之外的经济支柱。

说明掌握岫岩大面积山林的满族驻防八旗对柞蚕放养已经接受并形成共识，大力促进岫岩柞蚕放养迅速推广。

岫岩从乾隆中期大量进入山东逃难汉民，到咸丰初年，仅七八十年时间，柞蚕放养即成为岫岩税收重要税种，《岫岩志略》："城北分水岭及西南猫儿岭，诸山俱产蚕，城守尉衙门征收蚕场税，城南北各乡皆织造茧绸而城南者尤佳。"[1] 官府已经征收蚕场茧税，而且形成茧绸织造，并有优质茧绸生产，岫岩的养茧业呈现阶梯式增长，乾隆年间有240把，光绪三十三年（1907）统计，已经发展到7708把，民国十七年（1928）前达到17000把，《岫岩县志》中感叹"较之十年前之蚕业可谓极端发达矣"[2]。由于柞蚕放养在岫岩蔚然成风，满族民间流传柞蚕树的故事《树搬家的故事》，摘抄如下：

凡是咭这山区的人都知道，柞树总是长在阳坡，青杠子大多数长在背坡，而檞棵阳坡、背坡都能见到。原来它们之间为谁在阳坡、北坡还吵过架呢。

在早年，咱这地方没有这三种树，它们的老家都在南方，但它们嫌南方太热，就准备往北方迁户。要说先来的还是青杠子。它来到这一看，山上都光秃秃的，就长在阳坡上了。刚长上，柞树就来了，它见阳坡被青杠子占了，就耍起赖了，硬说它头年就来过了，早就选中阳坡这块地了，非叫青杠子搬出不可。青杠子也不示弱地说："你说你头年就来占窝了，谁见到了？"就在这时檞棵也来了，它见柞树正和青杠子斗嘴，就上前去劝架，结果各说各的理，谁也不服谁。它对青杠子说："老兄，你就让服它一下吧，你搬到背坡住去，别看你住背坡，让你先发叶子还不行吗？"又对柞树说："别看你长阳坡，你可得后发叶子。我呢，最后来的，得给你们俩做中间人，我就阳坡背坡都兴长，我在中间发叶子。"柞树和青杠子听檞棵说的办法挺好，就照着办了。已经长在阳坡的青杠子开始往背坡搬

①《岫岩志略·物产》卷五，咸丰七年（1857）版。
②民国十七年（1928）版《岫岩县志》，第122页，沈阳：辽宁民族出版社2000年印刷本。

了，但有的地方没搬净，所以现在阳坡还能见到几棵。而背坡绝对没有柞树。青杠子每年都先发叶子，柞树后发叶子，槲棵树在中间发叶子。到了夏季，阳坡日照时间长，柞树看看背坡的青杠子很凉快，它后悔了想变卦，可是槲棵不让了，把柞树狠狠地损了一顿，柞树没办法，只好挨晒了。结果把树皮晒得又粗又厚，而青杠子在背坡就没晒着，所以树皮又白又薄。

上面三种树的故事，隐喻岫岩开发过程中南方汉民迁入带来树种变化，柞树在阳坡，是青杠子让位的结果。说明把柞树发展放在优先位置。

岫岩满族驻防八旗学会柞蚕放养，将渔猎文化热爱的山林开发成为农业生产的另一种资源，是满汉文化交流、交往、交融的必然结果。

满族八旗驻防来到岫岩屯垦戍边的另一个巨大变化是岫岩玉石的开发，是岫岩山林资源充分利用的体现。岫岩玉石，在相关古籍上记载为岫岩石，其特点是："岫岩石可以制器，五色具备，锦州府亦产，石质极明透，有山川草木纹，今则罕见。"[1] 正因为岫岩玉石开采后具有观赏价值，备受重视。多种岫岩志书屡有记载，体现岫岩玉石采磨逐渐发展成一种产业的过程。咸丰七年（1857）《岫岩志略》记载："岫岩石，石具五色，坚似玉而光不逮，邑北瓦沟诸山多有之。道光初年偶有玉工采制图章诸文具，稍供清玩，后遂盛行于都市好古之家。"宣统元年（1909）《岫岩乡土志》记载："岫岩石，质脆薄而见光润，琢磨加细，值且不敌工食，操其业者无心求精进，斯固销场之不足以发达也。"前后这两种县志对岫岩玉描述及开发情况的记载，看似有些矛盾，实则是记载岫岩玉的不同品种。再晚些的民国十七年（1928）《岫岩县志》中对岫岩玉的记载分出玉石与细玉（河磨玉）的区别：

  玉石 邑西区瓦沟为产玉之场所。昔时，由工人自行刨采，久则玉工众多，所制之物品亦广，随由地主自行开采，转售玉铺，玉色分红、墨、黄、白、翠，惟翠色者，次之。近年以来，各玉铺工艺增进，琢磨玉器亦较前进步，所望邑人宜留心提倡之。

  细玉 北区有村名细玉沟者，沟心有小河流一道，长约十余里，直通大河。夏令水涨后，村民沿河采玉，玉质外包石皮，内蕴精华，所谓石蕴

---

[1] 杨伯馨：《沈故·岫岩石》卷一。

玉者，此颇近似。质润而坚，其玉色白如猪脂，红似樱桃者为上；黄白色既蛋青色者次之。上上者，夜能放光，冬暖夏凉，相传可避瘟疫，未悉确否。……磨成之手镯、烟嘴，品质优良，颇为一时所珍。

玉器作品种类丰富，主要有文镇、笔筒、笔架、笔洗、墨壶、酒杯、烟嘴、鼻烟壶及耳环、手镯等文具和妇女饰品。早在道光、咸丰年间，岫岩玉雕制品不仅风行于辽东，而且风行于北京、奉天（沈阳）等地。到清末时，不仅县内有多家玉器坊，而且有人在大连、营口、安东等地开设了专销岫岩玉器的商号，岫岩玉器生产与销售形成产业链。

岫岩玉器的生产与开发，不仅改变了岫岩的产业结构，而且进入满族日常生活。满族人家常见的玉器首先是烟袋嘴。满族人无论老少、男女皆喜好吸烟，玉石烟袋嘴成为孝敬老人的好礼物，也是朋友之间相互馈赠之物，满族人无论穷富家家都有玉石烟袋嘴。其次是妇女饰品手镯。那时满族人相信"人养玉，玉养人"，认为戴玉有益于身体健康，所以，满族妇女除金银手镯外，也都有一副玉手镯佩戴。品质好的玉枕冬暖夏凉，有益于醒脑，也有人家收藏使用。

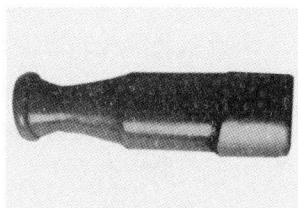
岫岩玉制烟袋嘴

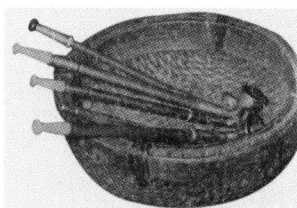
烟斗

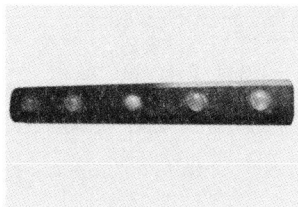
镶嵌岫岩玉的镇纸

岫岩玉制的八卦玉枕

第三章 满族传统村落向农耕
人家生活方式变迁

生产生计方式转变必然影响居住与生活器具转变，大批佛满洲由京师返回东北驻防屯垦，农耕生计方式影响满族居住与生活器具从渔猎、游牧习俗向农耕人家变迁。主要体现在如下几个方面。

第一节 食品变迁

食品是一种底色浓度很强的物质文化，对日常食品的选择体现民族风俗及经济生产特点，尤其在中国传统农业社会，缺乏现代社会物流，食品上的区域性和民族特点更鲜明。满族起源于白山黑水，形成东北山林的渔猎经济，与中原农耕种植经济在食品选择及喜好上有较大差别，但在满族入关后伴随农耕种植业生产生活方式变迁，满族食品也发生变迁，变迁在于粮食与肉食结构比例。

历史上对于入关前满族的食品记载不多，但从一些零星的资料记载也可以窥见一斑。朝鲜人李民寏记载在女真人看到的食材："其土产鱼鳖之类，蔬菜瓜茄之属皆有之。绝无花蓏果实，只有榛子、海松、山梨而已。六畜惟马最盛，将胡之家，千百成群，卒胡家亦不下十数匹。"[1] 至于食品，"饮食则最嗜藏肉、油饼，而面食酒醴皆合以酪。"[2] 从上述记载中可以看出，女真人虽然有各种谷物、面类，但食品仍以肉食为主。肉食为主是北方以及东北少数民族食品的传统特点。满族入关后，食品逐渐向农业种植食品变迁，制作也逐渐讲究起来。

满族有古老的祭祀传统，因此，从满族祭祀用品的入关前与入关后的变

---

[1] ［朝鲜］李民寏，《建州闻见录》，第43页，辽宁大学历史系：清初史料丛刊第八、九种，1979年版。

[2] 同上，第43页。

迁，可以看出满族食品的变化。

满族入关前女真人时期，祭祀习惯铺张，宰杀牛、马、骡、驴等大牲畜，皇太极定国号大清，建元崇德。登基后制定崇德会典，而崇德会典的第一件事就是对和硕亲王、多罗郡王以下共十三等级，规定吊唁殡葬祭祀物品。和硕亲王为第一等级，以下等级递减。以和硕亲王为例：

> 合（和）硕亲王卒，辍朝三日，差礼部官办祭，合（和）硕亲王以至辅国章京俱临丧。初祭用牛犊一只、羊八只、烧酒九瓶、纸二万张；七日祭羊九只、纸三万张、酒九瓶。凡办丧匠人上与之。亲王妃及与未分家子，亦差该部官办祭，合（和）硕亲王以至辅国章京俱临丧，纸二万张、羊五只、烧酒二瓶。①

以上崇德会典是针对当时女真社会中的民俗礼仪流行货卖宰杀牲畜而制定的，从亲王等皇亲贵族的限制做起，让皇亲贵族带头。同时也颁布了政权禁令：

> 凡人祭神、还愿、娶亲、死人、上坟，杀死货卖，宰杀牛、马、骡、驴，永革不许。马、骡生与人骑乘者，牛、驴生与人役使者，绵羊、山羊、猪、鸡、鸭生与人吃者。今后许绵羊、山羊、猪、鸡、鸭还愿、祭神、娶亲、死人、上坟宰杀买卖。母猪不许杀，若杀卖者问应得之罪，仍赔猪入官。若违令将马、牛、骡、驴还愿、娶亲、死人、上坟杀死货卖者，或家下人、或部下人首举，将人断出，赔杀的牲畜与原告，或傍人举首，赔牲畜与举首者。牛录章京、拨什库因失于稽查，问应得之罪。设大宴时许杀，有群牛的贝子、大人，亦不可侈费。②

崇德会典制定此禁令，进行民俗礼仪改革，目的是防止滥用大牲畜，因大牲畜为军队骑乘、驮物运输、耕种农田所使用，转而替代为羊、猪、鸡、鸭等家畜、家禽。应当注意到，无论是大牲畜还是家禽，祭品名目种类中见不到农作物供品。说明当时的女真人经济生产中，农业尚未占主要地位，因而，在隆重的祭祀中仍然保留传统习俗礼仪习惯，使用肉类当祭品。

清入关后，祭祀所用供品发生很大变化，家畜类只有黑毛猪，其他皆为农

---

① 辽宁大学历史系，《清太宗实录稿本》，清初史料丛刊第三种，1978年版，第3页。
② 同上，第13页。

作物制作的面点供品，而且种类丰富：都轧面、元豆面、桲椤面、大黄米面、面团、小饼、黏糕、打糕、小米粥、小豆糜。满族最重祭祖，因此，许多满族家谱将祭祀规矩记载于家谱之中，作为该家族共同遵守的规定。上述供品的面点，以岫岩满族同姓同族家谱，记载祭祀内容较为丰富的《关氏家族世系谱》《交罗哈拉佟赵氏全书》《索绰罗氏谱书》为典型提取举例①。盛装供品的器具有碗、碟、盘等，盛装酒的器具称为"盏"或"盅"，与供品和盛装器具相联系出现"饭菜"的概括性词②。而清入关前女真人时期，盛装供品的器具不曾见于记载，但盛装酒则明确记载为"瓶"。酒的盛具是"瓶"，作为度量单位远大于清入关后使用的"盏"或"盅"，反映出清入关前女真人时期与清入关后满族人不同的精神形象，前者豪放粗犷，后者颇有中原农耕民族的儒雅。例如，岫岩《索绰罗氏谱书》中有《祭祀应用的器具》一节，规定所用祭祀器具，抄录如下：

> 单高桌一张，方盘一个，圆盘四块，大锅一口，酒壶两把，大酒盅六个，小酒盅六个，筷子六双，大碗八个，五寸碟子十个，小碟子四个，元米一斗，元米酒一罐，烧酒一瓶，祭猪三口，鹅一只（猪羊也可）。

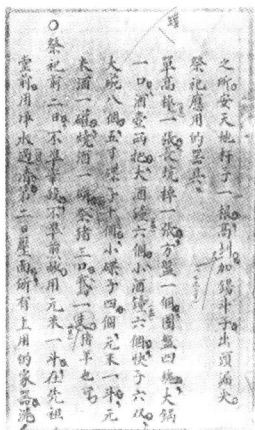

《索绰罗氏谱书》中的《祭祀应用的器具》

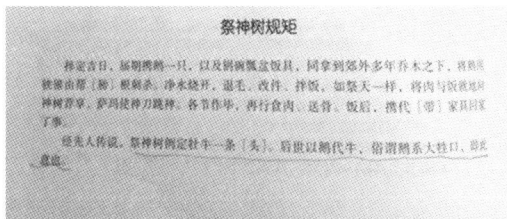

《交罗哈拉佟赵氏全书》中的《祭神树规矩》
用鹅代替牲口的说明

从上文可以看出，使用的祭祀器具体现祭祀的温和，既没有宰杀大牲畜的

---

① 何晓芳、张德玉编，《清代满族家谱选辑》，第87、319、667、796页，辽宁民族出版社，2016年版。

② 同上，第91页。

奢华，也没有烈性酒的狂热。其中关于为什么使用"鹅"作祭品，该家谱中没有解释，但在《交罗哈拉佟赵氏全书》中《祭神树规矩》有解释："经先人传说，祭神树例定牡牛一条（头）。后世以鹅代牛，俗谓鹅系大牲口，即此意也。"该说法正与皇太极下令禁止祭礼宰杀马牛大牲畜相吻合。马牛大牲畜在农业中使用极重要，满族农业生计方式变迁推动祭祀供品的改革变迁。

满族驻防八旗定居岫岩开垦种植，吸收山东汉民食品制作方法，形成满族特色食品。

饽饽。满族人喜黏食，尤其喜欢吃豆面饽饽，是满族传统食品，也称豆面卷子。饽饽用黏苞米、黏高粱米、黏黄米等都可制作，做法不同，种类多样，风味各异。常见的有豆面饽饽、波罗（槲斗）叶饽饽、椴木叶饽饽、柞叶饽饽、苏子叶饽饽、黏糕饽饽。这些种类的饽饽，满族人根据不同的季节有不同的选择，春季吃豆面饽饽，夏季吃波罗（槲斗）叶饽饽和椴木叶饽饽，秋冬吃黏糕饽饽，唯苏子叶黏糕饽饽一年四季都可吃。做法：将黄米或其他黏米浸泡后，磨成水面淋干，以黏面做皮，小豆泥做馅，包合后再用苏子叶裹上，蒸熟。味道有苏子叶的清香。清代岫岩满族有"荐新"祭祀之俗，饽饽是必不可少的祭品，其中豆面饽饽用于春祭。

酸菜。岫岩地处东北，气候寒冷，冬季时间较长。为储备越冬菜，每逢秋末，满族人采取淹渍方法制作酸菜，也称为"渍酸菜"。制作酸菜的量，一般足够整个冬天食用即可，春天温暖时，即容易腐烂，不能食用。做法是：将白菜用热水渍后，置于缸中发酵，称为酸菜缸，酸菜缸要求温度不能冻也不能热，一般放在地窖最适中，或者放在温度适宜的仓房内。满族人充分利用"渍酸菜"及地窖储存方法，早在女真人时期已经有之。李民寏在《建州闻见录》中谈到女真人禾谷山稻的储存方法时说："秋后掘窖以藏，渐次出食，故日暖便有腐臭。"[1]说明满族人渍酸菜以缸藏于窖中早即有此传统。

大酱。也称豆酱、豆瓣酱，用大豆制作。把大豆拣净放在锅里，加水漫过大豆3～4厘米，大火烧开后，改小火炜熟，达到豆能捏成泥为止；用酱杵子或木勺子捣烂大豆成泥糊状，用手拍成一个个酱块子，放到不常动而又温暖的地方，通常是棚顶，使其自然发酵；第二年春天发酵好了后，将酱块放入有盐水的缸里，再过半月即可完成发酵。大酱是极好的佐餐味料，大酱佐餐是东北寒冷缺少蔬菜的漫长冬天里必不可少的。李民寏在《建州闻见录》中谈到女真

---

①［朝鲜］李民寏，《建州闻见录》，第43页，辽宁大学历史系：清初史料丛刊第八、九种，1979年版。

人对盐、大酱的需求。当时，建州女真"盐、酱极贵，闻五六年前，奴酋专令贸盐，盖将为背叛之计也。今则将胡家尚有所储，而闾阎则绝之已久云"。[①]说明盐、酱对女真人生活饮食极其重要，是满族传统食品。岫岩满族八旗开垦山林，种植豆蔬，大豆是主要品种，为岫岩满族食品提供丰足的大酱制作原料。与大酱相伴的吃法是青菜蘸酱。各种青菜不用煎炒，只放入开水锅中煮一下捞出控干水分即可蘸酱食用。这种吃法在岫岩地区比较盛行。

火锅。东北地区习惯吃火锅，岫岩满族自然也喜欢吃火锅。吃法极其简单，先将燃着的木炭放入宽沿泥制或铁制火盆中，燃旺后将小铜锅或小铁锅坐上火盆，里面加水烧开。将事前预备好的食材，诸如：肉、酸菜、血肠、白猪肉，甚或牛羊肉、狍肉等切成肉片，投入其中，随熟随食。冬天里吃火锅，暖乎乎的，满族人过大年吃杀猪菜，必有火锅，称为白肉血肠涮火锅。尽管火锅延续百年，食材不断添新，但"涮"的基本吃法始终不变。

油炸柞蚕蛹和炒嫩蚕。自从山东汉民带入柞蚕放养以后，满族不仅学会放养柞蚕，而且也学会吃柞蚕，成为满族喜爱的食品。油炸柞蚕蛹就是将已经作茧尚未化蛾的蛹从茧中剥出，放入油中干炸，使蛹皮酥脆。炒嫩蚕，就是将尚未化蛹的蚕放入油中炸或翻炒。这种蚕蛹及蚕制的菜品，蛋白质丰富，营养价值较高。

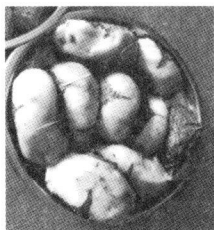

苏子叶饽饽

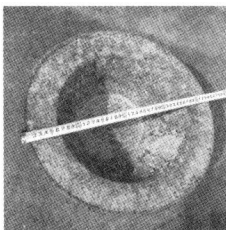

坐火锅的铁火盆

渍酸菜

油炸柞蚕蛹

炒嫩蚕

---

① [朝鲜] 李民寏，《建州闻见录》，第43页，辽宁大学历史系：清初史料丛刊第八、九种，1979年版。

　　满族上述食品在与汉族等各民族相处当中，相互影响，相互欣赏，形成岫岩各民族喜爱的地域性食品，而且不断更新改进，成为现今营养丰富的调节口味的食品。

　　综上所述，岫岩满族食品的变迁，实际上是食肉与粮食蔬菜比例的变迁，由以食肉为主向以粮食、蔬菜多种类食品过渡，呈现满族生产生活方式向农耕方式变迁的食品特点。

第二节　土葬墓园变迁

　　火葬，辽金时期女真人即盛行，《大金国志·初兴风土》中记载，"死者埋之而无棺椁"，又云："贵者生焚所宠奴婢、所乘鞍马以殉之。"[①] 火葬的仅是用以殉葬的奴婢和所乘之鞍马而已。但自从金建国，海陵王时期迁都后，女真人开始流行火葬，究其原因，与女真人崇信佛教有关[②]。努尔哈赤时期所在的建州女真，仍然传承先人火葬之俗。明万历四十七年（后金天命四年，1619）至四十八年（后金天命五年，1620），曾生活于后金的朝鲜人李民寏记述后金女真人的丧葬习俗云："死则翌日举之于野而焚之。其时，子孙族类咸聚会，宰牛马，或哭或食，蒙白二三日除之云。"[③] 即使是努尔哈赤、皇太极去世时也实行的火葬，而且，这种火葬习俗一直延续到满族入关后的顺治朝，称为"旧制"。顺治五年（1648）清政府颁布亲王及以下官民丧葬出殡时间的规定时涉及火葬："其有愿从旧制焚化者，听之。凡发引焚葬，俱不得过所定之期。"[④] 顺治九年（1652），再次强调出殡时间的规定时仍涉及火葬："如有在定期内出殡焚化者，听之。上坟亦听其便。"[⑤] 这说明，满族入关之初的顺治年间是否实行火葬，当事者有选择的权利。既然可以选择，就说明除火葬之外还可以有其他葬法，而顺治皇帝本人去世时实行的是火葬，说明当时的满族人仍然坚守传统的火葬"旧制"。究竟满族及其女真先人为何流行火葬，有学者

---

　　① （宋）宇文懋昭，《大金国志·初兴风土》卷39；崔文印校證，《大金国志校證》，第551–552页，中华书局，1986年版。

　　② 黄登民、李云凯、徐凤媛，《金代女真人火葬墓流行原因初探》，载《黑龙江民族丛刊》，1995年第1期，第76–78页。

　　③ 辽宁大学历史系，《建州闻见录校释》，第44页。

　　④《清世祖实录》卷38，第44页，华文书局股份有限公司，1969年版。

　　⑤《清世祖实录》卷38，第801页，华文书局股份有限公司，1969年版。

认为或是受辽代火葬习俗影响，或是受佛教影响[①]。火葬成为一种民族风俗差别存在。在汉族的传统观念里，受儒家所提倡的"入土为安"观念的影响，土葬被公认为是合理的葬法，尤其是采用所谓"厚葬"更能体现出晚辈对长辈的一片孝心。而火葬在某些时间节点甚至会成为一种与"鞭尸"相提并论的侮辱与惩罚手段，即所谓的"挖坟掘墓，挫骨扬灰"。康熙朝加大继承历代中原王朝以儒家学说为治国理念的做法，全盘接受宋、明程朱理学。宋、明程朱理学的人伦道德核心是"三纲五常"，强调孝道，而土葬正是这种孝道的体现。因此，康熙和雍正二位皇帝死后均被继位皇帝以土葬的方式进行埋葬，与顺治帝火葬截然不同。这是满族继入关前皇太极改革女真传统人殉丧葬旧俗之后的再一次移风易俗改革，就在雍正帝辞世、乾隆帝继位的当年，即雍正十三年（1735），乾隆帝发布《旗民丧葬禁令》[②]：

> 古今葬者，厚衣之以薪，葬于中野。后世圣人，易之以棺椁，所以通变宜民，而达其仁孝之心也。本朝肇迹关东，以师兵为营卫，迁徙无常。遇父母之丧，弃之不忍，携之不能，故用火化，以便随身捧持，聊以遂其不忍相离之愿，非得已也。自定鼎以来，八旗、蒙古各有宁居，祖宗墟墓，悉隶乡土，丧葬可依古以尽礼。而流俗不察，或仍用火化，此狃于沿习之旧，而不思当年所以不得已而出此之故也。朕思人子事亲，送死最为大事，岂可不因时定制，而痛自猛省乎？嗣后除远乡贫人，不能扶柩回里，不得已携骨归葬者，姑听不禁外，其余一概不许火化，倘有犯者，按律治罪。族长及佐领等隐匿不报，一并处分。

乾隆帝《旗民丧葬禁令》颁布时虽对"不得已携骨归葬者"的火葬留有余地，但火葬已经不符合清制，即使是关内各省驻防八旗（福州、广州、杭州、京口、成都等地），乾隆皇帝也下令允许购置田产用作墓地，贫穷者可由公款购置公共墓地[③]。乾隆帝从解决墓地着手，切合落叶归根的中国文化传统，不

---

① 可参见黄登民、李云凯、徐凤媛，《金代女真人火葬墓流行原因初探》，载《黑龙江民族丛刊》，1995年第1期，第76—78页。

②《清实录·高宗实录》（一），第241页，中华书局，1985年版。

③ 乾隆二十一年（1756）二月："上谕：各省驻防兵丁不准在外私置田产，有病故者，其骸骨及寡妻仍令各回本旗，此定例也……嗣后，驻防兵丁着加恩准其在外置立产业，病故后即着在各该处所埋葬，其寡妇停其送京。但该处（广州）情形不同，兵丁内有无力置地营葬者亦未可定。着该将军、都统等酌动公项买地亩，以为无力置地穷兵公葬之用。"马协弟主编，辽宁少数民族古籍历史类之八《驻粤八旗志》，第14页，辽宁大学出版社，1990年版。

失为一种有效措施。至此，废除火葬实行土葬已经成为满族的普遍葬法。

岫岩满族驻防八旗初来岫岩时，仍然保留火葬习俗，而且可能一直延续到乾隆时期颁布《旗民丧葬禁令》时止。笔者对此问题进行过调查采访。岫岩满族汪（完颜）氏康熙二十六年（1687）拨来岫岩驻防，大约乾隆年间来到现在的西甸子居住，右图中骨灰坛①就是在现居住地附近发现的。另一户何姓满族也是康熙二十六年来岫岩驻防，家中有一位老祖先，具体年代记不清，出兵打仗战死，捎回一颗发辫，就是用坛子装好埋起来，至今这座孤坟仍然在（院子）后山上。另一户庄河（清代岫岩）何姓（赫舍里氏）满

在岫岩汪（完颜）氏居住地附近发现的清代骨灰坛

族，同为康熙二十六年拨来岫岩驻防，20世纪60年代退地平坟时，挖出一只骨灰坛，内装骨殖，坛口扣着一只青花大瓷碗，将其移入山上重新掩埋。遗憾当时没有照相机，没能留影。同时还有一只坛子已经破碎。而其以后故去人的坟墓挖开后，全为棺椁。还有岫岩满族《费氏谱书》记载："先祖骨骸原是坛子承装埋葬，坛口盖方青砖，有满文红色字，坛中有水。"②

关于祭田，满族实行土葬后产生，以拥有耕田、稳定的居住房屋为前提条件。乾隆时期满族已经入关90余年，具备营造坟茔、设置祭田的客观条件，这才得以颁布《旗民丧葬禁令》。清入关前的女真人时期，以"养马弋猎为生"，流动性比较大。反映在祭祀风俗上皆使用牲畜、纸、酒，而且以大牲畜为大宗。丧葬习俗也比较简单，送殡后当日即结束，努尔哈赤为费英东、亲妹妹祭奠，都是当日而返③。佐命功臣、皇亲尚且如此，遑论普通八旗官兵。所以，清入关前的各种历史档案中没有关于祭田记载，仅有皇太极在8年之内，两次对丧葬的焚烧衣食物品等作出限制性规定，直到最后禁止焚烧衣食物品等生活实物，只许纸制品代替。而对于坟茔墓地规定，仅提道"守官员坟：牛录章京准一人看之，其余人丁照旧当差。白人骨衬，往各屯送去"。说明当时满族社会中的丧葬，以"烧饭"④为主要祭祀仪式，坟茔仅高爵位和职位的可以有，而普通八旗人没有。虽然努尔哈赤与皇太极时期八旗士兵按计丁授田分得

①照片由满族汪（完颜）氏作钢提供，骨灰坛经过清洗。
②高明东、李文通主编，《岫岩满族家谱选编》，第213页，白山出版社，2013年版。
③根据《满文老档》记载，努尔哈赤为费英东、亲妹妹祭奠，都是当日而返，没有复杂仪式。
④女真人的一种丧俗，将去世之人生前穿用的衣物及饭食烧掉。

土地，但专为种粮、种棉军需之用，并不是个人私产，更不能私作祭田之用。

满族入关以后，发生很大变化，屯垦戍边的驻防八旗士兵从事农耕，过上定居生活，"八旗、蒙古各有宁居，祖宗墟墓，悉隶乡土，丧葬可依古以尽礼"。《旗民丧葬禁令》的颁布，是面对全体满族八旗，无论等级，因此，必然推动满族实行土葬习俗。而依据中国传统，实行土葬应有墓园。将原安葬先人的祖茔，辟田土，设置坟丁，其收入以供祭祀之用，这就是祭田①。祭田为宗族公有，各支、户不得私自占用其土地或收入。《清史稿·食货志一》有："祭田公地，一切免征。建国初，赐圣贤裔祭田。"②说明，清初的祭田是由国家赐给圣贤后裔，便于后裔祭祀圣贤。但到乾隆时，普通满族驻防八旗人家也开始有了祭田，在自家拥有的山场或自用地范围内划出一块作为宗族公产。祭田对宗族来说是公产，对国家来说是私产。岫岩满族驻防八旗几乎家家有祭田，祭田管理成为族中大事，因此，许多家族立下管理规矩，编修家谱时直接写入家谱，让族人共同遵守。《洪氏谱书》中专门设立《洪氏宗和堂坟山祭田规条》，节录于下：

第一条　此老坟山、西坟山为洪氏全族之山。……凡属洪氏本族之人，均有保护之责、享用之权……

第二条　每年定于夏历十月一日大祭祖墓一次，其花费则由族中公产出项下动用之……

第三条　此公族之出产，除祭祀之花费外，其余以兴本堡全族公益事务为宗旨，其有远徙他方及千百里者，不得干涉、享用，但有迁回，仍一体相待。

第四条　此山坟祭田公有，诸所事务为管理便利起见，公举经理二人，司账二人，检查八人，凡钱项之花费储蓄、契照、字据之收存登记，均由经理人指令司账者详记，其收存处所出入细目，其有不实不尽处，检查人得究（纠）正之，账目每至年终清算，榜示周知。

…………

第七条　凡坟山树木不许放蚕，不许个人私自砍伐、樵采，不许放牧

① 参见《马佳氏宗族谱书》《汪氏宗族谱书》《白氏源流族谱》《宁古塔正黄旗梅和勒氏宗谱》，国家清史编纂委员会，文献丛刊《清代满族家谱选辑》，第157、472、619、665页，辽宁民族出版社，2016年。

② 赵尔巽，《清史稿》，第3497页，中华书局，1979年版。

牲畜于坟近之地。如有不遵故犯者，得处以相当之罚项。……

《洪氏谱书》所记充分体现农耕经济对祭田管理的重视，毋庸置疑是满族八旗转型为农耕生计方式的体现。既然祭田是私有财产，因而就可以进入买卖、出租、典押交易，增加祭田流失风险，因此，满族家谱对祭田管理重要的就是防止这样的情况发生。岫岩《汪氏宗族谱书》中《汪氏蓝旗祖茔祭田沿革》记载了汪氏祭田抵押之后，历经坎坷，失而复得的经过。收回后，"公推三各支靠山系永奎之孙盛庆者为经理，每年秋令收租，四时祭扫。款余之时，三节买纸宰猪，祭祀之余，凡汪姓者每户一人，在墓前

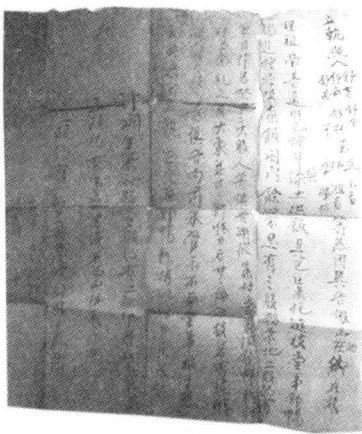

收录于《汪氏宗族谱书》中的
坟茔老地契

共食，可云盛会矣"。这一记载也体现祭田对团结族人的作用。

岫岩满族重视祭田，因其为收族、睦族、接济扶贫、行使儒家祭祀之礼的资金来源和重要场所，岫岩唐氏在吉林同姓收藏的《吉林他塔拉氏家谱》中的《家训·祭祀》中规定如下：

祭田现在所捐无多，此后凡吾族富而有力者，可量力或捐助或绝产尽数拨归，庶几集腋成裘，堪资修祠设塾，祭礼及族中一切公益之事。始迁祖原住厂北大唐家屯北八里雅通河，宜修祠堂于大唐家屯，庶祠祭墓祭和以同时并举。祠祭以冬至日为期，始迁祖之墓及同域各墓即以祠祭之为祭期，其余同高曾祖祢各墓，以清明七月望十月朔岁腊四日拜扫。祠祭始迁祖墓祭，各费均由祭田租粮项下供备，不准迟误潦草。祭田款项拣族中公正一人司之，各穆坤①轮流稽察之。每年祭田租粮项下，除办祭及杂项公用外，所余钱项即添买祭田，不许多存，若有应办之事需用甚多，始准预存。祭田如有余资，即作为族中婚嫁丧葬恤贫、存寡、奖善、旌贤等费，以资补助。

祭田，是家族公有财产，维系家族情感。迁徙到辽宁海城一支的他塔拉

---

① "穆坤"满语，氏族之意。

氏，形成"吃坟会"的习俗。"吃坟会"，于每年秋收后的农历十月初一，由本族的坟田耕种人利用坟田收入购买猪、羊、鱼、酒、果、蔬菜等祭品，由族长主持召集族人到他塔拉氏墓地进行祭祀活动，无论在外路途远近，都要前来参加。活动结束后回到村里搭建席棚，按尊长老幼顺序先后入座，开始享用祭品。这个习俗从乾隆朝后期开始到民国时期，盛行100余年。该支他塔拉氏已经将"吃坟会"作为追忆祖先英灵，尊长爱幼，团结族人的一项纪念活动。

第三节　满族民居建筑变迁

满族发源于白山黑水，东北的生态环境和气候塑造了满族民居建筑特点。早在辽金时期的女真人民居即因与中原不同而被注意，记载于历史文献资料："依山谷而居，联木为栅，屋高数尺，无瓦覆以木板或以桦皮或以草绸缪之，墙垣篱壁率皆以木，门皆东向。环屋为土床，炽火其下，与寝食起居其上，谓之炕，以取其暖。"[1]到明代晚期女真人民居仍然没有多大变化，努尔哈赤时期被囚禁于赫图阿拉的朝鲜官员描述女真人的民居称之为"窝舍"："窝舍之制，覆以女瓦，柱皆插地，门必向南，四甓筑东西南面，皆辟大窗户。四壁之下皆设长炕，绝无遮隔，主仆男女混处其中。卒胡之家，盖草覆土，而制则一样，无官府郡邑之制。"[2]后金进入辽沈地区以后，努尔哈赤建立盛京都城，皇太极将沈阳故宫继续完善扩建，但普通满族八旗人家并没有多大改善。康熙二十一年（1682）随同康熙帝一同东巡的传教士南怀仁记述他眼中的辽东民居："在小河畔的低地上有几间矮小的草苫着的土房。"与努尔哈赤时期朝鲜官员眼中的满族民居"盖草覆土"一致。南怀仁描述辽东村镇民居的整体情况是："废墟上所建的房屋，毫无次序，有的是泥土夯筑，有的是石块堆砌，大多是草苫的，瓦顶的、木板圈房缘的极罕见到。"造成废墟的原因是，清军入关时"为了使士兵失去回到家乡的一切希望，把这些村镇完全破坏了事。"[3]概述以上对女真人民居的特点：选址在山谷之下，建材以泥土、草木为主，向东开门，居室内有转圈火炕（即万字炕），炕为通长，没有遮隔，全家老幼男

[1]（宋）徐梦莘，《三朝北盟会编》。
[2]［朝鲜］李民寏，《建州闻见录》，第42页，辽宁大学历史系：清初史料丛刊第八、九种，1979年版。
[3]（清）南怀仁撰，《鞑靼旅行记》，第138页，吉林文史出版社，1986年版。

女全部居住于同一室内。

随着清入关后满族生计方式向农耕转变，加之受儒家伦理道德影响，满族民居形制发生变迁。根据多种清时期文献记载①，满族民居在保留女真人房屋建造传统习惯时，吸收中国传统文化建筑格式，形成本民族的民居特点，通常所说"口袋房，万字炕，烟囱出在地面上"，极为生动、形象、准确地概括出了满族房屋形制。满族房屋这种稳定的形制，表明满族入关后随着生计方式向农耕转变，有了农耕文明对居住房屋的设计理念，讲求儒家的家庭伦理。但由于地理环境制约，仍然保留一定女真人时期房屋建筑的传统习惯。

选址上，沿袭女真人时期居住观念，不选平地，而是选择山脚下，后靠山，前有河，两侧为山岗。定居以后，住房的条件不断改善。房屋建构上，满族的房屋一般是三间或五间，坐北朝南，大多东边开门，形如口袋，故称"口袋房"。但受地理环境和汉文化四合院影响，也有的在三间或五间的中间开门，又称"对面屋"，开门这间称"外屋"，两侧的房间称为"里屋"。建筑材料上，房顶多为苫草，墙基础为石材，墙为泥砌，木栅栏院墙也有改用石砌。

满族认为，"四世同堂"或"三世同堂"是件大喜事，同堂的辈行越多越荣耀。清朝中期以后，满族生活较富裕人家建起砖瓦四合院，大部分满族人家的四合院以一进深为普遍。正中为正房，三间或五间，东、西设厢房，每一厢房有五间或也有三间。无论砖瓦房或是泥草房，都尽可能建成"四合院"。四

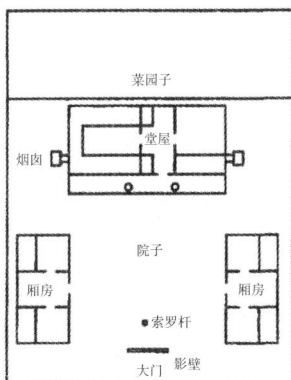

普通满族房屋格局平面图

院中立有索罗杆子的泥草房

---

① 对清代中期以后的满族民居记载文献主要有：（清）吴振臣《宁古塔纪略》，[朝鲜]李应海《蓟山纪程》，[朝鲜]李永德《燕行录》。但对于满族较富裕人家民居何时改成砖瓦房的四合院，多种清代文献没有记载。但在满族家谱中有所流露，可参见《白氏源流族谱》中的《凌云堂白氏事宜录》，从乾隆五十五年（1790）开始至光绪八年（1882），共93年，记载典房与自家修建房情况。

合院院内的布局分为三个部分，大门入口部分、正屋和厢房部分及院落部分。布局的要素有正门、院落、正房、厢房、牲口棚、苞米楼、障子、索罗杆等。从图中可以看出，满族民居整体上采用中心对称的布局，大门位于整个建筑的中轴线上，满族民居之所以将大门建在中轴线上，主要是考虑到马车出入的方便，同时也体现出了北方满族人民那种豁达和开阔的胸襟。大门内设有影壁墙，外观与汉族民居基本相同。

岫岩赫舍里（何）氏老宅（原为四合院，现仅存正房）

岫岩满族"百年老宅"
山墙精美脊花

老宅兽脸瓦当

居室结构。这是最凸显满族民俗特点的居室结构，筑有南、北、西三面构成的"冂"形火炕，称"万字炕"。满族人家皆为万字炕，也称为"蔓"字炕，无论房屋宽窄、人家富或贫，都是如此。这是满族入关后接受儒家伦理思想融入满族民居的体现。关外时期，满族（女真人）居室"四壁之下皆设长炕，绝无遮隔，主仆男女混处其中"。而满族入关后的万字炕则充满儒家伦理思想。

西炕不睡人，也不许坐，山墙上钉有祖宗板，用于放置祭祖器具，体现满族采取汉族屋舍形制的同时，融入本民族的精神信仰，保留自己民族的特色。

满族普通民居"万字炕"以及西炕山墙上的祖宗板

南、北炕使用也有比较严格的规矩，年长老人（一般是公婆）住在正房的东室南炕，家中来客人都让到南炕上落座，表示对客人的尊敬，晚辈未经允许不能随便坐卧到南炕上，这是对老人不敬的行为。如果正房是五间，东室则设置连二炕，即两间房子的炕连在一起，仅在两室内中间的炕沿上立一柱子，用于放置挡板或幔布，起到间隔作用。这时，老年的长辈睡在第一间隔的炕头位置，晚辈睡在第二间隔。儿子儿媳住在正房的西室，孩子或未婚家人等住在东、西室的北炕。满族人喜欢聚族而居，祖孙四世同堂，很少分家。一个四合院内居住30左右人口，这种情况很常见。

烟囱。仍然保留清关外时期浓郁的满族传统文化特点。满族传统民居，无论青砖瓦房还是土坯草房，都有一个显著的特征，即烟囱不是建在山墙上方的屋顶，也不是从房顶中间伸出来，而是像一座小塔一样立在房山之侧或南窗之前，民间称为"跨海烟囱""落地烟囱"，满语谓"呼兰"。这种烟囱高过屋檐数尺，通过孔道与炕相通。满族入关后的烟囱大多用土坯或砖砌制，置于房外东或西两侧三尺远的距离，不易失火，而且便于取暖。乾隆皇帝在《盛京土风杂咏》中高度赞扬："疏风避雨安而稳，直外通中朴且坚。"满族传统民居仅在东北保留，而关内驻防八旗满族则由于气候环境等原因"入乡随俗"。

满族民居的变化，反映满族进入农耕生计方式之后由渔猎游牧到农耕文化上的变迁，其中一个重要特点，这时的房屋院落，甚至园基地中的道路，都可成为家中固定财产，具有商品交换价值，成为买卖、分家或典租的标的。将房屋及其附带院落等作为不动产，这是农耕文化与渔猎游牧文化的一个重要

满族人家的院子里设置木制苞米楼，满语称为"哈什"

区别。

满族房屋买卖、典租情况在岫岩满族《白氏源流族谱》中保存了一份《凌云堂白氏事宜录》，相当于白氏日常收支账本，其中有大量以房屋为标的的分家产、买卖、典租记载，交易对方有白氏族人、岫岩旗人，以及少量民人。摘录于下：

乾隆五十五年（1790）正月二十日，群住公、文秀公分居。群住公凭阄分得老房东头两间仓房一间，西沟地一分，西山底下地一处，房前房后之地两股均分。文秀公凭阄分得老房西头三间、门楼一间，李家坎头地一处，上沟庙西山地一处。

道光二年（1822）十月二十一日，典大岭后（红）册地九段，草房三间、园地一块，价一千七百吊。

（道光）九年（1829）冬月初六日，典黄旗沟刘美（红）册地二十九日、草房二处，价三千三百吊。

（道光）十三年（1833）正月二十四日，典尹天喜、尹天奎房后园地一块，价六十五吊，又典园地五段，价六十五吊。

……………

咸丰元年（1851）正月初六日，又买草房八间、园地二块，房银三十两。

……………

（咸丰）三年（1853）二月十五日，买夸色同弟庆安草房八间、园地两块、前房身一处、正沟里草房五间、园地一块、红余科地九段一百二十五亩、山岚五处，价九千六百五十吊。

以上为节选，从《白氏源流族谱》记载看，房屋园地的买卖、典租流转十分频繁，标志满族进入高度发达的农业经济社会。

一直到20世纪80年代，东北农村的满族古村落仍然保留不少满族老屋，与清代多种历史文献记载基本相同。21世纪初仍然有一定数量遗存[①]，但大部分伴随城镇化发展被拆掉。

第四节　农业生产劳动工具

伴随满族实行农业耕作生计方式，必然出现农耕特点的生产生活物件，分为生产和日常生活用品两类。生产工具主要为耕地、播种、铲地、收割使用的犁杖、点葫芦、锄头、铲刀、扇车之类；大马车是满族人家常用的生产资料，以及与之相配套的马槽子、马鞍、马鞭、马笼头等用具。这些劳动工具中，满族吸收学习汉族农耕技术而采用的农业生产工具，大致分为两大类。

1. 春种工具

犁杖，主要用于农田或旱地的耕作，用畜力或人力牵引。以前农村都是靠这种犁来耕田的，犁架是木的，因此也称为木犁杖，又由于犁头是铁的，也称为铧犁。早在明代女真人时期，犁杖完全依靠辽东马市与汉人交易获得。明代档案关于向建州卫女真交易铁铧犁头的档案文书证明了这一点。根据辽东马市《抽分清册》107号记录统计，运进海西女真的铧子4292件[②]，数量很大。女真人之所以需要从明朝马市运进这样大量的铁铧犁头，说明农业种植业有一定规模。但当时满族八旗兵四处征伐，基本上采用"奴婢耕作，以输其主"的生产方式，这就意味着，满族八旗兵即使拥有铁铧犁头，也不是本人从事农耕。另外一种可能是，当时女真人境内缺铁，境内的铁主要用于制造战争急需的武器，因此于明朝马市贸易中采购的铁铧犁有大量用于重毁锻造兵器的情况。但是，满族驻防八旗来到岫岩开荒垦植，农业生产以种植为主的情况下，犁杖就成为主要劳动工具，而且是必不可少的劳动工具。

点葫芦，点籽用的工具。选一个大葫芦，去瓢，里面装满种子，再选一个

---

① 参见张晓琼、何晓芳，《满族：辽宁新宾腰站村调查》，云南大学出版社，2004年版。

② 辽宁省档案馆藏，明档乙107号万历十二年，《广顺、镇北、新安等关易换货物抽分银两表册》。

空竹筒，用木片制作，当种子的通道。下面出籽口呈长方形，5厘米左右，出籽口常用几根细蒿秆作"筹"，"筹"的疏密是控制不同种子的流量，出籽口下面绑着半圈叫"胡子"，"胡子"是笤帚糜子或蒿草做成的，籽粒通过"胡子"均匀散开。这是产生于中原地区的一种精细耕作的春播工具，而满族处于女真人时期以狩猎采集山货为主，农业种植比较粗放，因而没有点葫芦，点葫芦由流入岫岩的汉民传入，被满族普遍采用，体现满族对岫岩山区因地制宜的一种学习选择。在黑龙江一马平川的黑土地上耕种，满族学习汉民的耕种方式，播种采用耧子车。这种耧子车类似人工手推车，一次装种的数量高于点葫芦数倍，效率高，但播种的精细度不如点葫芦。由此可见，选择是满族向汉民学习的最好方法。

犁杖和点葫芦是春种的主要农具，还有其他辅助工具，例如耙地石磙子、木磙子等工具，都由山东汉民传入。

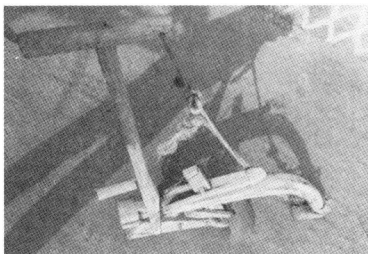

木犁杖　　　　　　　　　　　　　点葫芦

2. 收获工具

扇车，这是农业收获工具中比较复杂的一种，而且历史悠久。早在公元前1世纪西汉时我国已有扬去谷物中的秕糠用的扇车，一直在黄河流域、中原和江淮地区使用，但明代女真人时期是否也使用扇车，没有文献记载。努尔哈赤天命六年（1621）在后金实行"计丁授田"，要求5亩种谷，1亩种棉，说明谷的产量还不少。但从当时满族人的采集、狩猎饮食习惯来看，谷物并不是日常食用主食，因此，是否需要扇车这种大容量的秕糠分离工具有待考证。从当时战争状态来看，即使后金社会里已经使用扇车，也并非为满族八旗官兵自己所用。清入关后，满族八旗分布全国各地，扇车在从事农耕生产的满族聚居区很多见，尽管对岫岩地区的扇车使用情况以往学术界没有给予过多关注，但其在岫岩作为重要的收获农具应当是无疑问的。

槤枷，亦写作"连枷"，打槤枷又称"打场"，是北方农村常见的一种生产工具，是对粮食作物进行脱粒的一种生产方式。由一个长柄和一组平排的竹条或木条构成，挥动长柄，敲杆绕轴转动，拍打谷物、小麦、豆子、芝麻等，使子粒掉下来。梿枷在辽东山区农业中十分盛行，岫岩粮食品种以谷物和豆类为主，因此，家家户户使用梿枷，直到现在也仍有使用。中国唐代和中世纪欧洲，都曾运用梿枷工作原理，将其经过加重、加长改造，作为一种兵器用于军事。

　　镰刀、掐刀是农业收割工具，耧耙子是辅助收获工具，取材当地，制作简单，使用方便，适合山区作业。这种铁制类农业劳动工具与铁铧犁同样，努尔哈赤、皇太极时期的满族人即已经使用。清崇德元年（1636），皇太极颁布偷盗禁令时即有："园中菜蔬、斧子、镰刀，院内的草木，若有偷盗者，举首的人赏银三两，本主问应得之罪。"[1] 说明当时铁制的镰刀之类工具稀缺。

扇车

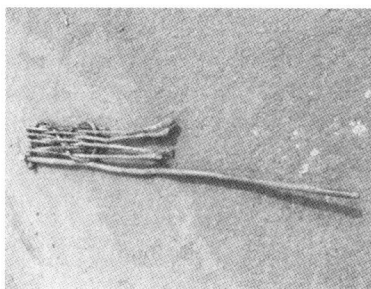
梿枷

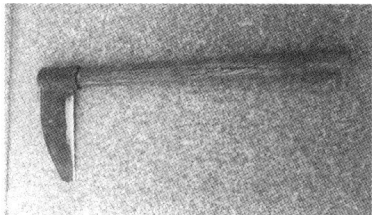
镰刀

掐刀

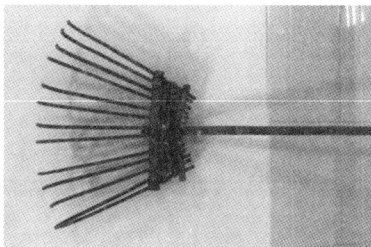
耧耙子

① 辽宁大学历史系，《清太宗实录稿本》，第12页，清初史料丛刊第三种，1978年版。

上述这些中国传统农业生产工具，是汉族等劳动人民的发明创造，在岫岩满族驻防八旗转为农耕生产，选择其作为自己的一种劳动工具时，与满族的经济生产发展史紧密联系在一起，体现满族的发展与进步。

由于满族生活在山区，农耕之外，仍然从事适应森林生态环境的森林渔猎活动，作为农耕经济的补充，因此，每个家庭中仍然有与打猎相关的工具，如砍刀、火枪、弓箭、兽夹子等，透射浓郁的森林渔猎生计方式气息。

第四章　满族妇女的生产生活方式变迁

满族八旗返回东北屯垦驻防，生产生计方式变迁，变迁主体的一半是满族妇女。妇女作为经济生产中必不可少的一部分，更是日常生活的主角。农耕文明社会里，形成"男耕女织""男主外女主内"的生活模式，成为满族妇女生活方式变迁的历史价值取向。

第一节　满族妇女日常生产生活器具

农耕经济自给自足，纺线织布也成为家庭中的重要生计内容，因而出现中原汉族农耕文化中常见的纺线车、纺锤、针线板、袜板等针线器具。这些针线器具，都是由中原汉族地区传入的。伴随满族农耕生计方式形成，自然也为满族妇女所常用。女真人处于渔猎经济时期，缺少棉纱织布，普通百姓以穿戴皮草为主，棉织衣服十分珍贵。曾经到过建州女真考察的朝鲜官员李民寏记载了明代晚期女真人缺少棉织品的情况：

> 闻胡中衣服极贵，部落男女殆无以掩体。近日则连有抢掠，是以服著颇和鲜好云。战场僵尸，无不赤脱，其贵衣服可知。冬寒皆服毛裘。所戴之笠，寒暖异制。夏则以草结成，如我国农笠而小。冬则以行皮为之，如我国胡耳掩之制，而缝合其顶，上皆加红毛一团饰。[①]

以穿皮草为主的这一记载说明，女真人时期妇女并不以纺织为主，与农耕文明截然不同。中原地区是中国纺织的发源地，相传由嫘祖养蚕冶丝开始纺织，考古则在旧石器时代山顶洞人的遗址中发现了骨针，为已知纺织最早的起源，至新石器时代，发明了纺轮，使得冶丝更加便捷，西周则出现了原始的纺

[①]［朝鲜］李民寏，《建州闻见录》，第43页，辽宁大学历史系：清初史料丛刊第八、九种，1979年。

织机：纺车、缫车，汉朝时发明了提花机，明朝宋应星编撰《天工开物》将纺织技术编入其中。随着岫岩满族向农耕生产生活方式改变，向山东汉民学会种棉、放养柞蚕，服饰以皮草为主转向以棉布为主，甚而富贵人家以丝绸为多，男耕女织成为生产生活基本模式，满族妇女承担起纺织的生产重担。满族妇女除协助男人农业生产外，就是忙于家中的纺织。纺织以纺线为主，是织布的基础，也可以用于日常缝补之用，因此纺线是中国传统耕织社会的主要生产项目。纺车纺线时先是将棉花拿到弹匠那里弹成蓬松如火腿肠粗细长短的棉条。棉条放在纺线人的左手方，纺车上有一根叫梃子的钢丝，一端是尖的，朝着纺线人，纺线人先将棉条一头一边往外拉一边一个方向旋转（一般是逆时针）搓，然后将头子缠绕在梃子上，顺钢丝直其尖，这样的准备工作完备后就开始纺线。缫丝车，即是用柞蚕的蚕茧壳拉丝的一种方法。无论纺棉或是缫丝，工艺、工具虽然都向汉民学习，但被满族妇女作为日常生产生活上的使用，标志满族农耕生计方式形成。这时的满族妇女像汉族妇女那样做针线"家务活"，做布鞋，纳鞋底，纺线织衣。体现一种男耕女织的农耕生活。

缫（纺）丝车　　　　　　　　　　纺线车

由于岫岩满族已经定居，以农耕为主，因此家具也体现农耕的定居形态，主要有放在火炕上的被阁（也称炕琴）和炕桌，大地柜、条凳。日常生活小用品有浆洗衣服的捶被石、袜板、针线板、纺锤、线筐笿等。

浆洗棒槌　　　　　　　　　　捶被石

袜板

针线板

纺锤

线笸箩

　　"养个孩子吊起来"指悠车，又称摇车、吊车，用桦木皮制成，长方形或椭圆形，这是满族长期森林生活形成的育儿工具。将悠车吊在房梁上悬空，既可防止家中动物上炕伤害小儿，又可借助惯性轻松摇动悠车，哄婴儿睡觉。满族妇女则坐在炕上做针线活，顺手摇小儿。满族家家有悠车，满族小儿都是在悠车中长大，这是满族妇女的一种生活智慧。悠车带有满族渔猎经济生活特点，在农耕生活中延续，为岫岩各族人民群众所接受，一直到20世纪90年代，山区里仍然有人使用悠车。

满族悠车

第二节　满族妇女的满绣

满族民居里必不可少的生活用品是满族刺绣品。刺绣是一种留传千年之久的民间手工艺，形成苏绣、蜀绣、广绣等名绣流派。早在满族入关前的后金时期，刺绣品即已经流入满族社会，皇太极赏赐下嫁科尔沁各部蒙古公主即有刺绣工艺的女衣、袍等物品[①]。但满族妇女则深受渔猎文化培养，"女人之执鞭驰马，不异于男"。与男人骑马并辔，"少有暇日，则至率妻妾畎猎为事，盖其习俗然也"[②]。满族妇女天足，足以说明女真人时期，并没有形成农耕文明"男耕女织"的严格性别分工。努尔哈赤天命六年（1621）实行"计丁授田"，5亩种谷，1亩种棉，用棉纺织系汉族妇女所为。明代朝鲜使臣描述女真人："女工所织，只有麻布，织锦刺绣则唐人所为也。"[③] 因此，满族妇女这时并不以刺绣为专工。满族入关有了稳定的生活居所，效仿中原农耕文明，刺绣在满族妇女中开始流行。吸收内地刺绣四大流派的技艺和文化艺术营养，将之与本民族的审美观念和生活习俗巧妙地融合在一起，自身不断加以完善，形成自身的品格和风韵，逐渐成为我国刺绣的一支流派，也称为"满绣"[④]。讲究的满族家庭里穿戴到房间内各种布料用品，皆有刺绣，不仅装点美化生活，而且成为一种女性的人生礼仪，作为一种闺门品德评价。十岁左右的满族女孩就要开始学习刺绣，刺绣家中的帘具等装饰品，家人衣服、鞋袜、挂件等，还有自己的嫁妆。刺绣与满族妇女人生相始终，表达满族妇女人生礼仪与人生价值，与关外时期跃马扬鞭的女真人妇女形象判然有别。满绣绣品最有代表性的是枕头顶、旗袍、旗鞋。

枕头顶，是满族绣品中数量最大、内容与构图极为丰富的一种。中国传统文化中，枕头历来有各种形制、各种材料制作。而满族人为适应东北寒冷的气候，创造设计了一种使用棉布缝制的口袋状长枕头，有利于睡觉时护住双肩保暖。枕头套的两个顶端称为枕头顶，有方形、长方形、菱形、圆形等，方形最

---

① 《清太宗实录稿本》，第29页，辽宁大学历史系：清初史料丛刊第三种，辽宁大学出版社，1978年版。

② ［朝鲜］李民寏，《建州闻见录》，第44页，辽宁大学历史系：清初史料丛刊第八、九种，1979年版。

③ 同上，第43页。

④ "满绣"分为皇家与民间两类，本书仅指满族民间刺绣。

为普遍，成年人使用。为了装饰枕头，满族人就在枕头顶上进行刺绣，代代相传，形成满族绣品的独特风格。枕头顶刺绣的色彩格调跟年画差不多，很具民间特色，色调明快，对比强烈，火爆、艳丽、喜庆。枕头顶刺绣的题材广泛，包括了绘画题材的各个领域。有花卉瓜果、禽兽鱼虫、山水风景、楼台亭阁、诗意书法等。绣人物的，多为群众喜欢的神话传说、故事和戏曲人物等，这些人物的造型朴实生动，栩栩如生。

枕头顶布局上讲究左右对称，或对等呼应，主要针法有纳纱、缎绣、编纱、补绣、包绣。刺绣枕头顶成为东北满族聚居区一种民间风俗，满族姑娘为自己精心准备的嫁妆，至结婚前要刺绣十几对，甚至几十对枕头顶绣，要绷到一个苫布上，称"枕头帘子"，由两人挑着从娘家抬到婆家，路上沿街展示，并挂在洞房最显眼的地方，任参加婚礼的亲朋品评。每户满族人家，炕琴之上整齐的被阁两侧，将枕头摞起来，枕头顶向外。枕头顶绣品也作为赠送亲朋好友的高级礼物。

放在老被阁上的枕头顶

刺绣枕头顶

长方形满族刺绣枕头顶

旗袍。满族服装突出的特点是窄袖，袍服，束腰，方便骑马射箭，不同于中原汉族适应农耕生计方式形成的宽袍大袖。这种"衣皆连裳"的满族服装成为保持"国语骑射"传统的象征。为增强服装的美感，心灵手巧的满族妇女借鉴汉族服装和刺绣工艺，在旗袍上刺绣成为普遍形式，刺绣图案多为吉祥意义的花卉、芳草、鹤鹿等。有的将旗袍面上绣成一组图案，更多在衣襟、袖口、领口、下摆处镶上多层精细的花边。满族对刺绣服装有特殊的爱好和欣赏，不分男女老少，家中贫富，都要有一套或多套刺绣服装。姑娘出嫁时，刺绣服装、枕头顶、荷包三种刺绣品是必备的嫁妆。

保存在岫岩满族博物馆中一百多年前的满族妇女刺绣旗袍[①]

旗鞋。满族绣花鞋主要指满族妇女穿着、鞋面带有刺绣的鞋，由于满族妇女也被编入八旗户口，因此也称"旗鞋"，极富特色。满族妇女天足，骑马扬鞭不异于男，从不裹脚。而且满族妇女随军征战，清朝为了保持武力，提倡

---

① 旗袍、旗鞋、枕头顶图片均由岫岩文化馆提供或引自岫岩满族自治县文化馆编著，《岫岩满族民间刺绣》，沈阳出版社，2016年版。

"国语骑射"，禁止八旗效仿汉人宽袍大袖，禁止妇女裹脚也是其中一项措施。适应满族妇女天足，有了满族妇女独穿的鞋，即为"旗鞋"。旗鞋与旗装相配，构成满族服装的组成部分。随着妇女旗装在面料上刺绣，旗鞋相应地也一定要刺绣，穿绣花旗鞋，成为满族妇女着装的一大特点。满族刺绣旗鞋根据不同地区、不同阶层的实际生活需求，分不同款式。

马蹄底旗鞋。因于鞋底中间加上一截木制高底，上宽下圆，形如马蹄而得名，也称为寸子鞋。

元宝底旗鞋。木跟形状类似元宝状而得名。这种旗鞋的木底较之马蹄底旗鞋稍矮，走起路来更稳当。

平底旗鞋。与上述两款旗鞋的最大区别在于没有木制鞋跟，走路更加稳当。

旗鞋

第三节　满族的烈女

明代程朱理学倡行天下，贞节烈女成为一种当时的民风民俗。而明代时期的关外女真人，为了部落族群在恶劣生态环境下得以生存延续，女真人同其他北方古代民族一样，盛行收继婚制度，父死妻其庶母，兄死继娶其嫂，即"嫁娶不择族类，父死而子妻其母"①，妇女没有"忠贞"观念。素有进入中原大志的皇太极，进行一系列学习汉文化的改革，其中一项，就是明令禁止女真人的收继婚行为，颁布禁令："自今以后，凡人不许娶庶母及族中伯母、婶母、

① ［朝鲜］李民寏，《建州闻见录》，第43页，辽宁大学历史系：清初史料丛刊第八、九种，1979年版。

嫂子、媳妇。""凡女人若丧夫，欲守其家资、子女者，由本人家宜恩养；若欲改嫁者，本家无人看管，任族中兄弟聘与异姓之人。若不遵法，族中相娶者，与奸夫奸淫之事一例问罪。汉人、高丽因晓汉人道理，不娶族中妇女为妻。凡人既生为人，若娶族中妇女，与禽兽何异。我想及此，方立其法……今禁革不许乱娶。"[①]从皇太极这个禁族中相娶的禁令来看，当时的女真社会中妇女没有贞节观念，社会也允许妇女在夫死之后改嫁，限制的只是带走家资而已。皇太极不反对妇女改嫁，反对的是族中相娶的女真人收继婚，因为其与中原地区的儒家伦理道德风尚不相符合。这种收继婚长期存在于北方、东北少数民族当中，是由所处地区的生态环境、渔猎游牧经济方式决定的。

入关之后，随着满族向农耕生计方式转变，儒家文化在满族社会中的流行，满族妇女逐渐确立了忠贞观念，收继婚风俗退出满族社会民俗，成为满族社会生活变迁的一个标志性变化。封建社会以男权为中心，贞节烈女是为夫守节孝敬公婆的典范，受到国家表彰，屡有记入国史与地方志者。岫岩民国十七年（1928）的《岫岩县志》立有"节烈"章节，记载咸丰七年（1857）以来全岫岩得到旌表贞节的烈女，简要书明旌表事迹，其中有几例为岫岩满族八旗驻防者之女，摘录于下：

> 庆祺妻石氏　满洲镶白旗，石玉佩之女，庆祺系增厚佐领下马甲。清同治五年（1866），氏年二十一适庆祺，七载夫病故，姑老子幼，事蓄兼尽，守节三十年而卒。
>
> 奎亮妻石氏　满洲镶白旗，石富华之女。奎亮系慕胜佐领下马甲。同治五年（1866），氏年二十一于归，二载奎亮病故。氏抚孤成丁，养亲送葬，苦守三十年，备历艰辛。
>
> 桂成妻吴氏　满洲镶白旗，吴宁文之女。咸丰七年（1868），氏年二十一适桂成，越一年夫即病殁，抚孤养老，苦守四十年而卒。
>
> 买住妻许氏　正黄旗佟得佐领下。氏年二十三于归，二十九夫殁，生孩六月，家贫，日夜操作，抚孤成立，年七十八以寿终。

上述几例节妇为夫守节，抚养遗孤，送终公婆而被旌表，但有一位叫汪贞女的却不同，她因熟读儒家诗书，终身不嫁，送终父母而被旌表。对于她的事

---

①《清太宗实录稿本》，第6~7页，辽宁大学历史系：清初史料丛刊第三种，辽宁大学出版社，1978年版。

迹，汪氏族人引以为荣，将其记入《汪氏宗族谱书》之中。

《汪氏宗族谱书》修写于嘉庆七年（1802），修谱人为汪氏六世庠生永升额，1943年续修。该谱记录一位汪贞女事迹与民国十七年（1928）《岫岩县志》完全相同，说明1943年汪氏续修家谱时将县志内容全文抄录，现摘其文如下：

> 汪贞女，镶蓝旗满洲福在之女，贡生色楞额、文生永升额之姊，文生岱龄、淳龄、梦九，武生淑龄、峻龄之姑，文生希克伦、宝三、图克忠、图克志之祖姑，文生庆贵之曾祖姑也。幼时许字某氏，稍长，膺足疾微跛，某有退婚意，属（嘱）媒风示。父母皆难之而窃窃然，惟恐女知，女察其情，遽返其聘，父母交口谇责。女曰：儿欲效北宫之女，婴儿子者，事父母最乐，奚嫁为某。奇女之志节！复属（嘱）媒谢过，苦相要，父母将允之，开谕万端，终不从。由是依父母以居，温清定省，为诸男最。父母偶不豫，辄亲调药饵，甘旨以进，持斋虔祷，往往有效。持父母之丧，动止悉遵古礼。佐两弟持家政，积年无废事。性嗜读经史，……。尤喜吟诗，针黹之余，吟诵不辍。族中之秀者，读书成名，经传多其口授。女童子则教以《论语》《内则》诸书。喜读孝经，每以不亏不辱，全受全归，为守身要着。旁通内典，慕钧翼之为人。朝夕诵经，必如藏数。衣粗食淡，至老神明不衰。年七十九无疾而逝，空中有音乐声，邻里仿佛闻之。

《岫岩县志》和《汪氏宗族谱书》颂扬的是一位叫汪贞女的终身未婚的女性。根据家谱记载，汪氏原"系大金之苗裔，原在盛京北范河南居焉"。可以说，汪氏具有历史上曾建立金国完颜氏的血统。铁岭处于明代辽东督指挥使司管辖之下，明朝在此设立辽东马市，这里与女真叶赫部、科尔沁蒙古毗邻，是沈阳通往吉林的交通要道。明曾派军队进行军屯，明代马市贸易的广顺关即设置于此地，这里是各民族杂居之地。明代称为"辽左"，女真人风俗深厚。该汪氏后来"从龙入关"，康熙二十六年（1687）返回岫岩驻防。汪贞女出生于乾隆二十年（1755），道光十三年（1833）离世，横跨乾隆、嘉庆、道光三个朝代，而这三个朝代正是岫岩满族民风民俗向汉文化加快融合的重要时期。

| 《汪氏宗族谱书》 | 续修《汪氏宗族谱书》 | 曾立于哨子河村的汪贞女碑 |

上述皆为节烈妇女典型，特殊条件产生。还有一种是传统妇女"相夫教子"普遍范式的典型，如《洪氏谱书》中的洪母。岫岩洪氏编修家谱成功，邀请洪母之子席福星撰写序言，席福星在序言里全篇赞扬自己的母亲洪氏，被列入《洪氏谱书》，体现岫岩满族驻防八旗对妇女的态度，全文摘录如下：

余母洪氏，天相公之女也。生成贤德，秉性温良。当于归时，洪家富厚而余家式微，入门即屏艳妆，操井臼，孝事翁姑，善待子姪，典卖奁妆，以活全家。佐余父治家，井井有条。每当归宁，不言家中苦况，恐贻外祖母忧。茹苦含辛四十余载，生余等子女三人，每归宁必携之。时表兄汝恒，居家讲学，余从读二载，赖母荫，未索一值。复以义方教子，闺范训女，皆稍有成就。晚年家境小康，孙曾绕膝，皆喜读书，知勤俭，尚忠实，大有余母之风。正在感佩之际，适值表姪文翰等重修谱书，余敬题数言，以表母氏之贤，而彰洪府之德，愿洪氏阖族书香弗替，德业绵长，俾余帡幪永荷，休戚与共，是洪氏之幸福，即余家之幸福也。

从上述席福星的序言可以看出，洪母尽行孝道，重视子女文化教育，培养子女的良好品德，因而受到婆家的认可，而洪氏有此贤德之女甚为欣慰，因而将其置于家谱序言位置，是那个时代洪氏家族给予的最高荣誉。洪母生活于晚清同治到光绪朝时期，说明岫岩满族妇女形象已经与中国传统文化妇女型范完全融合。

综上所述，女真人渔猎游牧经济向农耕生计方式转型过程中，满族妇女完成了农耕文明家庭角色转变，成为满族历史文化变迁中的"半边天"。

第五章　满族传统村落向"耕读传家"的文化变迁

满族入关前女真人时期即十分重视文化建设，创制满文，学习汉语言文字，入关以后，将这一重视教育的传统发扬光大，针对不同阶级和人群，设立各类学校，宗室子弟有宗学，八旗子弟有官学和义学等。学习中华文化成为满族社会风尚，涌现了文武兼资的满族群体，闪耀在中国政坛与文坛。例如，清初鄂貌图、图尔宸、费扬武、乾隆时期的阿克敦、阿桂，以及清代文学成就斐然的纳兰性德、顾太清。即使是驻防八旗的普通旗人，也不甘落后，崇尚文化，教子弟读书，从"执枪军门，不事笔墨"到以"耕读传家"的民族风尚，逐渐缩小与中原民族差别，最终融入中华。

第一节　岫岩满族的读书情结与流传

早在努尔哈赤时期即十分重视文化学习，有流落后金中的汉人龚正陆因粗通文墨[①]，被努尔哈赤聘与诸子们当师傅[②]，教授识读汉字。除此之外，他给努尔哈赤的兄弟、诸子侄及满洲近臣讲授《三国演义》《水浒传》等书，成为女真社会最早的汉文及典籍文献的传播者[③]。

继龚正陆之后，努尔哈赤从后金政权发展建设需要出发，为"文移往来"摆脱蒙古文的束缚（当时后金政权使用蒙古文字），命额尔德尼和噶盖二人创制满文。额尔德尼当时被封为"巴克什"称号。"巴克什"满语为Baksi，汉译为"学者""儒者"。清代的官方文献《八旗通志》称其为"文儒"。这是后金

[①] 详见张玉兴，《努尔哈赤的早期谋士龚正陆》，载于《中国东北》1994年创刊号。

[②] 师傅，满语汉音译，老师之意。

[③] ［朝鲜］申忠一，《建州纪程图记》，见于潘喆、李鸿彬主编，《清入关前史料选辑》，中国人民大学出版社，1989年版。

政权中出现的第一位"巴克什"。

皇太极即位后，不止于"识字"，而是十分重视学习中华传统典籍。皇太极二哥代善的后裔昭梿，曾在专门记载王公及八旗轶事的《啸亭杂录》中有一段关于皇太极的描述：

> 太宗天资敏捷，号于军旅之际，手不释卷。曾命儒臣翻译《三国志》及辽、金、元史，性理诸书，以教国人。
>
> 崇德初，文皇帝患国人不识字，周知治体，乃命达文成公海源翻译《国语》《四书》及《三国志》各一部，颁赐耆旧，以为临政规范。[1]

从上述的记载中，可以看出皇太极不仅弓马娴熟，而且热衷于中华传统古籍学习。皇太极较之努尔哈赤的"识字"政策前进的步子更大，采取两方面政策和措施：第一方面，由"识字"扩大到"读书"。皇太极将"读书"作为基本国策之一。天聪五年（1631）皇太极向后金颁布读书令："自今子弟十五岁以下，八岁以上者俱令读书。"[2]

皇太极指令的"读书"，要求满族八旗人读儒家经典书籍，为了读得懂，就要将汉文儒家经典翻译成满文，即"翻书"。这样就需要选拔满汉文兼通者。皇太极于天聪八年（1634）首次举行科举考试，取中16名举人，其中，满旗人4名，蒙古旗人3名，汉军旗人9名[3]。当时皇太极尚未改女真名号为满洲，4名满旗人准确地说应该是女真人，而汉军旗人与女真人共同选拔为举人。选拔的满、蒙举人学习满文，兼习汉文，而汉军旗人则学习汉文兼习满文，主要目的是让这些举人成为翻译汉文著作的翻译人才。此后，设立了"翻译科目"，"顺治八年（1651）定满洲，蒙古考试能通汉文者，翻汉文一篇，未能汉文者，作清字文一篇"[4]。

皇太极将这些满蒙汉举人分配在内三院（国史院、秘书院、内弘文院），翻译汉文儒家经典及史书、律书、兵书，而且规模较大，在所见史料记载中至少有十几种书已经开始翻译或译完，主要有：《万全宝书》《刑部会典》《素书》《三略》《通鉴》《六韬》《孟子》《三国志》《大乘经》《辽史》《金史》《元史》

---

①（清）昭梿，《啸亭杂录》，第1页，中华书局，1980年版。

②《清太宗实录》卷34，第27页。

③《清太宗实录》卷18。

④（清）鄂尔泰，《钦定八旗通志》，第961页。

《宋史》《国语》《四书》。虽然皇太极积极翻译汉文典籍有一定明确的功利性，目的是了解汉族的历史和文化，有利于采取针对明朝的方针政策，但客观上对提高民族文化素质起到积极作用，体现满族善于学习先进文化，蓬勃向上的民族精神。

"识字""读书""翻书"过程，即是培养造就文武兼资的满族巴克什群体过程，而且是家族性群体。其中有一个巴克什家族赫舍里氏，其后裔罕都将军洼尔达于康熙二十六年（1687）拨来凤城驻防，后裔分布于凤城和岫岩各地。光绪五年（1879）该族编修《赫舍里氏宗谱》[①]一部，将氏族源流上溯至清初重臣索尼，而索尼族系正是清初政治舞台闪耀光辉巴克什群体的核心人物。现为了历史事实和世系源流记述准确，以清代官方编纂的《八旗满洲氏族通谱》为根据摘录于下：

> 硕色巴克什。正黄旗人，穆瑚禄督都第七子特赫纳之孙也，世居都英额地方。国初比偕其弟希福巴克什来归。太祖高皇帝以硕色兼通满汉及蒙古文字，赐名巴克什，命在文馆行走。其子索尼亦兼通满汉及蒙古文字，命在文馆办事，赐名巴克什，由头等侍卫授吏部启心郎。三年考绩所任称职，授骑都尉。随大兵征讨，所向有功。哈达国来犯界凡城，先众克敌。从征董夔，俘获甚众。征锦州以二十余人破明兵千余，征北京击败明兵于城下。随大兵征，至榛子镇，暨沙河驿，俱招降之。攻永平府克其城后，太宗文皇帝亲征大凌河，锦州城中兵来犯，步战败之。从征察哈尔，于大同地方，率家丁败贼，独取阜台寨叙功优，授三等男。定鼎燕京，考核群臣功绩，授为二等子。[②]

《八旗满洲氏族通谱》除对于上述硕色及其子记载外，还对硕色之弟希福巴克什作了专门传略记载：

> 希福巴克什，正黄旗人，硕色巴克什之弟也。太祖高皇帝以其兼通满

---

① 该家谱对始迁祖罕都洼尔达是否为索尼嫡系后裔有所疑问，但查《奉天通志·东三省古迹遗闻》肯定了该赫舍里氏为索尼嫡系后裔，其书记载："在县城西北，有清勋臣罕都将军瓦（洼）尔达氏墓在焉，墓旁有山，东西屏并，墓前有泉水二，俗称双眼泹，色清而甜，冬夏不竭，将军系索公后，坐镇东省，功勋卓著，后裔迄今犹为本邑望族。"肯定了《赫舍里氏宗谱》的索尼族系。《奉天通志》第2册，卷95，第2187页。

② （清）弘昼等，《八旗满洲氏族通谱》卷九，第146页，辽海出版社，2002年版。

汉蒙古文字，奉使诸蒙古国宣谕德音。审理讼狱，调集兵马，具承命不辱。自是专任文馆，赐名巴克什，绥抚招来，未尝一日安处，授佐领世职。兵征芜蘷特，往来科尔沁国，卫围犯难，著有功绩。从征北京及取大凌河，击锦州等处，俱奋勇先战，屡败敌众，以功授三等轻车都尉。嗣改文馆为内三院，诏以希福巴克什为内弘文院大学士，疏请纂修辽金元三史，充大总裁。旋奉命往察哈尔、喀尔喀、科尔沁诸国，查户口、编佐领，会外藩，审罪犯，颁法律，禁盗贼，办理悉协。

从上述《八旗满洲氏族通谱》对都英额地方赫舍里氏的记载来看，硕色与希福为兄弟，硕色之子为索尼，完全形成清入关前的巴克什世家。他们全都依靠能够精通满汉蒙古语言文字起家，又因为奋勇征战而获立军功，赢得世职封赏，《八旗满洲氏族通谱》传记虽然文字不多，但他们文武兼资的巴克什形象跃然纸上，栩栩如生。索尼曾被顺治皇帝遗诏定为康熙皇帝的辅政大臣，也是康熙朝权臣索额图之父。都英额地方赫舍里氏借努尔哈赤、皇太极后金社会崇尚"识字""翻书""读书"之机，借助三种民族语言为优势，打出一片政治天地。

就在清入关前擅长满汉蒙古语言文字的巴克什世家闪耀之际，由于"识字""翻书""读书"风行于女真人（满族）社会，又培养了另一种擅长汉语言诗文创作的军事将领群体，他们成长于顺治康熙时期，与先辈们同样可称为文武兼资。从满族对巴克什赋予文者、文儒之意的角度看，这些诗文将军也可以称为巴克什，从此奠定顺治、康熙时期的满族文学发展基础。著名者有：鄂貌图（也称鄂穆图、鄂莫（漠）克图），叶赫地方章佳氏，隶满洲正黄旗；费扬古，董鄂氏（1645—1701），隶满洲正白旗；顾八代（？—1708），字文起，伊尔根觉罗氏，隶满洲镶黄旗，著有《敬一堂诗钞》《顾文端诗节钞》《清文小学集注》等，雍正曾经受教于顾八代。

以上满族诗人的代表性诗作，收录于清铁保编辑的《熙朝雅颂集》。该书收入了自清初直至嘉庆初年满洲八旗、汉军八旗、蒙古八旗的534位诗人的诗作共6000余首，是这一历史阶段中最为完备的八旗诗作总集，对于满族诗人成就可以窥见一斑。编辑人铁保（1752—1824），满洲正黄旗，字冶亭，号梅庵，清代著名书法家。

正是由于清朝皇帝的鼓励与支持，满族转向科举出身，再由科举出身成名于军功和政绩，典型代表为之前提到的《章佳氏族谱》章佳氏，该章佳氏产生了清代著名的父子大学士阿克敦与阿桂。

据《章佳氏族谱》记载：

> 始祖。穆都巴延①昔日在长白山相近鄂磨和索洛处居住，生子五人，家业富盛，牲畜繁多，盈满山谷，因将此山名为穆都伙洛②，迄今遗迹尚存。后因子孙繁荣昌盛，率五子迁居瓦尔夏西③罗尔金处居住，后五子各移居五处。生子五：长子查克旦巴彦，次子章库，三子怀色，四子撒普西库，五子夸拉。

以上《章佳氏族谱》对进入北京的阿克敦支系，仅记载二世祖查克旦巴彦为止，但《八旗满洲氏族通谱》（以下简称《通谱》）接续查克旦巴彦，虽然一直记载到阿克敦，却对世系有所取舍，仅记载其父阿思哈，寥寥数语。搞清楚阿克敦、阿桂父子家世，对研究清代满族文武兼资群体有所裨益。根据阿克敦撰《德荫堂集》，结合上述两种章佳氏家谱，捋清其世系如下：

始祖　穆都巴彦

二世　查克旦巴彦（《通谱》称扎克丹巴彦）

三世　胡尔扈常额尼（《通谱》称瑚鲁瑚昌吉霈）

四世　查尔吉巴克什（长子）

五世　巴笃祜巴彦（《通谱》称拔都护巴颜）

六世　雅尔泰（第二子）

七世　阿思哈（第三子）

八世　阿克敦

九世　阿桂

根据该章佳氏在《八旗满洲氏族通谱》上的记载，应当是第四世或第五世时从龙入关④。从上述章佳氏家谱可以看出，阿克敦的祖先生活于长白山，一直比较富有，归附努尔哈赤后，编入八旗（《章佳氏族谱》记载阿克敦的二世祖查克旦巴彦，在镶黄旗石图佐领下），并无特殊战功，但从龙入关后的阿克

---

① 巴延即巴彦，满语富翁之意。

② 伙洛，满语山谷之意。

③ 瓦尔夏西，地名，即瓦尔喀什，今辽宁省桓仁满族自治县华来镇。

④《八旗满洲氏族通谱》记载，费雅郎阿地方章佳氏松琴，皇太极天聪年间来归。而松琴系查克旦巴彦之孙，应当排在第四辈，与阿克敦四辈祖查尔吉巴克什同辈，以此推断，阿克敦的第四辈到第五辈祖巴笃祜巴颜应当为从龙入关者。

敦父、祖却极其重视读书："自先高祖光禄公从龙定鼎，以武功起家，然深喜读书，每与当时名人文士相款洽。乃遍游浙西、嘉、杭胜处，倾产购书，故家藏极富，公乃刻励力学，读书于左安门外之杨坊村家塾。"[①]父祖辈"深喜读书"，深深影响了阿克敦，并且给了阿克敦很好的少年时期的学习教育，因此，从阿克敦开始，费雅郎阿地方章佳氏开始转向科举考试，以下5代人功名和入仕情况如下：

八世　阿克敦，康熙进士，官至协办大学士，雍正九年（1731），上命抚远大将军马尔赛率师讨准噶尔，授阿克敦内阁额外学士，协办军务。乾隆时参与平定金川。著有《德荫堂集》。

九世　阿桂，乾隆举人，官至大学士兼领班军机大臣。建功立业起始于清朝在西北新疆平定准噶尔和回部后在该地区的用兵和经营，开创清朝对伊犁屯田。继而平定大小金川，镇压同治年间陕甘回族起义，均立功。乾隆四十二年（1777），阿桂、于敏中、和珅等奉勅撰修，次年完成《满洲源流考》。

十世　阿思达，太常寺笔帖式。

十一世那延成　乾隆进士，官至直隶总督兼军机大臣。

十二世容安　荫生，官伊犁参赞大臣。

十三世庆廉　道光举人。[②]

家族的旁系亲属，有科举功名及入仕者还有7人，该家族到第十三代为止，总计3人为进士，3人为举人，均属"科甲出身"。

《章佳氏族谱》与《八旗满洲氏族通谱》记载的章佳氏

①［清］阿克敦，《德荫堂集》，《续四库全书·集部》，第1423册，第412页，上海古籍出版社，2001年版。

②顾廷龙主编，《清代硃卷集成》第97册，第119～132页，台北成文出版社，1992年版。

上述赫舍里氏和章佳氏，兴起于努尔哈赤创业之初，兴旺于乾隆盛世，塑造了一个全新的满族巴克什形象，推动崇尚文学的文化风习在满族社会里兴起，读书科举风气逐日盛行，以读书获得功名成为荣耀。满族家谱反映了这一变化，在此以与岫岩有关联的辽东满族家谱举例如下。

《那拉氏家谱》第二世祖宗神保，"因通清（满）汉文，派翻书房行走"①。根据该家谱记载，其后代多有因科举而任中央部委官职者，甚至，第五世孙苏楞额官至户部、工部尚书。

《吴俄尔格氏家乘》记载，吴宗阿康熙朝丙戌科［康熙四十五年（1706）］进士，他之所以能跻身进士，努力实现父祖的殷切期盼是其动力，"祖每执余手，抚余首呼余名，而训之曰：'汝父与汝伯父及今累受宠眷，历登仕籍，然仅以武功显，复蒙今上八旗开科取士，尔诸兄弟得入黉序者不一，其人将来昌大家声，正未有艾也。'"吴宗阿出身于世宦之家，先祖跟随努尔哈赤屡立战功，二世祖吴云朱被封为义勇将军，但其祖父只因这些名誉靠武功得来而有遗憾，希望孙子辈能通过读书"昌大家声"。以往谈到清代满族热衷科举，皆以为是巧取钻营仕途而已，但从吴宗阿祖父的一席话看，实则不然，这里面还有满族崇尚读书即受教育的文化情结。

《郎氏宗谱》②第八世孙吴申，谈到一直未能修撰家谱的原因，除公务繁忙之外，就是因本人"执枪军门，不事笔墨"，流露遗憾之情，实际上该《郎氏宗谱》的作者吴申为清朝五大臣之一额亦都之氏族，贵为副都统，有了这样高的武官职务却仍然对"不事笔墨"有遗憾。

《康族世谱——满洲赫舍里康族世谱》罗列本族科甲仕宦时，对以文学起家的族中人物过少而感慨："考吾族近代中不乏名士，而科第终不多见，其以武职起家者尚属不鲜。"③与此相反，科举多人中第的《讷音富察氏增修支谱》，颇带有自豪感地说，富察氏家族"自始祖贻今，延传十有余世，其间显宦科甲代不乏人"④。该家谱谈到家族取得如此成就时说，缘于"顺治初，先

①　该家谱中提及宗神保时说"我二世祖兄弟从龙入燕京定鼎，为大清顺治元年（1644）"。以此推断，宗神保满汉文兼通能力，早在清入关前即已经具备。所以，当他于顺治元年入关时腿摔伤，步履蹒跚，即安排他做满汉文翻译。国家清史编纂委员会，文献丛刊《清代满族家谱选辑》，第407页，沈阳，辽宁民族出版社，2016年版。

②　国家清史编纂委员会，文献丛刊《清代满族家谱选辑》，第106页，辽宁民族出版社，2016年版。

③　同上，第259页。

④　同上，第443页。

祖图始携眷来京，创立家业，教子读书"①。反映满族人将教子读书看作创立家业的行为之一。

第二节　岫岩满族兴办教育"耕读教子"

兴办教育在满族发展史上占极其重要地位。早在入关前，满族就已经开办学校教育，天命六年（1621），努尔哈赤攻占辽河以东地区，下令在八旗中设立学校，选出 8 名师傅，告诫他们要努力教授八旗子弟读书，使其能够通文理，并指示"八师傅不参与各种事"②，作为专职老师。但日后八旗学校声势日减，并没有发展起来。一位汉军旗官员对此有透彻分析，并提出设立官学的建议："金人家不曾读书，把读书极好的事，反看作极苦的事，多有不愿的。若要他们自己请师教子，益发不愿了，况不晓得尊礼师长之道理乎？以臣之见，当于八家各立官学，凡有子弟者，都要入学读书，使无退缩之辞。"③皇太极采纳了这位汉军旗官员的建议，每旗分别设立官学，使满族学校教育扩展到王公大臣子弟以外的八旗子弟，对提高普通满族人对文化教育的认知，变成自觉的文化学习，培养知识人才，发挥重要作用。

清入关后，得益于努尔哈赤与皇太极在关外奠定的学校教育基础，继承关外时期对八旗子弟的学校教育，参照明朝完备的教育体制，刚刚进入北京城即马不停蹄开始着手八旗学校设置，一直到清末，影响岫岩满族学校教育的是清政府设置的八旗官学和八旗义学。

八旗官学。顺治元年（1644）清兵大军刚刚进入北京，即开始设置国子监。不久，清廷又在京师八旗驻防地，各觅空房一所，立为书院，派国学二厅六堂教官分教八旗子弟。东北的八旗官学建立时间比北京要晚。清军入关后，只有少量八旗军于盛京留守，包括岫岩留守驻防八旗。因此，康熙四年（1665），令留守的八旗子弟与汉人子弟同在府州县学学习，这是岫岩驻防八旗可以参加学习之始。康熙皇帝平定三藩叛乱以后，为加强东北对俄国侵略防御，开始从京师大批征调八旗军，着手恢复和建立东北地区的八旗驻防体系，

---

① 何晓芳、张德玉：《清代满族家谱选辑》，第445页，国家清史编纂委员会，文献丛刊，沈阳：辽宁民族出版社，2016年版。

② 辽宁大学历史系：《重译〈满文老档〉》卷24，1979年印本。

③ 辽宁大学历史系：《天聪朝臣工奏议》卷上，胡贡明《陈言图报奏》，1980年印本。

仅康熙二十六年（1687）一次即调入盛京 6000 余名。八旗学校设置随之提上日程。康熙三十年（1691），正式设立盛京八旗官学，八旗左右两翼各设一学，岫岩驻防八旗虽归盛京管辖，但盛京八旗官学学额却没包括岫岩。

八旗义学。清前期为普及一般旗人子弟教育，于八旗官学之外所增办的学堂，实质上是八旗自办学校，具有地方性质，与八旗官学隶属于清中央政府完全不同，原为照顾无力延师的及龄学童入学而设。雍正四年（1726），北京地区设立义学，八旗分左右翼，每翼各设立学堂两所。八旗义学与各州县相继设立的义学，区别在于，州县的义学均为私人捐资助建，而八旗义学隶属于各旗参领，多为公助。继北京设立八旗义学之后，各地驻防八旗也相继设立义学。例如盛京八旗义学，奉天将军那苏图于雍正十年（1732）时曾上奏："奉天八旗汉军，设立清文义学，业经二年有余，而读书子弟，不尽通晓书义，良由是非专设，兼未得善教之人所致。"于是他建议："每两旗合为一学，共立义学四处。"[1] 奏中所说汉军义学"业经二年"，说明义学于雍正八年（1730）设立。义学设立，使教育更可能多地向普通八旗子弟普及，有利于提高满族文化素质。但如同盛京八旗官学一样学额没包括岫岩。

清代继承明代科举制度，虽然不积极提倡满族八旗热衷科举，但科举仍然是满族八旗走仕途的一条出路。八旗官学和义学的共同特点是通过教育，为走科举道路做准备。但由于设治、交通等客观条件制约，岫岩满族则通过州县乡试走入科举之途。清代继承明代科举乡试分省录取考生原则，岫岩属辽东，辽东划归在顺天府考区。而学子的学籍初归山东，后寄于毗邻岫岩的海城，这种情况一直到同治十一年（1872）岫岩自己设立学宫时结束。满族八旗在岫岩驻防到此时已有 200 余年，由于岫岩咸丰七年（1857）才开始编修县志《岫岩志略》，乾隆年以前的科举情况不详。民国十七年（1928）《岫岩县志》以《岫岩志略》为基础，将岫岩教育办学来龙去脉粗有记载，并将岫岩清代科举以"旧学制"附录，从中可以窥见岫岩满族（包括蒙古）八旗科举情况，如下：

> 岫邑设治之初，学宫未建，所有科、岁两考，始则附于山东登州府，继则附于海城县。清同治初年，经本邑董绅士锡等禀请州牧英斌先立大成局，以便劝募捐款，建学宫，修书院，营经数载，官莅三任，舒通判、准文通判夔前后，均与修焉。到同治十一年（1872），与儒学官厅始同时完全成立，将附属于海城之学额四名拨加本县，外又请增二名，共计学额六

---

① 《清世祖实录》卷 124，第 8 页。

名，科、岁两县考，始归本县考试。

以住于岫岩县境内科考者为限：

进士，共1名（民人）。①

举人，共14名，分别是：鸣谦，满洲正黄旗人，嘉庆丁卯（嘉庆十二年，1807）科；德敏，满洲正黄旗人，嘉庆丁卯（嘉庆十二年，1807）科；文麟，满洲正白旗人，道光壬辰（道光十二年，1832）科；庆文，满洲正黄旗人，道光壬辰（道光十二年1832）科；庆和，满洲正黄旗人，道光甲辰（道光二十四年，1844）科；恒春，满洲正红旗人，同治壬戌（同治元年，1862）科；白荣安，满洲正黄旗人，同治甲子（同治三年，1864）科；徐景祺，汉军镶黄旗人，光绪乙亥（光绪元年，1875）恩科；白瑜璞，满洲正黄旗人，光绪乙酉（光绪十一年，1885年）科；白瑜琦，满洲正黄旗人，光绪乙酉（光绪十一年，1885）科；寇文光，巴尔虎蒙古，光绪辛卯（光绪十七年，1891）科。其中，白荣安、白瑜璞、白瑜琦3人为巴雅拉氏同族，白瑜璞、白瑜琦二人为同胞兄弟。②

拔贡，共7名。其中满族有3名：德亮、多隆阿、白荣安。

副榜共3名，皆为满族：王熙文、景文、孟绪昌。

优贡，共4名，没有满族。

恩贡，共7名，没有满族。

岁贡，共24名，有无满族不详。

《岫岩县志》关于上述贡生数量的记载尚未全面，根据其他文献记载，从嘉庆十二年（1807）到光绪三十三年（1907），岫岩共考取46名。这46名里面有满族是没有问题的。上述同一本《岫岩县志》与《汪氏宗族谱书》共同记载与汪贞女有亲戚关系并有科举身份的人员分别是："贡生色楞额、文生永升额之姊，文生岱龄、淳龄、梦九，武生淑龄、峻龄之姑，文生希克伦、宝三、图克忠、图克志之祖姑，文生庆贵之曾祖姑也。"这里就提到汪贞女的弟弟色楞额是贡生，其他人也分别为生员。汪贞女是乾隆年间生人，于道光十三年

---

① 清代将编入八旗的各民族统称为旗人，未编入旗籍的则统称为民人，即"只问旗民，不分满汉"。

② 白氏同族及同胞兄弟关系，该县志此处没有记载，根据《白氏源流族谱》及朱卷核实。

（1833）离世，这些亲人为其写传立碑，说明这些人取得科举名分的时间至少不晚于道光十三年（1833）。而且汪贞女去世时已经79岁，她的弟弟色楞额获得贡生资格的时间至少应当在嘉庆年间，但《岫岩县志》优贡、恩贡、岁贡里面都没有汪氏的记载，按此推理，关于满族的科举身份在《岫岩县志》上的记载不完全。

上述县志虽然记载的仅是获得科举功名的极少数人，但却能体现岫岩满族已经跻身于科举考试，文化水平达到了与汉族比肩的程度。科举读的是官学，科举之前的教育基础在私塾。私塾是一种由私家举办的普通教育，岫岩满族之所以在科举中能取得成功，就是因为有较大数量的私塾做基础。私塾除极少数人能成功走向科举仕途之外，大多数为提高文化修养。在中国的传统社会里，私塾的数量往往体现一个地区的文化教育的需求以及普及程度，尤其对于曾"执枪军门"的满族来讲更是这样。满族驻防八旗初来岫岩屯垦戍边时，皆为基层官兵，军职为"兵""领催""骁骑校""护军校"之类，奉令到岫岩驻防地开辟山林，面对荒山野岭与野兽相搏。虽然有深厚的教子读书情结，但当时却没有设立学校送子弟读书的条件，与京城里的满族驻防八旗差之甚远。所以，诸多家谱上一连几代人都没有读书的相关记载[1]。但是到嘉庆朝以后，情况大有改变，经过近二百年农耕开垦，满族旗人渐至家有余资，开始大兴办学之风，仅岫岩一处至清末时已有私塾学馆近百处，可见满族旗人教子读书之风气流行[2]。这时满族家谱上多有"耕读教子"的记载。"耕"与"读"联结在一起，体现八旗驻防屯垦戍边的满族文化特点。女真人走出长白山，改变原有"养马弋猎为生"而为农耕生计方式，又改变"执枪军门"而为"教子读书"。"耕读"成为驻防屯垦戍边的满族旗人奋发向上，既吃苦耐劳又有文化修养的形象。满族家谱是满族的家族史，充分体现岫岩满族的精神文化风貌。岫岩满族家谱最引人注目的有两方面：第一方面回顾先祖跟随努尔哈赤起兵、清初又"从龙入关"，辉煌创业征战史；第二个方面就是返回东北驻防岫岩后的"耕读"教育，立为家规，教育子孙。摘几部满族家谱举例如下：

《易穆查氏（杨）族谱》[3]。据家谱和民国《岫岩县志》记载，该易穆查氏为渤海遗民，辽东旧族，始祖柴及二世祖德公，于明万历三十三年（1605）即投奔努尔哈赤，后来被编入正黄旗雅兰太牛录下。顺治元年（1644），"从龙入

---

[1] 此种说法，可参见国家清史编纂委员会，文献丛刊《清代满族家谱选辑》所收录的满族家谱。

[2] 此数字参见邓廷发、李甲主编的内部资料《岫岩满族》。

[3] 高明东、李文通主编，《岫岩满族家谱选编》，第115页，白山出版社，2013年版。

关"，康熙二十六年（1687）三世祖黑色携子侄来岫岩驻防。在光绪二十四年（1898）家谱序言有一段关于易穆查氏的记载：

> 大清天命以前，（易穆查氏）即从师旅，争为前驱，助我本朝，建立大业，屡从征役，以奏膺功，赏从满队，旗入正黄，由是诵满书，习满洲字，考满洲号①，挑满洲缺，乡试入京都，册注列第五扎兰。……因忆我先考享年八十讳伟者，幼诵读，壮设教，老则犹酷嗜书史，手不释卷。

这段记载中还提到族中有名叫恒荣的庠生，帮助编修家谱，写这个序言的人身份为佾生，这两个人都跟科举有关。从上述家谱中这段序言可以看出三点：一是该易穆查氏在清入关以前，勇猛善战，因而被编入满洲八旗的正黄旗；二是来岫岩后该易穆查氏热衷于科举，以满洲身份编号；三是该易穆查氏有名叫伟的老人，不但自己幼年时即开始诵读经典，老时"酷嗜书史，手不释卷"，而且在壮年之际曾经创办私塾。说明岫岩易穆查氏崇尚读书。

《康族世谱——满洲赫舍里康族世谱》②。据该家谱和民国十年（1921）《凤城县志》记载，该康族满族姓氏为赫舍里氏，汉姓康，为清朝八著姓之一。卡宜奇郎是清入关前著名巴克什希福之孙，清初重臣索尼是其伯祖，康熙二十六年（1687）来到凤城驻防，其子孙分布于辽东各地，岫岩是其中分布地之一。民国十一年（1922），该康氏编修家谱，以卡宜奇郎为始祖，共计记载12世。家谱内容丰富，其中与本书有关的"科甲仕宦"摘录于下：

> 考吾族近代虽不乏名士，而科第终不多见，其以武职起家者尚属不鲜。至于乡型、孝子、节妇、贤淑女流诸辈，举凡所知，犹堪记载者亦未便淹没，藉以列述概略于左，以供全族后生之借镜。
>
> 科甲仕宦
>
> 铭新，字挹尘，原名多辅，字翼臣。世居暖窝铺，光绪甲午恩科举人。敏而好学，写作俱佳。性率真，尚谦和。中年教读，……。
>
> 文哲布其子"书年，字稳丰，系盛京礼部读祝官。经前督赵次帅考取

---

① 顺天乡试将试卷编为满、合、夹、承、贝、南皿、北皿、中皿等字号，每一种字号都代表一个地区的考试人群，朝廷分配备一定录取名额。根据朝廷规定的录取名额分别录取应试者。"满"字号是满族、蒙古族考生的试卷。

② 国家清史编纂委员会，文献丛刊《清代满族家谱选辑》，第259~260页，辽宁民族出版社，2016年版。

仕学馆，嗣改并法政三年毕业。法学渊博"……。

荣安，字凤山，二十载鸡窗苦读，虽迭经应试，仅取入佾生。嗣改读清文，考翻译亦落榜。其人朴诚节俭，学问深厚。

德峻，字宣三，世居长岭子。自幼读书，嗣归旗学骑射。

荣春，字鹤亭，住上麻屯。读书二十载，屡试未售，后归旗当差，充委官司达。每惯吟咏，藉作消遣。……现虽作古，其子孙仍未改耕读传家。

节烈妇女

康淑卿，乃边门城门口项太安人之长孙女。自幼读书，孝顺祖母，……终身侍奉祖母不嫁。

从上述家谱中的"科甲仕宦"可以看出，该赫舍里氏对"读书"的崇敬，武职起家者在赫舍里氏家族中并不少见，没有详录，而对"读书"人尽管没有取得什么科举功名，甚至"屡试未售"者，只因"其子孙仍未改耕读传家"亦录之于家谱，"以供全族后生之借镜"。而且该族有"自幼读书"的节烈妇女，可见读书在该族中已普及至未婚妇女。

《汪氏宗族谱书》[①]记载，该支汪氏为女真人完颜氏后裔，汉姓汪，其先祖生活在铁岭。努尔哈赤起兵后成功进军抚顺，再攻下铁岭，这时汪氏先祖投奔努尔哈赤立有战功，被提拔为护军校。康熙二十六年（1687），为加强防守辽东边疆，名为三各的领催三世祖，率领寡母刘氏、寡嫂李氏、2名幼弟、1个幼侄，老弱三代人历尽艰辛从京师来岫岩驻防，开荒屯垦。经过四十年流离迁徙，最终安居于哨子河。《汪氏宗族谱书》首修于清嘉庆七年（1802），民国三十二年（1943）续修。从该家谱的记载可以看出，该汪氏来岫岩驻防之前一直在八旗中担任下层军职，职位最高者不过为护军校，其他人皆为兵。但在嘉庆七年首修家谱时的修谱人六世永升额已经为庠生，并为家谱作序，自称本汪氏来岫岩后"勤俭传家，耕读教子"。待至民国三十二年续修家谱时，"重刊谱书序"中回忆汪氏在清代"当斯时也，宗族之隆盛，门第之书香"。"续编谱书自序"中也称汪氏"世泽书香，家传忠孝"。尽管该家谱上没有对世系人物读书或登科及第的明确记载，但收录了一段《岫岩县志》汪氏族人对汪贞女事迹的记载。其中提到汪贞女的两位弟弟，一个是贡生，另一个是文生；她的3个

---

① 国家清史编纂委员会，文献丛刊《清代满族家谱选辑》，第473页，辽宁民族出版社，2016年版。

亲侄儿是文生；4个亲侄孙也是文生。① 当时为道光十三年（1833）汪贞女故世以后，一族三代都有读书人。而汪贞女本人"性嗜读经史，……。尤喜吟诗，针黹之余，吟诵不辍。族中之秀者，读书成名，经传多其口授。"短短记载，可以看出这是一个热爱读书的满族文化之家，不仅男子读书，而且女子也享有读书的权利，并且教授族中男子读书。

《白氏源流族谱》② 及《岫岩县志》记载，该白氏满族姓巴雅拉氏，汉姓白。是长白山海西女真人，先祖于努尔哈赤时期归附，被编入正黄旗。历经南征北战，康熙二十六年（1687）护军校崇厄力及四子由京师来岫岩驻防，定居于哨子河。这部家谱记载该白氏族人求学读书的艰难历程，第六世祖明青阿时期（约嘉庆年间）"因无力读书"，"率子弟务农为业"，《白氏源流族谱》道光二十四年（1844）作如下追述：

> 我家人口日多，无力尽教子弟读书。遂公议章程，按老三股，每支令居长者读书，其余务农为业。至景执斋公以后，家道益富，嗣后有子弟均令读书，故景执斋公亦得读书；惟寿安公性好读书，因家未殷实，未能攻书，自趁农隙，学习文字，能写账目。

在此以前仅有保青阿1人为生员，另有5人披甲当差，是一地道的普通农耕之家。但自此后，一直到清末废除科举的70余年里，白氏的读书人迅速增加，家谱上不少人标注"幼读"或"业儒"字样。成立于岫岩的抗日义勇军中国少年铁血军总司令白承润，宣统元年（1909）出生，在民国十一年（1922）续修的《白氏源流族谱》上标注为"幼读"。根据《白氏源流族谱》记载，5人为生员，14人为贡生或监生，同治三年（1864）族中兄弟二人同时考中举人，光绪十一年（1885）同胞兄弟二人同时考中举人。综全清代，岫岩共计考中举人14名，白氏即占四分之一多。民国十一年（1922）续修《白氏源流族谱》的序言里该白氏自称："由康熙二十六年（1687）拨驻防于岫岩世居矣。今历十一世，名登仕版，世代书香，不乏其人。"白氏如此数量的科举出身，成为当地有影响的重要氏族。

---

① 文生是一个简称，全称是文库生员。文库就是清朝设立的公立学校，各州府县全有。而文库生员就是通过了这些府、县公立学校的考试，能进入学校读书的人。

② 国家清史编纂委员会，文献丛刊《清代满族家谱选辑》，第601页，辽宁民族出版社，2016年版。

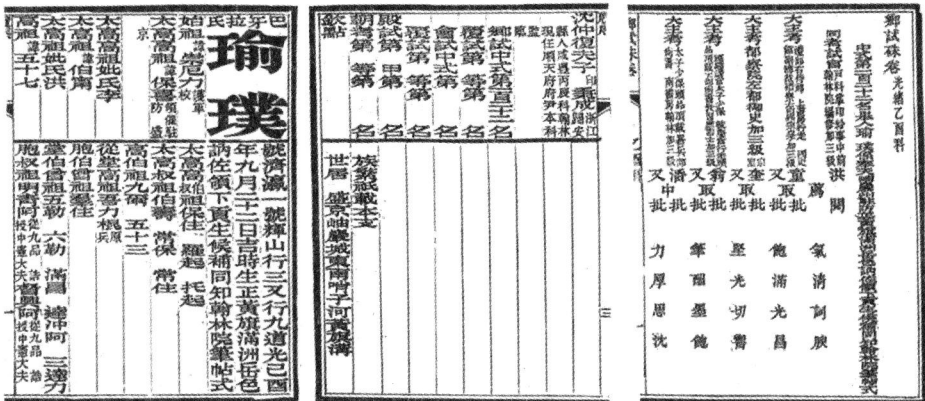

光绪乙酉（光绪十一年，1885）科举人瑜璞朱卷

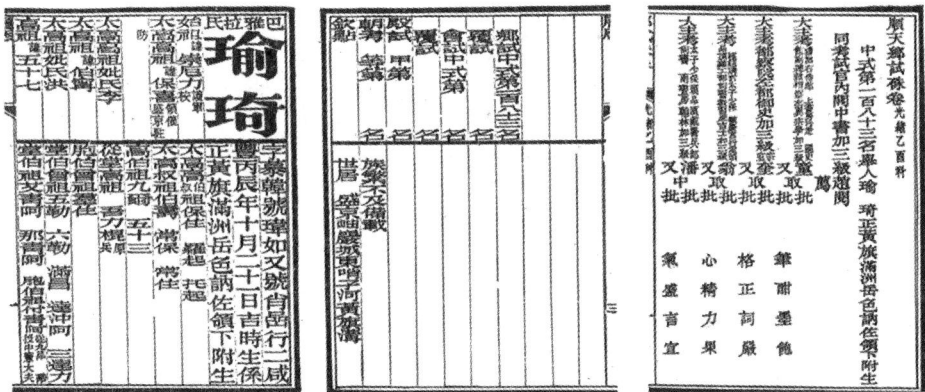

光绪乙酉（光绪十一年，1885）科举人瑜琦朱卷

《萨嘛喇氏族谱》。萨嘛喇氏是满族一主要姓氏，但并没有收入《八旗满洲氏族通谱》，而收入《皇朝通志·氏族略》的33个满洲八旗姓氏之中。萨嘛喇氏汉姓蔡。该家谱编修于民国十三年（1924），作者为该萨嘛喇氏第十世蔡运升，时任吉林滨江道尹等多项官职。该家谱依据同治、光绪、宣统年间旧谱及旗署档册和调查资料编修而成。该家谱记载，祖居长白山，以邦牛为始迁祖，康熙二十六年（1687）从京师"荷戈东来"，到凤城驻防，隶于镶蓝旗满洲卡克都里佐领下，分居于凤城凤山、沙里寨蔡家堡子、草河秋千岭、岫岩洋河蔡家堡。该家谱上记载的康熙时期到清末凤城及岫岩的萨嘛喇氏兵员数共133名，占家谱上壮丁总数的19%，这个比例数较其他满族姓氏高许多，然而对家族科举读书却没有任何记载，似乎该萨嘛喇氏以武功见长。但实际上，清末该萨嘛喇氏产生了不少知识分子，包括《萨嘛喇氏族谱》作者蔡运升和岫岩县知

名教育家蔡景云。

《洪氏谱书》。该谱书初次编修于民国二年（1913），续修于民国二十五年（1936）。据该家谱和《岫岩县志》记载，洪氏是岫岩满族一大望族。始祖名洪雅早亡，其夫人包氏与二子偏思哈、歪思哈于康熙二十六年（1687）从京师来岫岩驻防。因洪雅早逝，后人不知满族姓氏为何姓，依照汉姓习惯取洪雅名第一字洪字作为该支满族姓氏。洪氏著名者为三世祖山林保，职任佐领，正五品。曾受征调出兵川黔12年始归。此后灰于仕进，乾隆二十一年（1756）投入民籍①（若干年后又恢复），垦荒造田，确立洪家堡子。《洪氏谱书》山林保之后洪氏便没有在旗内为官当差的记载，更多地倾注于"先人典型""洪氏宗和堂坟山祭田规条"，体现洪氏读书与农耕的耕读人家特点。

《洪氏谱书》邀请席福星②作序。席福星是洪氏之子，对洪氏充满赞许的亲情，在祝贺家谱编辑成功的题词上首先写道："觥觥谱牒，创制显庸，诗书门第，孝友家风。子承孙继，传世辽东，惟予小子，戚属外家。……"洪氏满族八旗这时已经以"诗书门第"立足于辽东被称道。由于满族家谱不能记载出嫁之女典型事迹，席福星借为《洪氏谱书》写序言此之机，全篇撰写自己母亲的节孝事迹（全文在上面已经引用），既表达洪氏家族诗书门第良好家风，又寄托对自己母亲的怀念，这种编修家谱的表达方式很少见。而且这篇序言语言精练，刻画生动，言辞朴实极尽感人之情，对洪氏教育之恩表达得也恰到好处，充分体现席氏驻防八旗的文学修养。席福星在这篇序言中同时透露出一个重要信息，洪氏家族自己开办学堂，而且收学费，由洪氏族人教授课程。正因为洪氏满族已经成为诗书门第，因而，《洪氏谱书》中《先人典型》选择族中重视后代读书教育，有德操学问之人立传，摘录如下：

> （三世山林保从征川黔十二年回籍后）遂于乾隆二十一年（1756）舍旗差而投民籍，辟荒殖田，课儿耕读，怡乐林泉，啸傲烟霞，里中有事，排解持平，毫无瞻徇，以是人多敬仰，远近数十里内，凡有事者，无不藉片言以为定评。

> 洪天魁，为琳公之季子，锡安、锡聚之严父也。幼时家贫，未能多读。道光十七年（1837），兄弟析居，房摊间半，地仅半日，凤夜兴寐，

①清代满族全部编入八旗旗籍，享受旗籍的待遇和当兵义务，乾隆时期开展八旗出旗为民，允许放弃八旗旗籍改为民籍，不再享受旗籍的待遇和当兵义务，与民人一同交赋纳税。
②席氏源流为岫岩锡伯八旗，但民族身份确认为满族。

备受辛勤。后充差岫岩州属吏，赤马红缨，办差于孤、庄各地二十余年，从无苛索之求，以身体魁梧，人均以胖老爷呼之。晚年家居，喜静好善，见路有高低则垫平之，遇有石块则移置之。春秋水洼泥泞，则鸠人修理之，以是人又以善人称之。临终之际，谆嘱子孙耕读相传，忍和相守，事无是非，切勿争讼，产无多寡，切勿设商，子孙遵守，油腻腻久弗替云。

洪锡龄，为清咸丰年人，捐监生衔，博读群书，精于书法，开馆授生，藉为自修，以谋再进，因疾寿夭，未得与乡试。

锡安，幼年家贫，稍长即助父经理家政，乐善好施，热心公益，勤俭持家，耕读课子。清甲午之役，间阎逃避一空，因父年迈，动作维艰，奉侍在侧，不肯远离，孝慕之则，可垂后裔。

锡英，字慎余，号竹安。性纯孝，善事亲。幼时家寒，母曹氏甚贤，仿孟母之机杼，以针线措学费，寒窗十年，青云得步，祇以囊乏资斧，致使拾紫无缘。爱设馆授生，课余之暇，间作画事，精于鱼猴。理家改俗，力戒赌博，族中子弟有财癖者，望之急避，有若官家来临者。然辟植稻，蓺树童山，皆为首倡。甲午以后，新学输入，凡有出版，辄为收揽，于中外大势，益为明了。为开民智，著有白话，宣讲《同胞须知》，均经教育厅审定，惟未出版，《竹安堂集稿》两册已出版。清宣统二年（1910），被选为城乡议事会议员。处群众，则每日讲论道德，表率同侪，堡中创立男女两校，多有赞助。公生于道光二十七年丁未（1847）八月初十日，卒于民国九年（1920）十月二日。族中后起，多承亲炙，实开吾族一新纪元也。

从上述《洪氏谱书》中的《先人典型》可以看出，该洪氏从三世祖山林堡于乾隆中期即开始在族内办学，教育族中子弟，历经百余年，代代以耕读相传。至清代末，利用族中祭田收入和家族捐款，族长锡英创建男女两种学校，洪氏重视女子读书教育，十分可贵。清代末期和民国时新式学校兴起，又改为新式小学校。民国十七年（1928）有房7间，后来发展到14间，洪氏家族外，吸收周边其他家族学生学习，在全县很有影响。

《大宁赵氏（伊尔根觉罗）谱书》。该家谱记载，源出长白山，"随龙转徙"进入北京，第五世常明公于康熙二十六年（1687）来岫岩驻防。择大小虎岭开垦居住。至民国初期"历传十余世，户延百余家，人丁滋息数百口"，实为岫岩一望族。清代该赵氏重视耕读教子，获取科举名分者有贡生、附生、翰林院待诏、笔帖式8名。民国时期新学兴起，该赵氏考取专科名牌大学者诸多（下面有论，在此省略），声名显赫。

由上述几部代表性满族家谱举例可见，满族驻防八旗康熙时期来到岫岩屯垦戍边，到清末历经二百余年，由长白山"养马弋猎为生"，转型为耕读之家，读书受教育在满族中已经形成风尚，从嘉庆年间到清末，岫岩境内就有私塾馆近百处，为新式学校教育兴起奠定基础。清末光绪帝废除科举（1905）后，至宣统三年（1911），仅仅几年时间，岫岩即创办新式学堂54所。宣统三年再到民国十四年（1925）全岫岩县立、区立、村立小学校共有190余所，基本覆盖岫岩主要乡村。岫岩的中等学校教育发展也很快，清光绪三十一年（1905），建立县立师范暨中学校，学习科目中有国文和英文。此后又建立县立中学南校，很有影响，毗邻县份也来学习。岫岩最有特色的是女子学校发展很快，清宣统元年（1909）建立县立女子师范讲习所，到民国十六年（1927）年底毕业学生二级，以后发展为县立女子师范学校。民国六年（1917）到民国十四年（1925）共计建立11个县立女小学校。其中，在满族聚居地建立的女子小学校有：大什字街（蔡氏等满族）的县立第二十九女小学校，城南洪家堡子（洪氏等满族）第十六女小学校，白家堡子（巴雅拉白氏）的县立第十七女小学校，城东红旗营子（瓜尔佳关氏）的第十八女小学校，城南娘娘城杨家堡子（易穆查氏）的第二十女小学校，镢把沟（沈氏）第二十三女小学校，城南三道林子（沈氏）第二十五女小学校，共7所。体制完善的良好学校教育，使岫岩满族走出偏远大山接触到全国甚至世界的信息。女子学校的学校教育由清代的女德转为新式的人才教育，使妇女同男人一样有参与社会的机会和能力，开民智，明"中外大势"。民国八年（1919年），北平等地爆发了轰轰烈烈的五四反帝爱国学生运动，岫岩县城各校接到北平、上海等地学生发出的通电后，举行罢课，共840多人参与声援五四运动，体现了岫岩满汉各民族学子的爱国情怀。

岫岩的学校教育培育出了知名的国家栋梁之才。在祖国面临日本帝国主义侵略的危难时刻，岫岩大地上诞生了著名抗日英烈与英雄群体——中国少年铁血军。中国少年铁血军由苗可秀、白承润、赵伟、刘壮飞等18人在岫岩县三道虎岭赵侗家组织成立。中国少年铁血军全部由青年学生组成，从小学①到高、中等学校学生，满族学生占多数。第一任总司令苗可秀是本溪下马塘人，东北大学文学系毕业，1935年被捕英勇就义。2015年，苗可秀以"中国少年

---

① 当时的学校入学年龄不统一，参差不齐，有部分为十几岁以上入学。

铁血军总司令"名义由国家民政部列入第二批"著名抗日英烈和英雄群体名录"。赵伟，考入东北大学经济系。曾任中国少年铁血军团总务股主任、团务部总干事兼中国少年铁血军参谋长，1936年作战阵亡。第三任总司令白承润（家谱上记为承运），字君实，《白氏源流族谱》的巴雅拉氏，考入沈阳电工学校。九一八事变后返回岫岩参加邓铁梅义勇军积极抗日，接任中国少年铁血军第三任总司令。1939年被日本侵略者杀害。2015年，白承润以中国少年铁血军总司令名义由国家民政部列入第二批"著名抗日英烈和英雄群体名录"。白晨媛，白承润夫人，岫岩《巴雅拉氏（白氏）族谱》的白氏。该白氏原为长白山二道沟蒙古，归顺努尔哈赤后编入正白旗。皇太极时期派八旗兵驻防岫岩，该白氏从此落户岫岩。白晨媛从小即接受良好教育，岫岩女子师范学校[①]毕业，是那个时代里少有的知识女性。识大体，明事理，积极支持白承润抗日，带着7岁女儿被日本侵略者追捕，下落不明，传说被秘密杀害。刘壮飞，《刘氏谱书》刘氏。该刘氏祖先为云南籍汉人，因立有战功，被编入满洲正黄旗，康熙时期来岫岩八旗驻防。刘壮飞毕业于岫岩师范学校，素有爱国思想，与白承润等共同创建中国少年铁血军，牺牲时年仅23岁。

　　九一八事变爆发，蒋介石在东北奉行不抵抗政策。而中国少年铁血军坚持抗日斗争，直到1939年最后一任总司令白承润被捕杀害，弹尽粮绝而解散。但是他们以血肉之躯，在九一八事变之后即奋起反抗，向日本侵略者展示中华民族的不屈精神，成为发起抗日最早、坚持抗日时间最长的义勇军英雄群体之一。中国少年铁血军的主要领导与核心骨干都是清代驻防岫岩的八旗后裔，他们的祖先为守卫边疆受清朝调遣返回东北，落户岫岩，艰辛开垦山林屯垦戍边200余年，将岫岩建设成辽东繁荣重镇。当日本帝国主义发动侵略战争之际，他们义无反顾奋起抗战，这是中华民族精神的历史传承，具有当代红色文化价值。

　　岫岩满族由长白山"养马弋猎"的女真人转型为耕读之家，重视子女读书教育，在清末及民国初年新式学校教育兴起之时，思想开放，顺应历史潮流，积极倡导新式学校教育，培养大批新式读书人才。满族乡绅高遇阁，于清朝末期在传统村落私塾基础上开办老北沟高初等小学堂，群众称为"老学堂"，岫岩民国初期考入北京大学、清华大学、东北大学的知名人士都在这里接受过启

---

　　① 白承润夫人因支持抗日，与其女儿一同受追捕，下落不明，这是岫岩历史研究者公认的，但对其生平履历没有进行考察。本书作者专门采访白承润亲侄白树标老人，向本书作者提供相关情况。

蒙教育，诸如：黄显声①、黄中②、高惜冰③、蔡景云、黄剑秋④等。而全国著名铁道建筑专家张鸿逵⑤、"终生爱教育一世为师表"的傅茵波⑥等均毕业于该校。岫岩县立中学南校则成为岫岩人才走向全国的起始点。蔡景云，字锦秋，《萨嘛喇氏族谱》蔡氏，1929年北京大学法律系毕业后返回岫岩，担任岫岩县立中学南校校长，培育多名知名人物，张鸿逵、傅茵波等，都是该校毕业生。赵振昌，《大宁赵氏（伊尔根觉罗）谱书》的岫岩大宁赵氏，民国初期任岫岩劝学所劝学委员，倡导学习自然科学。在他的影响下，长子赵寿芳考入北京工业大学，曾被选送到美国留学深造，成为东北电业兴起的奠基人。另有尹子家⑦、沈海清⑧等满族考入北京大学与清华大学等高等名牌学校，走上革命道路。

---

① 黄显声（1896—1949），满族，著名爱国将领。岫岩满族自治县石庙子人。考入北京大学，因参加五四运动被开除学籍。《黄氏宗族谱系》上记载，其先祖清康熙时期来岫岩编入八旗镶黄旗。九一八事变爆发时，任沈阳警备区处长，拒不执行蒋介石不抵抗命令，率部打响抗战第一枪，并组建东北抗战第一只抗日义勇军，1949年被国民党杀害于重庆白公馆。

② 黄中，因参加抗战，辅仁大学肄业。1938年加入中国共产党，同年参加东北救亡总会战地服务团。曾任冀中军区前线剧社政治指导员，后从事教育工作。新中国成立后，历任青年团中央军体部部长、国家体委副秘书长、副主任、顾问，全国体总、中国奥委会副主席等职。

③ 高惜冰（1893年出生），名介清，字惜冰，生于岫岩县牧牛乡。民国九年（1920）毕业于清华大学。被公费派往美国留学，获硕士学位。回国后被东北大学聘为教授，任东北大学工学院院长。他提出"国家开放，必先树植人才"的主张，到北平、天津、上海等地招聘学术界名师黄侃、章士钊等几十位教授到东北大学任教或讲学。由此东北大学成为国内著名的学府。

④ 黄剑秋亦名黄恒浩，是爱国将领黄显声的三叔父。九一八事变后任辽宁省政府秘书长，力主抗日救亡，并担任救国会的委员，对组织东北流亡学生抗日救亡，组建义勇军做出重要贡献。成立于岫岩的中国少年铁血军总司令苗可秀、赵侗都曾受其援助。

⑤ 张鸿逵（1903—1983），字渐滋，岫岩县大房身乡龙门村人。考入北京大学法学院，翌年，改老唐山交通大学铁道工程系。1928年3月，以优异成绩被选为留美研究生，入美国康奈尔大学研究院深造。1948年11月沈阳解放，张鸿逵任沈阳铁路军事管理局总工程师、东北铁路工程部部长、工程总队队长等职。在铁路受到严重破坏的情况下，他亲自设计方案，组织抢修，使处于瘫痪状态的东北铁路全线通车。此后终生从事铁道研究与教学。

⑥ 傅茵波（1911年出生），原名傅宝春，满族，岫岩城南傅家堡子人。清华大学毕业，是我国高等师范院校享有盛名的中文专家，在东北师范大学任中文系主任，长期从事教学工作，学术造诣深厚，被誉为"终生爱教育一世为师表"。

⑦ 尹子家（1909—1982），原名尹鸿福，满族，大房身矿洞沟人。1934年在北平考入东北大学工学院土木工程系，学习期间参加救亡运动，并加入中华民族解放先锋队。西安事变后，以东北大学学生代表身份，参加西北各界救国会组织的宣传团，去山西、河北等地宣传事变真相。1937年11月加入中国共产党。

⑧ 沈海清（1912—1976），化名林一民，满族，石灰窑子木匠沟人。1931年九一八事变后流亡北平，1932年考入清华大学经济系。1933年参加反帝大同盟，同年3月加入中国共产主义青年团。1935年在一二·九爱国学生运动中，被推举为中队长，参加"自行车南下宣传队"，沿津浦路宣传抗日救亡运动。1936年3月加入中国共产党。此后一直从事经济工作到解放以后。

第三节　岫岩珍贵的满族文本历史遗存

清代满族八旗驻防来到岫岩屯垦戍边，历经300余年，既有平凡的劳动生产与生活，也有风起云涌的历史转折，满族传统村落里留下大量历史文化遗迹，即历史文化遗存，包括劳动生产工具、生活器具、房屋等，在前章已经叙述。这是主要介绍满族文本的历史文化遗存，是满族精神生活文化变迁的写照。

一、满文文本遗存

自清入关以后，满文被定为国书，称为清文或清书，学习满文是八旗学校的主要内容，但根据不同地区需求，有所侧重。

北京八旗官学，一个旗有100个学生名额，其中，满族八旗占60个名额。30名学习清文，30名学习汉文，体现满汉文并重的势态。这是因为，满族刚刚入关，汉军旗及明朝投降汉官大多不懂满文，需要将中央各部的满文文书译成汉文后阅读。而大多数满族及八旗官员也不懂汉文，需要专职人员启心郎将汉文翻译成满文，才能通晓其意。为了适应刚刚入关的清政权接手明王朝对全国的统治，通过八旗学校培养满汉文翻译人才是当时所亟需。

盛京为清朝两朝国都，满族发祥地首府，清基本上完成全国统一后，即重视加强东北八旗驻防，建立盛京将军，为重建东北，实行移民招垦，大量关内汉民流入，形成满汉杂居。因此，盛京八旗既需要保留满族传统语言文字，也需要加强东北治理的汉文人才。盛京八旗官学学习满文与北京八旗官学有区别，"满学各二十名，教读满书，习马步箭；汉学各二十名，教读满汉书，习马步箭"[1]。以满文为主，兼顾汉文，并重视加强骑射武功训练。

关于八旗官学的满文阅读教材，以中国传统的儒家经典为主。清初囿于满族八旗懂汉文的人很少，解决办法就是用满文大量翻译汉文经典，清入关前皇太极时期着手翻译，康熙朝达到高峰。翻译书目包括历史、哲学、文学、法律、军事、宗教、医学等多个方面。目前仍然存有书目的大约有100余种[2]，

---

[1]《钦定八旗通志》卷98，《学校志五》，第1582页，吉林文史出版社，2002年版。

[2] 参见赵志忠，《清代满语文学史略》，辽宁民族出版社，第98页。根据富丽编《世界满文书目》、屈六升与黄润华编《北京地区满文联合目录》，孙楷弟编《满文译本小说简目》以及相关文章统计。

还有已经散失无法统计的不包括在内，由此可见满文翻译的汉文书籍数量和内容之丰富，体现满族热衷于中华传统文化的风尚。满文翻译的汉文书籍尽管数量很多，但在不同历史时期翻译的重点有所不同，清入关前注重于经史兼及军事、法律典章，主要的有：《万全宝书》《刑部会典》《素书》《六韬》《三国志》《三略》《通鉴》《辽史》《金史》《元史》《宋史》《论语》《孟子》《大学》《中庸》《国语》。清入关后顺治到康熙时期，由于清建立全国统一政权，全面学习和掌握中华传统文化的愿望和热情更加高涨，除继续翻译汉文儒家经典和军事著作外，翻译扩展到医学、数学、文学诸多领域。医学书有《王叔和脉诀》《药性赋》《西洋药书》，数学书籍有《几何原本》《御制三角形推算法论》，道德品德教育的儒家启蒙和普及读物有《三字经》《千字文》《孝经》《菜根谈》，另外还有一些关于佛教方面经书的翻译。值得注意的是，这时期满文翻译的汉文文学著作、作品大量增加。诗词歌赋方面，包括杜甫、苏轼、陆游、黄庭坚等人作品。小说常见的有《三国演义》《水浒传》《西游记》《隋唐演义》《封神演义》等。

地方八旗官学教材以实用普及性为主，所以，上述满文翻译的汉文典籍仅以儒家经典中关于道德教育的书籍为主，重于基础教学。但随着清中期乾隆以后，满族汉语水平不断提高，汉文图书在八旗学校中不断增加，满文逐渐式微。虽然直到清末，满文翻译书籍仍然在八旗学校里使用，但也只是流于形式而已。

关于岫岩满文教育和使用问题。前章已经提到，岫岩满族与盛京八旗官学没有关系，划归毗邻的牛庄，同治年以后岫岩才有独立名额，但这不是满族八旗官学教育体系，而是满汉共同的县官学。从前章提到的满族白（巴雅拉）氏荣安，同治甲子（同治三年，1864）科举人，以及引用的同族光绪乙酉（光绪十一年，1885）科举人瑜璞、瑜琦兄弟二人的乡试朱卷可以看出，这时白氏已经通过汉文进行科举考试，取名也汉文文学化。而且白氏于光绪年编修的家谱全部为汉文，至于白氏的满族旧姓是什么，在家谱中没有说明，以至于失传。2010年白氏续修家谱时提出疑问，进行过专门求证。几年后有人找到瑜璞、瑜琦兄弟二人的乡试朱卷才得以证实白氏的满族旧姓为巴雅拉氏。这个事例说明，岫岩至少在清同治时期已经不使用满文。再举同县多隆阿（此时庄河尚未立县，仍归岫岩）为例。多隆阿（1794—1853），一名廷鼐，字雯溪，满族旧姓舒穆禄氏，满洲正白旗。多隆阿的先祖"随龙入关"驻北京。其六世祖麻穆嘉（因其发辫黑长又名孙绰阔）为领催，于康熙二十六年（1687）调防盛京岫岩县，始居岫岩县大白旗，后徙今庄河市孙家堡子，取始迁祖孙绰阔名第一字而改汉姓为孙，并以姓命名其村。多隆阿来岫岩的始迁祖与巴雅拉白氏的始迁祖同在康熙二十六年来岫岩，但多隆阿主要生活于清道光时期，早于白氏荣安。多隆阿道光五年（1825）拔贡，得"拔萃科"第一名。曾在南京金山书院讲学，后任盛京莲宗书院、山西平阳书院山长。一生著述丰富，博学多识，著有《易原》《毛诗多识》《阳宅拾遗》，堪称清代东北地区的著名学者。而且多隆阿善诗，著有《雯溪诗草》十九卷，现存其诗歌选集《慧诛阁诗抄》，收诗82篇171首。从多隆阿这些丰富的著作中已经看不到任何满文的痕迹，而且其对儒家经典和堪舆解读可谓上乘，他的诗作水平极高。他的取名虽仍为满语，但已经取一汉名廷玑，并用汉文取字雯溪。满语名之后取汉文名字，这是清代满族文学者的共同特点，清入关之初的满族著名诗人们就已经开始这种习惯，例如高塞，号霓庵；鄂貌图，字麟阁；顾八代，字文起；纳兰性德，字容若等不一一例举。虽然那时这些满族著名诗人们出于对汉语文学的爱好和欣赏，在满语名字之后取了汉文名字，但他们所处的那个时代仍然通用满语满文。而多隆阿却截然不同，道光时期的辽东地区满汉杂处近二百年，满语逐渐消失，满文已经生疏。本书作者何晓芳教授收集到一部多隆阿家谱，该家谱为乾隆二十八年（1763）修纂，当时就已经使用汉文，书法清新隽秀。世系上命名，既有汉语也有满语，足以说明这一时期多隆阿家族已经接受汉语言文字。可想而知60多年以后到多隆阿生活的道光时期，最起码满文已经在满族八旗生活中不再是通用文字。满族巴雅拉白氏举人和学者多隆阿，都是满族的文化精英，因此，他们通用汉文在整个岫岩地区极具代表性。

再来看满族民间满语满文使用情况。最好的资料是满族家谱上命名的满汉语变化。满族使用满语命名时，不分辈分，后来向汉族学习排字辈，就必须用汉字命名。现仅以萨嘛喇蔡氏和巴雅拉白氏家谱上的命名变化为例。蔡运升编修的《萨嘛喇氏族谱》从同治年第九世起开始确立排辈字："景运兴克昌 桂荣继德芳 世永延福寿 奕宗庆其光"，岫岩县立中学南校校长蔡景云即是第九世，用辈字"景"。该家谱作者蔡运升即第十世，用辈字"运"。岫岩油坊沟《蔡氏谱书》从第七世起开始使用排辈字："永恒树世泽 明福启天长 振家多英武 华国大文章"。而确立上述排辈字的时间在民国二十一年（1932），就说是排辈字确立时间晚于使用时间，这个在民间很常见。先有排辈字，待编修家谱时再写上家谱，或者没有编修家谱的家族直接口传。岫岩油坊沟《蔡氏谱书》即属于先有排辈字，再写上家谱的一种，家谱虽编修于民国时期，但排辈字已经在第七世使用，年龄最长者推算应当处于同治年与光绪年之交。再看巴雅拉白氏的《白氏源流族谱》，民国十一年（1922）续修家谱，制定排辈字，从第十二世至第三十世使用。但该白氏从第七世，也就是同治时期的举人贵安这一代开始排辈字，不过各支系的排辈字不统一。比如贵安这一支排辈字为"安"，同辈的叔伯一支为"住"，还有另一支的叔伯为"成"。到第十世排辈字已经统一起来，都用"润"字。抗日英雄白承润即写在第十世的"润"字辈上。家谱规定从第十二世开始启用拟定的排辈字，实际上就是将共尊崇厄力为始迁祖的白氏宗族，进行大排行。可惜兵荒马乱的动荡年代，该巴雅拉白氏一直没能实现续修家谱的愿望。

上述3部家谱表明，到同治年间，岫岩满族民间已经不再通行满语文。语言丢失有一个代际更替的渐进过程，应该在嘉庆至咸丰年间，岫岩的满族已经开始生疏满语文。所以，我们现在能看到保留下来的满文读本皆为满汉合璧，即满族人依靠汉语注音重新学习满文，成为现今一份珍贵的满族历史文化遗存。现根据笔者所见举例如下。

八旗学校满文教课书。由教师本人根据学生编制的教材，一般都是满汉文合璧问答形式，反映某一地区普通旗人的生活状况。本书作者所见收藏于沈阳市爱新觉罗姓氏的光绪年《满汉文对照》课本，页面上半面书写满文，下半面对应上部满文写出汉语意思，阅读与书写顺序同汉文从右向左不同，是按满文习惯从左向右。例如："你们是那（哪）省的，我们都是盛京省的，你们省内所属共有几个城，我们省内所属共有十五城，十路十六边。"收藏于北京地区的《满文教学四十句》，采用左满文右汉文的合璧格式，记述两人对话。例如："我早已闻阿哥的高名，但只未得会见，今日幸而上会见了。咱们都是好朋友啊，一遇尔认识了，必来往走动走动。"体现北京地区的人情交往。岫岩县的《八旗子弟课本》，作者为吴德发。吴德发的始迁祖名六十，康熙二十六年（1687）来岫岩驻防，吴德发是第六世，曾任领催之职。该教课书采用页面上半部书写满文，下半部书写汉文的格式，日常基本语句问答形式。例如："姓什么？姓吴。甚（什）么名字？名子（字）德发。那（哪）屯里住？洋河北屯里住。"该教课书根据有关学者推算①，应当编写于咸丰初年。

---

① 张其卓、张庆威，《清代岫岩民间满文集成与研究》，第175页，人民出版社，2016年版。

《八旗子弟课本》[1]

学习满文的初级教材。八旗学校必备满文学习辅助工具书，这类书在清代有许多种，但八旗学校里一般仅备能辅助满文教学的字（辞）典。本书作者何

[1] 岫岩城镶蓝旗吴德发在"本旗学堂"教授满文时编写的教材，成书于咸丰初年，满汉互译本，成品尺寸16.7厘米×23厘米，全书39页，保存完好。此为节选。现今收藏于岫岩吴德发后代家中。本书引用于张其卓、张庆威《清代岫岩民间满文集成与研究》。

晓芳教授在山东青州考察清代驻防八旗期间，看到《清文典要》。这是一部清代秋芳堂主人编辑的汉满文对照的成语辞典，书分四卷，共收成语典故7000余条，编排以汉字部首笔画为序，这是清代青州八旗驻防的八旗官学遗留的辅助教材，属满文学习比较高层次所用。而岫岩满族私办的学校，以八旗教养兵为主要对象，满语仅作为一种初级掌握的课程，需要从满文最基础的字母学起。岫岩县于20世纪80年代进行社会历史调查时，发现了由时任县民族事务委员会主任关洪生收藏的《满汉十二头》教课书。关洪生先祖为锡伯八旗，清康熙三十八年（1699）始祖布胡那编入满洲正红旗升德佐领，调防盛京来岫岩永居。

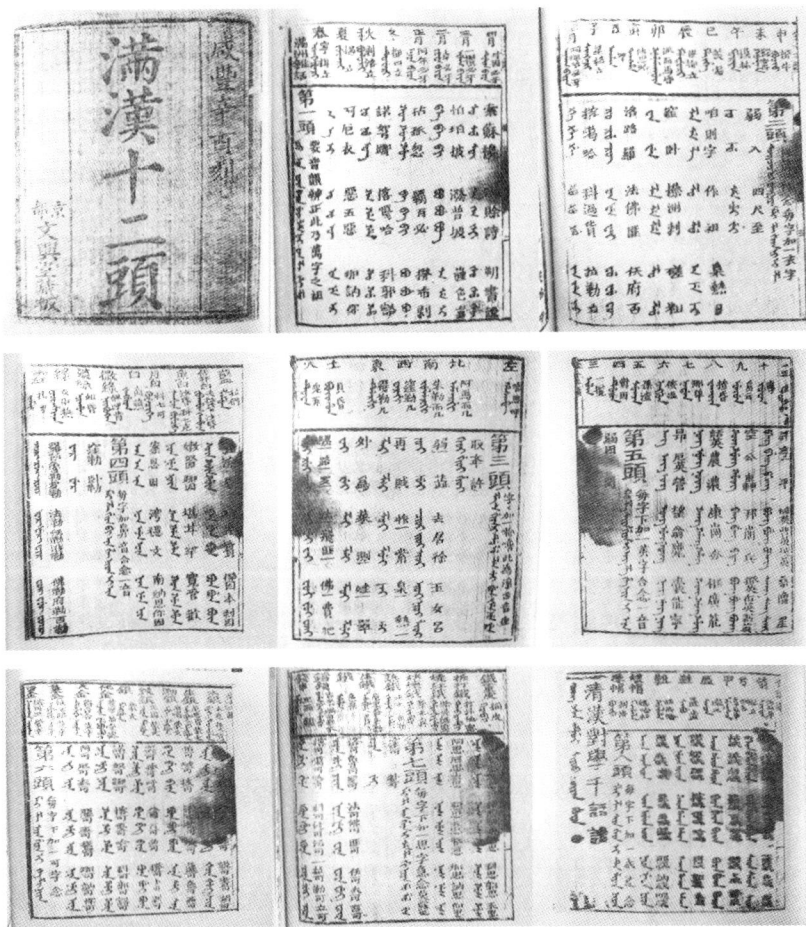

《满汉十二头》[1]

---

①清咸丰辛酉（十一年，1861）刻本，京都文兴堂藏版，全书共36页，尺寸21厘米×29厘米，原书缺少十一字头，其他页面保存完好。该书正文满文字头外，每页附以汉满对译日常用语或词汇。此为节选。本书引用于张其卓、张庆威《清代岫岩民间满文集成与研究》。

　　《三字经》是中国传统社会里宣传灌输儒家伦理纲常的必读课本，八旗学校里也照样必备、必读，所以，满族聚居地区《三字经》遗存数量比其他满汉文读本要多，现河北青龙满族博物馆、吉林满族博物馆及各地私家都有收藏。岫岩虽因各种历史原因《三字经》没有留存下来，但根据对满族老年人的访谈，《三字经》众所周知。黑龙江阿城赵（伊尔根觉罗）姓的《赵氏谱书》收录清代的满汉文《三字经》，辽宁本溪赵（伊尔根觉罗）姓也有收藏。本溪满族赵（伊尔根觉罗）姓与岫岩历史上有密切联系，因此，本书将其摘录如下，以展示其基本样貌。

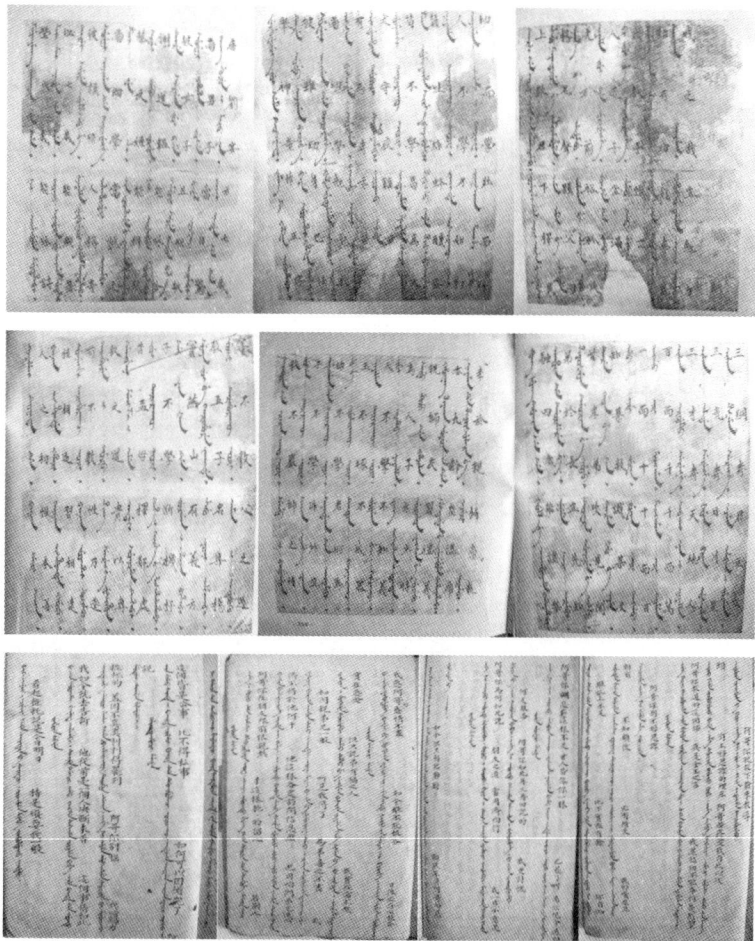

满汉文合璧《三字经》①

① 由正白旗佛满洲伊尔根觉罗（赵）氏十世双山撰写于阿勒楚喀正白旗老屯，全书共20页，光绪三十二年（1906），其后人将此《三字经》编入家谱之中，珍存至今。本书为节选。此谱书现收藏于辽宁本溪赵氏族人家中，黑龙江阿城也收藏此书。

二、满族文本家谱

清初岫岩一片荒凉，满族八旗驻防来此屯垦戍边，以家户为单位立屯，最后繁衍成村，从这种意义上说，满族家谱就是传统村落形成的血缘谱系。

满族入关前的女真人时期即有家谱，是一种实物家谱子孙绳。子孙绳一般由麻绳、小弓箭和嘎拉哈（源自满语：gachuha，羊或猪的后腿膝盖骨）或红布条组成。生男孩在子孙绳系上小弓箭，生女孩在子孙绳上系嘎拉哈或红布条，每一代人中间用不同颜色的布条做标记隔开。经过多少世代积累，子孙绳可达到十几米长。这种实物家谱由于缺少文字记录，逐渐被文本家谱取代，满族子孙绳成为祖先信仰的一种象征，挂在满族人的祖宗板旁或祖宗匣里面。

清代满族文本家谱的作用与功能主要有：首先，记载人丁的身份地位以及官职、爵位，作为"承袭"的凭证，遇有承袭时以家谱与官方档册相核对，证明血统渊源，分清支脉。其次是记述满族自身的姓氏源流。满族都有本宗族的原始族姓，相互之间称名不称姓。随着八旗制度建立，打破原有血统关系，各相同姓氏的满族人分属于不同旗分被派往各地，即使同祖、同宗的满族人也会因为人口滋生而被分拨到其他旗分。所以，用来"说世系"的满族家谱首要内容就是说清原始族姓。再后来，随着满族与汉族长期交往过程中，逐渐学习汉族名前冠汉姓，民间俗称满族原始族姓为"老姓"或"旧姓"，以此与满族改用的汉文单字姓相区别。再次是寻宗问祖，维系宗族。中国家谱最基本的功能是说世系、序长幼。满族家谱相应的也具备这种功能，清朝建立全国统一政权，满族人大部分以八旗身份"从龙入关"，除留在京城一部分外，陆续被派往全国各地驻防。其中，被派往东北驻防的人数最多。这就使得满族原有的同姓血缘部落组织被分散，本是同族同宗的满族人散居于各地，即使是散居于同一地方同族同宗的满族人，也由于人口滋生，被移入其他旗分，不在一处。因而，满族家谱的重要功能之一就是寻宗问祖和收族。由于满族家谱的这些特殊功能和作用，清代满族每一族姓都编修家谱，乾隆时期出版《八旗满洲氏族通谱》，对满族编修家谱起到推动作用，产生满族编修家谱高潮。由于满族家谱的功能与作用，客观上对我们今天清史、民族学、历史学、民俗学、地方史志研究都有很重要的资料价值，是一份珍贵的历史文化遗产。

岫岩满族同样编修大量家谱，但大部分烧毁。20世纪80年代初，在党的民族政策光辉照耀下，岫岩县委、县政府领导下，县文化馆作为落实承担单位,大力开展满族历史文化抢救保护工作,进行全县范围大调查,满族家谱即是抢救内容之一。抢救满族家谱分两种情况:一种是原件抢救,将群众收藏的满族家谱收集复印,以备岫岩历史文化研究之用,原件返还,由满族群众自行保管,因为这是满族群众祖祖辈辈保留的传世宝物;另一种是满族群众根据老谱单和其他考察资料,重新续修家谱,这种家谱原版留在群众手中,再上交一份。经过不断整理和增补,2013年由高明东、李文通主编的《岫岩满族家谱选编》出版,这部"选编"是现代排印本,尽管失去满族家谱原有样貌,但经过整理现代排版,使原有家谱脱字、漏字、字迹漫漶不清问题得到解决,而且原有家谱已经在群众手中得到妥善保管,留存历史真品。该选编收集70部满族家谱,加之发现未收入者,岫岩大约有近百部满族家谱存世。岫岩满族家谱的资料价值有如下三方面。

记载进入岫岩满族历史源流。第一种情况,清入关前努尔哈赤与皇太极时期攻占岫岩后,多次派遣八旗兵驻防岫岩,从那时即有留驻于岫岩的满族八旗,例如《巴雅拉氏(白氏)族谱》。第二种情况,清入关时奉命留守盛京进驻岫岩的满族八旗,任命青善为岫岩城守尉,拨给八旗兵丁205名,现留有杨家堡子关氏谱书、《关氏(东关)家谱》等。第三种情况,清入关后奉命返回盛京拨来岫岩驻防的八旗官兵,占岫岩满族来源的主要部分。根据现存谱书记载可查的有:康熙三年(1664)、康熙十七年(1678)、康熙二十二年(1683)、康熙二十四年(1685)、康熙二十六年(1687)、康熙三十一年(1692)、康熙三十八年(1699)、康熙六十年(1721),共计8次从外地调拨八旗官兵到岫岩驻防。其中以康熙二十六年(1687)数量最多,而且都是从京师调拨的佛满洲,一次就调拨1000名(全盛京共调拨6000名)。尽管期间有裁撤增减,但至乾隆三十年(1765)基本稳定在658名。代表性家谱有《索绰罗氏谱书》《汪氏宗族谱书》《白氏源流族谱》《赫舍里氏宗谱》《齐氏(喜塔喇氏)族谱》等。第四种情况,来岫岩垦荒入旗的关内汉民,代表性家谱有《田氏谱书》《朱氏谱书》。

记载岫岩满族村屯的来历、人丁身份、人口繁衍分布及宗族组织情况。岫岩满族家谱上记载人丁身份,任何种职务。诸如兵、领催、护军校、城守御、闲散,等等,使我们看出,来岫岩驻防的满族基本上都是基层官兵,披甲当差的比例越往后越低,由最初来岫岩时的1∶1,到后来变成20∶1很普遍,甚至还有几十比一、一百比一的情况,表明岫岩满族与普通农民一样依靠土地生活。所以,满族来到岫岩落居后,满族家谱对落居的村屯名称和地点有记载,而且对人的称呼前面都冠上村屯名称，比如小虎岭某某，油坊沟某某，张家堡子某某。还将人口繁衍分居后的迁徙地点记载清楚。有两种情况：一种是县内因分居而迁徙。岫岩满族初来岫岩驻防时以每一户为单位，每一户里有一个驻防兵带领全家。但过了一定年份以后，原未成年子孙长成，再结婚生子，原来的居住地不能容纳，因此就需要家族分居，分居后的支系向其他处迁徙。一般都距离原定居村屯不远另行择地开荒，再成村屯。这是岫岩满族的普遍情况，即初来时一户中的各兄弟长成后，几个兄弟就分成支；再若干年以后，每一支中有几个兄弟就分成几个系，之后系又分门，门又分户，正是所谓"一户而分千门"。例如《汪氏宗族谱书》，康熙二十六年（1687）来岫岩时有四大支，到民国三十一年（1942）修续谱书时已经有3212人，共计分为25系。再例如《白氏源流族谱》，康熙二十六年（1687）来岫岩时崇厄力始迁祖有四子落居岫岩是为第二世，第三世祖时其中一子无嗣，成为三大支。此三大支到民国十年（1921）编修家谱时200余年中已经分裂成为16股（系），文秀公一大支系总计有150口人，共同生活，没有分居，但16股（系）下分为各门。满族的各支名称冠名用"大"和"小"或某地名加上姓氏，称为某沟、某岭、某堡，都是由这种分居产生的村屯名。另一种是向县外迁徙。数量最大的迁徙是嘉庆年开发黑龙江双城堡，什么姓氏的哪一支人去了双城堡，家谱都记载得清清楚楚。除此外还有在外为官的，也记载清楚在什么地方，任什么官职。家族的分布迁徙查阅满族家谱一目了然。

记载满族文化变迁。一是世系的人丁命名由满语向汉语变化。综合多部岫岩满族家谱可以看出，第一代到第六代以满语命名比较明显，而且还有女真语存留。这一阶段大约在咸丰年以前。第七代以后，大约在清同治年以后，满族开始学习汉族排辈字，这是每一部满族家谱最重要的内容，用这个排辈字，既起到收族作用又可以分清昭穆，体现满族伦理思想的强化，完全摒弃入关前和初期的同族相娶陋俗。岫岩满族家谱记载满族旧姓向汉姓的转变以及汉姓的来源，补充了满族姓氏研究的历史资料。二是，还有的满族家谱记载本家族的祭祖习俗，将祭祖的器具、时间、所用食品，记载得比较详细，成为研究岫岩满族民间信仰的第一手资料。岫岩满族家谱记载满族向耕读之家转型的情况，上面已有论述，在此省略。

满族家谱有两种：一种称为老家谱，即民国之前编修，另一种为现在编修立谱，或在老家谱基础之上进行续谱。本书仅将满族老家谱选择有代表性的编辑目录于下，分享岫岩这份珍贵的历史文化遗产。

岫岩代表性满族老家谱目录

序号	谱名	修谱时间	形制	始迁岫岩落居地	目录
1	瓜尔佳氏宗谱书	首修乾隆四十四年（1779）、续修光绪九年（1883）、民国三十年（1941）	谱书	始迁祖翁阔图康熙二十六年（1687）来凤城驻防，第四世祖八十三分居来岫岩朝阳小汤沟定居，第五世祖福海曾任岫岩城防御	宗谱有序言6篇；各种祭祀仪节7篇祭文1篇；十二属（满汉文合写，满文用汉语注音）1篇；世系
2	关氏家族世系谱	民国三十二年（1943）	谱书	康熙二十四年（1685）由京迁到岫岩南教场沟	谱序；家传四十字；出京后之原籍隶属；出京所历迁居之时址；祭祀仪节；祀先常礼；排行辈字歌诀；出京后之历代族系
3	关氏（东关）家谱	同治三年（1864）	谱单	二世祖突他喜率子来岫岩住关家堡子	序1篇；关氏家谱名册表
4	费氏谱书	民国十六年（1927）	谱书	康熙二十六年（1687）承德拨岫岩始居娘娘沟	费氏字辈谱；费氏宗族世系表
5	赫舍里氏宗谱	光绪五年（1879）	谱书	康熙二十六年（1687）始迁祖洼尔达将军由京拨凤城驻防，任城守尉，第四代迁入岫岩汤沟乡赫家堡等地	序言1篇，世系表卷一、卷二、卷三
6	康族世谱	民国十一年（1922）	谱书	康熙二十六年（1687）始迁祖卡宜奇郎由京拨凤城驻防，有支系迁入岫岩汤沟乡康家堡子、暖窝棚	谱序3篇，例言，跋、书序、碑文及坊联旌表分晰列后，旌表坊联，索公之墓恭录碑记，索公墓碑记四则原文，索尼恭记，诰命，备考，统系表，康奇郎四子招里后裔世系

序号	谱名	修谱时间	形制	始迁岫岩落居地	目录
7	唐氏族谱	光绪十三年（1887）	谱书	康熙二十六年（1687）共三支系由京来岫岩驻防，分别落居蓝旗堡、大偏岭王家堡和东隈子	序言1篇；3支世系表
8	大宁赵氏（伊尔根觉罗）族谱	民国二十八年（1939）	谱书	康熙二十六年（1687）由京来岫岩驻防，落居小虎岭、大虎岭	序言3篇；世系表
9	赵姓（伊尔根觉罗）谱书	光绪二十九年（1903）	谱书	雍正四年（1726）由京拨岫岩，初居雅河，后分居前营燕窝	共有2种：赵姓谱书附谱单1张；赵氏谱书·于大清雍正四年在京拨岫驻防谱册
10	佟氏宗谱	不详	谱单	康熙二十六年（1687）第二世尼博吉由京来岫岩驻防，落居石灰窑	序言1篇；世系
11	那氏谱系	不详	谱单	康熙三十八年（1699）由盛京拨来岫岩驻防，落居那家堡	辈字谱；世系
12	傅氏族史	约光绪三十三年（1906）	谱单	康熙二十六年（1687）始迁祖三达力由京来岫岩驻防，落居雅河傅家堡	六代世系；总督管人职登记表
13	傅氏族谱	道光十六年（1836）	谱单	康熙二十六年（1687）始迁祖傅雅粘率3子由京来岫岩驻防，落居红旗营子卧梨树沟	世系；简短序
14	汪氏宗族谱书	民国三十二年（1943）	谱书	康熙二十六年（1687）由京来岫岩驻防，初居城南蓝旗营，其后再二迁到哨子河西蓝旗营定居	族谱原序，汪氏蓝旗祖茔祭田沿革，志逢荣祖重修三道河支系族谱，重刊谱书纪念诗，重刊序，续编自序，例言，世系

序号	谱名	修谱时间	形制	始迁岫岩落居地	目录
15	白氏源流族谱	民国十一年（1922）	谱书	康熙二十六年（1687）由京来岫岩驻防，落居哨子河白家堡	白氏源流族谱图纂字序；祭祖上规矩；祭天地规矩；各项化（花）费列左；文秀公子子孙孙图谱2册；凌云堂白氏事宜录1册
16	夷穆查氏（杨）族谱	光绪十年（1884）	谱书	康熙十七年（1678）由京来岫岩驻防，落居唐古山城（今娘娘城山城）	序4篇；三世祖黑色碑文；世系
17	吴氏（乌扎拉）宗谱	光绪十七年（1891）	谱书	康熙二十六年（1678）由京拨凤城白旗吴家村驻防，其中支系迁来岫岩黄花甸、关门山	序1篇；世系
18	吴氏（乌苏氏）宗谱	民国十二年（1923）	谱书	康熙二十六年（1687）由京拨盛京再拨凤城，其中支系迁来岫岩朝阳淳（今朝阳镇）	序1篇；世系
19	索绰罗氏族宗谱	民国十八年（1929）	谱书	康熙三年（1664）由京岫岩驻防，落居哨子河曹家堡子	原序、序、始祖索绰罗氏、安祖、安祖宗方位章程、祭祀应用的器具、一年四大季上坟祭祀、春节礼仪、清国满洲根原（源）、斩衰三年和世系
20	洪氏谱书	民国二十五年（1936）	谱书	康熙二十六年（1687）由京拨岫岩驻防，落居洪家堡子	洪氏谱书题词，洪氏谱书序，先人典型，范字，洪氏谱书目录，洪氏世系册，洪氏宗和堂坟山祭田规条，规则

序号	谱名	修谱时间	形制	始迁岫岩落居地	目录
21	萨嘛喇氏族谱	民国十三年（1924）	谱书	康熙二十六年（1687）拨至凤凰城驻防，其中有支脉落居岫岩洋河蔡家堡子	谱序2篇，请名人作序2篇，例言，世系
22	齐族祖书谱册	顺治三年（1646）	谱书	康熙二十四年（1685）由京拨来凤城、岫岩驻防，进入岫岩支系落居鸭尔河（今雅河）	序言，排辈字，世系
23	满氏谱书	民国三十一年（1942）	谱书	乾隆末年第五世祖朱成厄成进入岫岩，落户大满家堡子	祭文，例言，论终年，排行辈一百字，世系表
24	田佳氏（田姓）族谱	民国二年（1913）	谱书	康熙二十六年（1687）由京拨岫岩驻防，落居杨家堡娘娘城	序言1篇，字辈谱，世系表
25	王氏谱书	民国十六年（1927）	谱书		
26	张氏（治良匡氏）族谱	咸丰九年（1859）续修	谱书	乾隆六年（1741）十三世祖伯尔格由京来任岫岩防御，落居于岫岩镇、雅河等地	大宁张氏事业录；张氏事业录续纪弁言
27	刘氏谱书	民国十九年（1930）续修	谱书	康熙二十六年（1687）随在京清军拨岫岩，报领旗地于哨子河、岭沟、红旗营子等地	光绪十一年（1885）、宣统二年（1910）、民国十九年立、续谱序言，世系
28	王氏宗族统谱	光绪二十一年（1895）	谱书	山东籍，顺治年始迁祖进入凤城，雍正四年（1726）第三世共3支进入岫岩报领红册地，落居尖山窑（今大营子王家村）、夹马岭（今朝阳王家堡子）、石庙子兴旺村	第一卷；第二卷；例言，世系

序号	谱名	修谱时间	形制	始迁岫岩落居地	目录
29	高氏宗族阴谱阳册	民国十六年（1927）、三十三年（1944）两次续修	谱书	山东籍，顺治年始迁祖进入铁岭、凤城、岫岩垦荒，岫岩者落居凤城西七甬碑（现岫岩三家镇高家堡）	重增阴阳册序；山字下排：二十四行（排辈字）；高氏宗支迁居说明；高氏宗族迁居说明；高氏宗谱序；世系
30	刘氏宗谱	咸丰五年（1855）始修至十年（1860）完成	谱书	清初驻防盛京，后移驻辽阳。康熙二十二年（1683）二世祖七兄弟分别编入盛京正红、镶白、镶蓝三汉军旗。三世分属正红旗刘氏支系进入岫岩，落居三家子镇刘家隈子	宗谱序（咸丰五年）；有祥自序；宗谱序（咸丰十年）；刘氏宗谱祖册；宗谱先茔碑志

注：此表参考高明东、李文通主编《岫岩满族家谱选编》及张其卓的《岫岩满族前世传奇》编录。

　　总之，岫岩满族家谱具有浓郁的民族特点，是不可多得的珍贵历史文化遗产，值得挖掘整理和抢救。

下 编

样子岭村专题调查

第六章　村落概况

第一节　基本概况

　　样子岭村隶属于鞍山市岫岩满族自治县洋河镇，镇东部和东南部与丹东东港市黑沟满族自治乡的孤山镇和新农镇接壤，西南部与大连庄河市的鞍子山镇和塔岭镇以山脊为界，西部与本县的杨家堡镇毗邻，北部与本县的岭沟乡相连，洋河镇是岫岩满族自治县与邻市的边界镇。样子岭村距离洋河镇镇政府所在地10公里，距离岫岩满族自治县县城45公里。该村靠近丹锡高速公路沿线，距离丹东东港市孤山镇的大孤山高铁站30公里，距离丹东港100公里、庄河港90公里、大连港260公里，距离黄海40公里。正是因为这样重要的地理位置和行政隶属关系，使样子岭村成为清王朝时驻守边界江城（今吉林省吉林市）的重要驻地。样子岭村是洋河镇的边界村，群山环绕、青峰叠翠，四季分明、气候温润，历史悠久、清风清韵，民风淳朴、热情好客，交通便利，四通八达。正是因为有着如此的地理优势，样子岭村那家堡至今还保留着当年那姓武官使用过的上马石和下马石，因为它见证着那姓武官誓死保卫江城的耿耿忠心，见证着今日辽东一个普通山村当年曾有过的"武官下马、文官下轿"来跪拜康熙皇帝亲赐大牌匾的辉煌景象，而这一切都是今日样子岭村的那姓老人们乐于向来访者津津乐道地讲述的话题。

第二节　村名来历

　　样子岭村的村名来历众说纷纭，目前大致流传有两种说法：其一，"洋岭"石多岭陡，从空中看就像"牛样子"。牛是样子岭村村民农耕生活所役使的主要牲畜，他们经常用牛犁地，赶着牛车拉东西运输粮食等，他们对牛有着特殊的感情，"牛"也是他们祖祖辈辈勤劳精神的象征，所以村民就把这个岭叫作

"样子岭"，也就把这个村叫作"样子岭村"。其二，有研究满族文化历史的学者认为"样子岭"这个词是从满语演变而来的，随着时间的推移和满语的消失、汉语音译的转变，"样子岭"这一村名的本来意思已经无从考证。在以上两种说法中，大多数村民带有情感性地认可第二种说法。

第三节　建制沿革

今天的样子岭地界行政建制在历史上曾随岫岩地区先后隶属过战国、秦代和三国时期的辽东郡，唐代的建安州督护府和安市州，辽代的曷苏馆路，金代的东京路，明代的盖州卫。清顺治元年（1644），设立岫岩城守官一职位并置满、汉章京各一员。康熙二十六年（1687）岫岩城守官改称城守尉，管理岫岩八旗诸项事务，隶属于盛京将军熊岳副都统康熙三十二年（1693），蒙古巴尔虎进驻，也属岫岩城守尉管理；境内民人（汉人）事务归盖平县（今盖州市）管理。乾隆三十七年（1772），设置岫岩厅，隶属于奉天（今沈阳）府，并将熊岳理事通判移驻岫岩城，管理民人事务。道光六年（1826），将岫岩理事通判改为岫岩凤凰城海防通判。光绪二年（1876），凤凰城升为凤凰厅，岫岩厅降为岫岩州，隶属于凤凰厅，洋河境地归由岫岩州洪家堡子首村统领。在将近两千年的漫长历史上，样子岭地界一直是不同朝代中央王朝设立的政区辖地，从未单独设治。

民国二年（1913），岫岩州改为岫岩县，归奉天省东边道管辖，行政区划不变。民国十二年（1923）县内设8个区114个村，洋河境地归第四区管辖。民国十八年（1929），奉天省改称辽宁省并裁撤东边道，岫岩县归辽宁省直接管辖。民国二十年（1931），九一八事变后，岫岩于翌年底沦陷，日伪在岫岩成立伪岫岩县公署。民国二十六年（1937）岫岩县划分1街15村，样子岭隶属于小洋河子村。民国三十四年（1945）9月，八路军先遣队解放岫岩；10月成立民主政权岫岩县政府，属安东省管辖；12月建立区、村政权，全县划为11个区，样子岭（时称张家堡）隶属小洋河区（第五区）。1946年，国民党军占据岫岩后，成立国民党领导的岫岩县政府。1947年6月，东北民主联军（东北人民解放军前身）收复岫岩，中国共产党领导的岫岩县政府重新恢复，归属辽南行政公署第一专区（专署机关驻岫岩）。翌年划归辽宁省一专区，同年12月改为直属辽宁省。1949年，划归安东（今丹东）省，后辽宁省与安东省合并为辽东省，岫岩改归辽东省管辖，划分19个区，样子岭（时称张家堡）隶属于洋河区。

1949年中华人民共和国成立以后，在省、市行政隶属关系上，样子岭随岫岩先后所经历的行政建制为：1949年10月1日归辽东省管辖；1954年7月23日，辽东、辽西两省合并为辽宁省，岫岩县为辽宁省直辖县；1956年3月1日，洋河并区划乡，有4个小乡，样子岭乡就是其中的一个，包括张家堡村（现样子岭村）和付家堡村（现南唐家堡村）。1958年3月岫岩县归丹东市管辖，洋河区改为洋河乡，样子岭乡撤销，样子岭村隶属于洋河乡；1985年1月17日岫岩满族自治县成立，样子岭村隶属于岫岩满族自治县；1992年1月岫岩满族自治县由丹东市划归鞍山市管辖，样子岭村从此隶属于鞍山市；2011年，鞍山市在洋河镇域内筹建辽宁省大洋河临港产业区，2012年获批，样子岭村随洋河镇归其管辖；2019年，大洋河临港产业区管委会搬迁到岫岩县农高区，与岫岩农高区、工业园区合并，洋河镇从产业区划出，样子岭村随洋河镇重归岫岩满族自治县管辖，至今未变。

样子岭在岫岩县境内行政区划上所经历的变动为：1949年始至1956年，全县实行区建制，样子岭属于洋河区；1956年3月到1958年3月，样子岭乡隶属于洋河区，在地理区划上，此时样子岭乡包括张家堡村（现样子岭村）和付家堡村。1958年3—8月，样子岭作业区属于洋河乡，所辖区域经两度变更后恢复到从前；1958年9月至1983年7月样子岭生产大队属于洋河人民公社，1983年8月至1985年1月样子岭村属于洋河乡，1985年1月至今样子岭村属于洋河镇。样子岭村为岫岩满族自治县洋河镇管辖下的样子岭村民委员会。

第四节　民族迁徙

样子岭村所处的地理位置自古以来就是中原与北方、汉族与少数民族的交融汇集之地，因此，民族迁徙与历史变迁紧密联系在一起。

从样子岭建制沿革可以看出，样子岭故地在历史上曾经隶属过不同民族建立的不同政权。朝代更迭、历经变迁，早在辽、金时代，靺鞨人和女真人就曾两次进入岫岩。始自辽代（契丹）天显元年（926），原渤海国东京龙原府管辖的穆州堡和军会农县（原址在今吉林省珲春市干沟子山城）的一部分靺鞨人（满族先世）迁到岫岩东南的洋河附近居住，在岫岩南隅置穆州会农县，仍用原建置和地名称谓，隶属于东京道。

清实录对锡伯早在建州女真努尔哈赤兴起时即有记载，曾于明万历二十一年（1593）锡伯参与叶赫、哈达、乌拉等9个部落对努尔哈赤进攻，被打败。康熙年间将锡伯部从蒙古部队"赎买"，编入满洲八旗。从康熙到乾隆年间，清朝对锡伯实行了3次大迁徙。第一次迁徙是在康熙三十六年（1697）至三十八年（1699）期间，计有7823名官兵连同家属，分3批南迁到盛京（今沈阳）、开原、铁岭、岫岩等地驻防。其中康熙三十八年，在锡伯人岫岩镶蓝旗庆善悟锦佐领下，那姓官兵随同其他人一起被拨驻防岫岩。据说那姓一共来了兄弟四人，长兄（那巴三泰的父亲）留在那家堡，三个弟弟认为那家堡地方小，不够他们兄弟四人繁衍生息，所以他们另辟安家地点，老二选定岭沟乡大缩脖沟，老三、老四去了凤城蓝旗乡立新村。后来长兄生有三个儿子，那巴三泰和他的两个弟弟，那巴三泰的二兄弟据传说后来又被征派到新疆，所以那巴三泰和他的小兄弟的茔地都在村里，那巴三泰的茔地在"北坟茔"（山嘴组），而且有墓碑（目前那姓最早的墓碑），他的小兄弟的茔地在那家堡姚岭后沟。那姓满族从此在样子岭村繁衍生息至今，成为样子岭村及洋河镇那姓满族的祖先。

第五节 人口与民族

样子岭村的家族结构是以那姓家族为核心演变而来的。自从那巴三泰的父亲于清朝初期在样子岭村定居开始，直到清朝中后期，样子岭村除少数与那姓姑娘结婚的外姓人或因某种原因而迁居样子岭的外地人外，基本上都是那氏一姓居住。清朝中后期，由于闯关东和从山东逃荒来村求生存，此时进入样子岭村的非那姓在旗满族主要有赵姓、关姓、汪姓、白姓，在民汉族主要有赵姓、曲姓、杨姓、任姓、李姓、兰姓、王姓、夏姓、于姓、孔姓等姓氏。以上两次变迁使样子岭村的家族结构发生了巨大变化，由单一那姓变为多姓；由基本是单一满族变成了满汉皆有。引起这两次变动的原因主要是社会政治原因，也有自然迁移或其他原因所致。

中华人民共和国成立后，样子岭村人口出现几次起伏情况。1949年至1952年人口以再生产的惯性缓慢地发展，4年间增加30人。1952年按照省政府指示移往黑龙江省桦南县10人。1953年至1958年，样子岭村人口增长出现第一个高峰，1958年底全村人口为1310人。1959年至1961年，全村人口每年平均减少10人，出生人数减少，死亡人数增加，外流人口增多，迁出约110

人。1962年至1970年，人口增长出现第二个高峰，出生人数增多，死亡人数减少。1965年至1970年5年增加200人，但同时迁往黑龙江的约有90人。1971年至1977年，国家控制人口增长速度，出生人数下降，死亡人数也有所下降，在此期间仍有人口外流。1979年以来，国家提倡"晚婚、晚育"，"少生、优生"，村里进一步加强对计划生育工作的领导，1982年全村约有2010人，是村史上人数最多的时期，其中，大学毕业4人，大学肄业或在校学生1人，高中毕业59人，初中毕业533人，小学毕业1026人，其余为文盲、半文盲。1985年岫岩满族自治县成立后，落实民族政策，一部分因历史原因改变族属的满族人又恢复了满族；一部分满汉通婚者的子女，则根据有关政策随其父母一方改属满族；一部分清代八旗汉军的后代亦多报属满族，村内满族人口大增。

根据2000年第五次人口普查，全村共有423户，1875人，男性971人，女性904人，分别占51.79%和48.21%。洋河镇共有人口17625人，4626户，村里的人数和户数分别占10.64%和9.14%。全村有9个民族，其中汉族189人，满族1674人，占全村总人口比例89.28%，还有蒙古族、回族、朝鲜族、锡伯族等。根据2020年第七次人口普查，全村共有468户，人口1518人，男性770人，占50.72%，女性748人，占49.28%。九个居民组的户数和人数分别为，曲塘坊80户，261人；那家堡47户，152人；大东沟30户，88人；山嘴组36户，122人；长岗组38户，114人；张家堡58户，193人；任家堡70户，215人；窝棚沟37户，116人；松树嘴72户，257人。由于人口迁入迁出变动，全村少数民族人口也有变化，满族占全村总人口比例上升到92%。

从2003年到2020年样子岭村人口数量情况和自然变化情况见下表。

样子岭村2003—2020年人口数量和变化情况表

年份	总人数	男性	女性	出生人数	死亡人数
2003	1650	846	804	18	8
2005	1704	885	819	16	10
2008	1707	878	829	14	11
2010	1671	847	824	10	25
2013	1634	828	806	10	12
2015	1600	811	789	7	17
2018	1571	790	781	10	8
2020	1518	770	748	6	27

第六节　传统经济结构

样子岭村是一个以农业为主的村落，随着经济的发展，经济结构从单一的传统农业向多元化的经济模式转变。

一、农业

1.农作物耕种变化情况

样子岭村择年农作物播种情况表　　　　　　　　单位：亩

年份 \ 农作物	玉米	高粱	大豆	谷子	花生	水稻	烟草	地瓜	土豆	蔬菜	其他	合计
1949	950	120	610	50				105	40	115	110	2100
1958	1320	290	680	115		115		135	82	155	108	3000
1961	1340	130	810	65		165	120	145	75	110	80	3040
1966	1550	110	550	70	100	240	130	160	50	70	20	3050
1980	1760	105	560	80	450	100	110	170	75	85	55	3550
1983	1940	75	640	69	520		85	110	55	45	11	3550
1999	1740	63	1180	83	1050			180	61	80	33	4470
2005	1520	52	850	75	1350			240	75	70	38	4270
2010	1310	45	780	55	1910			170	83	72	45	4470
2015	1250	20	850	35	2220			260	97	85	43	4860
2020	1100	10	750	20	2800			295	150	215	88	5428

样子岭村的农作物栽种结构是一个从变化到基本稳定的过程，从表中可以看出，一些农作物经过试种而被淘汰不再栽种，如水稻、烟草；部分作物虽然没有大面积种植，但村民视个人情况种植小部分供自己食用，如谷子、高粱等。现稳定栽种的农作物主要是：玉米、大豆、花生、土豆、地瓜以及各种食

用蔬菜。

从播种面积来看，尽管一些农作物多年来一直稳定播种，但播种面积变化很大，如大豆1961年栽种810亩，1980年减少至560亩，1999年猛增至1180亩，2005年又减少到850亩，2020年又跌至750亩。近几年来部分作物的栽种面积逐渐增加，以花生为例，1999年栽种1050亩，2005年栽种1350亩，2010年栽种1910亩，2015年栽种2220亩，2020年栽种2800亩，呈现逐年增加的趋势。与此同时，高粱、谷子的种植则逐年减少。

蔬菜一直是样子岭村稳定种植的农作物之一，由于离市场太远，种植的蔬菜大部分用于村民自家消费，所以蔬菜的种植面积相对较小，一般不利用耕地，只在自家房前屋后的菜园种植。大部分蔬菜在四五月份开始栽种，为了冬天储备和腌制酸菜，大白菜到秋天才开始栽种。现在冬季，村民除了食用土豆、白菜、萝卜、地瓜和酸菜之外，还可以上网购买自己需要的蔬菜。样子岭村种植的蔬菜种类主要是青椒、黄瓜、西红柿、豇豆、芸豆、茄子、韭菜、芹菜、大白菜、萝卜、胡萝卜、南瓜、土豆、大葱、大蒜等。

2. 生产工具

村民主要使用的传统农具有刨地、刨粪、培土用的板镐、尖镐，挖土、撮土用的尖锹、平锹，除草用的锄头，割地和割柴用的镰刀，除粪用的钢叉，脱谷和碾米均用的簸箕、箩、筛子，打场用的连枷（柞树条子、青杠柳，连根砸下来，细的条子用斧子砍下来，三四个树条子绑在一起，在空中转，粗点的柞树头，用根长的，弄个眼，固定住，用火烤软，编在一起，把尖折到里面，作成长条拍子）等。

还有两种重要的生活工具就是碾子和磨，过去家家有磨，磨盘和磨扇2块，共3件。推水磨，用大眼，用来推汤子、豆腐。推干磨，用小眼，用来推小楂子、推面。碾子由碾盘（比磨盘大）、碾轱辘、碾子挂等组成，用驴来推，碾带皮的东西，如谷子、高粱、糜子、稗子、苞米楂子、荞麦、小麦，都能用上。

二、非传统产业经济

样子岭村是一个以农业为主的传统社会。尽管非传统经济在样子岭村有一定的发展，但发展程度相对而言还比较低。不同时期，根据实际情况和拥有的资源进行开发。

1. 打石板

打石板开始于20世纪60年代，盛行于七八十年代，结束于90年代，先后持续30余年，是集体和个人的一项重要副业，从集体打到单干，大队、小队都有石板厂。任家堡庙沟大山、长岗大岭沟东山、曲塘坊东大山、窝棚沟大石沟、张家堡大岭沟二马山，都出石板矿。

打石板常用工具有10种：手锤；大锤有8磅、10磅、12磅，还有更大的；撬棍（铁棍），撬棍和铁砸用来撬一片片的大石板；铁砸，半尺长，像斧头似的，一面扁扁的，一面顶是圆的底是扁的；錾子（铁錾），带尖儿，打石板用錾子刻字；杠子，木质的，撬特别大的石板需用杠子；爬犁，木质的，像个小车，没有轱辘；边钳，一面带齿；还有铁锹和镢头。

石板矿冬天不能打，季节性的，谷雨以后才能上山打石头，过了秋分后就不能打石头了，因为天气冷了，石头一打就碎；也不好运输。

2. 烤烟叶

烤烟叶是村里各个生产队的副业之一，曲塘坊生产队从20世纪60年代就开始种烟、烤烟，一直到70年代末，之后还有人单干。洋河公社当时有烟站，烟站收完的烤烟直接发到营口卷烟厂。

当时生产队种了50亩地的烟草。等烟叶成熟了，需要打烟叶，就是从烟杆上把烟叶采下来，一棵烟只能打下两个叶。卖烤烟时需要简单包装，用草帘子打包，然后抬到车上的箱子里。烤烟是分等级的，好烟，黄色分三个等级A、B、C，青色分三个等级D、E、F，再差的叫大把子，等级为G，一共7个等级。

3. 放养柞蚕

柞蚕茧是岫岩的传统特产，柞蚕放养面积和产量居全国各县之首，素有"蚕乡"之称。境内柞树丰富，多自然生成。品种有蒙古栎、麻栎、波罗栎、辽东栎等。岫岩放养柞蚕有200多年的历史，清乾隆六年（1741）由山东牟平、莱阳传入。初期规模不大。民国前期，丝绸业兴起，境内茧价大涨，随后放养面积大增。柞蚕收入成为农民的一项重要经济来源，促使农民不断改进养蚕技术，养蚕业也日渐发达。

传统放蚕方式跟现在的方式不太一样，现在蛾在纸上产卵，以前母蛾跟公蛾配对并交配之后，一种专门的草、老百姓叫"拴蛾草"绑住配对后的蛾，挂大树的树枝上，使蛾把卵产在树枝上。

4.药材种植

样子岭村地处辽东山区，有着丰富的野生药材资源，人工种植药材在新中国成立前极少。20世纪50年代有少量农户在房前屋后栽培零星的野生药材，只为日常自用，至60年代初期，岫岩县医药公司组织开展中药材试种，在县内各个乡镇和村落建立了试点，样子岭村就是其中的一个试点。岫岩县医药公司积极地向村民推广种植品种，进行技术培训并收购产品，技术员还亲自下村进行技术指导。样子岭村的药材点设在窝棚沟的大山上，在各方力量的大力支持下，一场轰轰烈烈的药材试种在样子岭村拉开了帷幕。

中药材主要种植于山地，平地种植效果不佳，所以村里就选中窝棚沟生产队南沟的山上作为药材点山，建立了药材厂，主要种植园田参，还有细辛、黄芪、天麻、白芍、五味子等药材，一共种8～10样。药材厂厂长是杨普林，村民任宜珍是技术员兼会计。从1969年到1977年，任宜珍调走后曲悦朋当3年会计，1980年起于年武当会计。1980年人参点的技术员是任家堡的周德全。药材厂一共持续了近20年。

人参点占地20余亩地，其中，园田参种植10余亩地，其他老品种药材也种植10余亩地。县、市医药公司经常来人进行技术指导，并进行收购。价钱还挺高，10多元一斤。园田参分几年生，有4年生、6年生，也分等级。十四五元一斤，4年生就可以卖。样子岭的园田参产量全县最高，有几百斤，当时10多元钱一斤，医药公司统一收购，往那里运送。

药材厂还有养鸡场，养鸡100多只。村民董俊花负责在那里喂鸡。还有养猪厂，养二三十头猪，安排一个专门喂猪的人。还有马车，松树嘴村民董树学、于开东先后在药材厂赶马车。后期还开了酒厂，烧酒，持续了两三年时间。生产队在窝棚沟的山根底下有20多亩地，种苞米，用来喂猪、喂鸡、喂马。

三、家庭饲养业

样子岭村择年家庭饲养发展变化表

名称	年份										
	1949	1956	1966	1978	1983	1993	2000	2005	2010	2015	2020
马/匹	54	31	42	47	210	150	120	97	64	39	25
驴/匹	68	49	33	45	240	170	105	91	42	26	5

名称	年份										
	1949	1956	1966	1978	1983	1993	2000	2005	2010	2015	2020
骡/匹	39	32	43	48	190	145	117	83	51	19	3
猪/头	198	220	310	390	920	1040	1150	1300	1500	1200	990
牛/头	85	64	61	58	180	230	210	205	200	190	180
羊/只	105	210	330	560	890	1200	1050	980	850	750	610
家禽/只	530	650	730	680	2110	2680	3120	3610	4220	4780	5170

样子岭村作为满族的聚居村落，其畜禽饲养有着悠久的历史和传统。样子岭村家庭饲养有一个演变的过程，就传统来说，家庭饲养是农民的副业，但现在逐渐成为部分农民家庭的主要经济来源。这是样子岭村经济结构优化的可喜表现。

样子岭村家庭饲养的牲畜和家禽主要是牛、猪、羊、马、驴、骡及鸡、鸭、鹅。从表中可以看出，从1949年到现在，马、驴、骡的养殖数量很少，变化不大，而牛、猪、羊及家禽的饲养数量相对较大，有发展的趋势，但波动性较大，以羊的养殖为例，1978年为560只，到1983年增加了330只，1993年又增加到1200只，而2000年却降到1050只。从1985—2020年牲畜及家禽出栏情况也反映了同样的状况和趋势。以牛的出栏情况为例，2000年全村出栏219头，而2005年减少到208头，2010年又有所回升，达到215头。

第七节　历史遗存与传承发展

一、王家大院

王家大院位于样子岭村的松树嘴组小砬沟，传说王家是从山东省来村的。王家来村后开店，卖米、面、油，日用品，农业用品，是当时有名的小铺，附近的居民都来买货，甚至岭沟乡山城村的都来，因为这里货全，还不贵。货物都是雇车，从外地运到洋河，再从洋河拉回村来。当时洋河没有小店，土地改革后洋河才有小店。王家大院据当地老人赵景田回忆说："大院的时间很久，有几百年的历史，是松树嘴最古老的房子。主人是做买卖的，一共有哥四个，分别是大掌柜、二掌柜、三掌柜和四掌柜。当时生意特别兴隆。后来听说主人过江走了，大院就卖了，土地改革大院被分了。"

以前的王家大院，正房7间，东、西厢房各5间，门房6间，大门楼中间走大车，两侧各3小间。两侧山墙和房子框架是大石头砌的，房顶是稻草苫的，房角和窗角用的小青砖。原来的房门是木板门，两开，有门插。窗户是木质的，上面是菱形块，下面3垄，中间一块玻璃，四周用毛头纸糊，这种纸比较结实，下雨不碎。屋里有书扬坊。堂屋没有窗户，用来做生意。大门楼地面铺的全是大石条，半米宽。木头大门，风门子也是木制。现在的大院墙框没动，就是翻新了。

二、物质文化与非物质文化历史遗存

1. 历史遗存

样子岭村经过县文化考古局鉴定的历史遗存有三处，分别是：

（1）山嘴付家茔墓群210323-0532X，清代，古墓葬，县级，地址：山嘴村民组付家茔沟口处。

（2）山嘴南地遗址210323-0533X，辽代，古遗址，地址：山嘴村民组南地的耕地内。

（3）样子岭窑址210323-0534F，辽代、明代，古遗址，地址：山嘴村民组砍子沟沟口处。

2. 历史遗存老物件

样子岭村的老物件

赵景明	老宗谱	洋钱	古书	灶老爷模板
那运章	上、下马石	洋灯	蒜杵子	大梁
任开宜	枕头顶	大衫衣服	斗	
李树生	铜嘴烟袋	旧水壶	旧扁担	
曲悦忠	古书			
孔庆云	老钟			
于克忠	老照片			
赵富明	玛瑙烟袋嘴			

续表

杨兴宝	老宗谱（茧绸）			
赵义同	磨盘			
曲世全	石磨	石碾子		

3. 非物质文化遗存

样子岭村的非物质文化遗存

弹三弦	赵世民	王守胜	赵景堂	
拉二胡	赵世民	赵富明	赵玉玺	赵景云
弹琵琶	李洪普			
吹笛子	任开宜	赵玉玺		
书画	班耀林	那润更	赵景明	孔庆连
字画	班耀林	赵富岩	赵景深	赵万明
讲故事	那润更	曲文全	兰香阁	赵景明
捏面	赵义同	毛振风	李淑珍（兰桂凤母亲）	
剪纸	赵淑忱	栾玉芝（那运浩母亲）		
刺绣	赵淑忱	王淑芬（任开宜母亲）	李淑珍（兰桂凤母亲）	
钢笔画	赵义同			
踩高跷	夏广路	高文举	赵景云	李树乙
打鼓	赵景云	赵玉玺	赵景文	
吹喇叭	王尔山（去世）	赵玉玺		
驴影戏	王尔山（去世）			
做纸活	王尔山（去世）			
民间秧歌	宋丽丽	王文荣	仇桂英	赵日华
评剧	李树乙	赵美荣	赵景文	任宜生
葫芦丝	赵玉玺			

4.洋河地区方言

洋河地区发音容易发平音，四声发成一声的现象比较严重，舌头比较硬，"兰"跟"栾"容易混淆，"日"跟"义"也区分费劲，"润"跟"运"不分，也有一些独特的语言习惯和方言表达方法。日常生活中经常运用的方言主要有：

地包，地蛋（土豆）；菜豆，长豆（豇豆）；江布菜，江裙菜，江白菜（海带）；玻璃盖（膝盖）；菜干粮（菜饺子）；穿盖子（做盖帘）；小钵（小碗）；将媳妇（娶媳妇）；唱头戏（唱皮影戏）；狗椒（山花椒）；说瞎话（开玩笑）；息在一个小盆里（装在一个小盆里）；小马扎子（小手扶）；小灰（灶灰）；那边伺候客（那边请客）；赶礼（随礼）；身体都响干（身体都挺干）；你今天歹饭了？（你今天吃饭了？）；客吃得了（客人吃完了）；要下，来点了（要下雨，掉雨点了）；越写越远，没有挡了（越写越远，没完了）；问问玻璃盖（我也不知道）；串钱（语言）；在外间地（堂屋）；饹子（ge，小楂子）；脑瓜子（脑袋）；大经过年（阴历三十过年）；小经过年（阴历二十九过年，没有三十）；你夜哥上哪了？（你昨天去哪了？）；下晚（晚上）；当意（得意）；和你说瞎话（都你玩）；棒子炖肉（揍你）；一穿拢（一撮合）；管大了不乐意（管多了不乐意）；新媳妇乍贤就看头几天（歇后语）；太太（太奶）；我吃得了（我吃完了）；他把人都招呼来了（他把人都叫来了）；你不知道农村的系数（你不知道农村的情况）；二半夜（快到半夜了）；撒银子（给钱）；他拐着猫脚了（他踩到猫脚了）；棺材天（棺材盖子）；封门（贴对子）；长副似的（喧宾夺主）；不带架（不好看）；不查查他们这些事（不说）颠倒别人吧（找别人吧）；你妈狗不给你拿（你妈抠门不给你拿）；步数太多了（步骤太多了）；拉包子（包包子）；重山姐妹（同父异母或者同母异父的姐妹）；讨口气（借吉言）；玛上窝（封上窝）；人情往份（人情往来，随礼钱）；不抗穿（不禁穿）；大顶吧（大概吧）；过河（去世）；粳板子（稻壳）；咱这嘎达（咱这地方）；一步弄两指（走不了多远了，走不动了）；胡子（土匪）；有点絮烦（有点心烦）；板路（柏油马路）；走远大了腿疼（走太远了腿疼）；烦污（讨厌）；乌亮（聪明）。歹饭（吃饭）；守门，守夜，守围（打更）。；影印子（驴皮影）；哈了（倒了）；不能不放声（不能不打招呼）；二乎了（痴呆了）；心口窝（胸口）；毛轰轰的（毛绒绒的）；崩了节的（拔了节的）；岁数小也不怵他们（岁数小也不怕他们）；手脖（手腕）；扯家；拿家　饺子供得了（饺子供完了）；好地板（好地块）；吃完晌（吃完午饭）；挺年头（挺的时间长）；老爷公（妻子对丈夫的爷爷的称呼）；缠粉条（纯炖粉条）；心思（心意）；耍埋汰事（干不讲究的事）；热得一扑噜（滚开）；窗户都溜的缝子（窗户都糊窗户缝）；跑荒了（着了）；土豆瓣（土豆块）；过节（过程）；过场（环节）；车豁子（车夫）；当稍头干（当副业干）；他寻思这人真乌亮（他想这人真聪明）；吹手（喇叭匠）；蒙脸红（红盖头）；来年（过年）；上茔可不是打哈哈的。（上茔得特别注意）；道数（道理）；饺子煮得了（饺子煮好了）；挨板门的两个姓（挨着的两家）；拉扯（厉害）；睡觉穿的鞋（去世穿的鞋）；线投在针眼里（线穿在针眼里）；访听（打听）；卡跟头（摔跟头）；确黄（很黄）；挂亲属的（沾亲的）；有礼道（有礼节）；猪肋巴（猪排骨）；给正钵磕头（给老祖先磕头）；一个人就掠了（一个人就吃了）下黑（晚上）；外场人（外地人）；撒财神（送财神）；闹那个谱（摆谱）；天睁开了眼（天晴了）；码头说（从头说）；单杆子、跑腿子、光棍子（没娶媳妇的人，单身）；有底细（有内奸）；没有经过师（没有拜过老师）；他嫌影乎（他嫌闹腾）；找两个布浪荡练练（找两个布条子练练）；苞米该子，苞米根子，玉米结子（玉米秆儿）；一小逛线（一小球线）；鞋前脸儿（鞋前帮儿）；画规（圆规）；伺候（请客）；丢当着（夯拉着）；有点余鼓（有点剩余）；插伙（搭伙，结伴）；直苗苗地坐着（端坐着）；天冷大了（天很冷）；人不噶实（人不舍得）；揣个孩子回来（怀孕回来）；关乎（关心）；噶噶冷（特别冷）；浮沉色（浅咖色）；年轻的乐意普拉她（年轻的乐意找她）；怪不怪死了（非常奇怪）；烟坑（灶坑）；扯了外套（脱了外套）；气概（大气）；噶实给人歹（舍得给人吃）。

发音错误的有：石头，xi，二声；大河，huo，四声。

5. 民间故事

在洋河地区流传着与罕王努尔哈赤相关的民间传说及其他满族民间故事。

（1）老罕王的故事

那家后人听过很多关于老罕王努尔哈赤的民间传说和故事，那润更还听过"老罕王坐北京心满意足"，他的孙子在沈阳故宫博物院也看过老罕王的故事，回家后还给爷爷讲起。那润更听说过的老罕王的故事主要有《小罕逃难》《无事妈妈》《大青二青》《索罗杆子的来历》《罕王巧计破叶赫》《瓜拉佳格格》《老罕王杀儿》等。那润更给调查组讲了《老罕王与萨其马》的故事。当年努尔哈赤远征时，手下有一名叫"萨其马"的将军，总是携带着妻子给他做的一种蜜制点心，这种点心绵甜柔软，味道又好又顶饿，而且存放很长时间也不容易变质，适合行军打仗的时候带着。老罕王努尔哈赤有一次品尝之后，大加赞赏，号令全军都携带这种食物，并把它称为"萨其马"。后来萨其马逐渐发展成为深受满族人喜爱的食物，在关东大地上盛行。经过后期的改良，现在仍是一种美味的点心，老少皆宜，深受大家喜爱。

（2）乌鸦救主的故事

那润更给调查组讲：传说老罕王努尔哈赤小的时候叫小罕子，出生在大山里，后来他父亲去世了，母亲带他艰难度日。当小罕子七八岁的时候，他的母亲也去世了，他自己没法生活，就四处逃荒。有一天辽东总兵李成梁家招马童，一看这小孩儿长得挺机灵的，就把他留了下来。当时是明朝，朝廷设有观星台。有一天观星官在观天象时，发现天上星象异常，他立刻禀报皇上："大事不好了，又出真龙了。"皇上赶紧问："在哪里？"观星官回："在关东。"皇上一听暴跳如雷，传圣旨立刻派人去抓那个人。接二连三派了好几批人去都没抓着，最后派李成梁去，并给他三天期限，必须把那个人抓住，抓住了加官进爵，抓不住就要他的脑袋。关东这么大，上哪儿去找呢？李成梁犯起了难，就独自在家喝起闷酒来，由于天气太热，他就把鞋袜脱了，郁闷地坐着，这时小罕子进来给老爷倒水，看见他脚上有一颗红痣，就说："老当家的，你脚上有个红痦子。"李成梁说："你懂啥，脚上有红痦子能当官发财。"小罕子又说："你那只脚上咋没有呢？"李成梁说："我那只脚再有我就能当皇上了。"小罕子说："我有，我两只脚都有，我咋没当皇上呢？"李成梁一听心中窃喜，要抓的人竟然在自己家里，还是个小孩儿。为了稳住小罕子，他没再提红痣的事儿，简单聊几句家常就把小罕子打发走了。晚上李成梁跟三姨太说："这回脑袋可算保住了。"三姨太吓了一跳，忙问怎么回事，李成梁就把这件事儿跟三姨太讲了一遍，原来小罕子就是皇上要抓的人，明天就抓了他去问斩，还叮嘱三姨太千万不能说出去，然后他便倒头呼呼大睡。三姨太心地善良，听说这件事儿就睡不着了，她想小罕子这孩子这么小，还懂事，不舍得让他被处死。半夜，她就跑到小罕子的住处，把他叫醒，告诉他明天老爷要抓他去问斩，让他赶紧骑马逃跑。小罕子蹑手蹑脚地来到马圈，牵上他最喜欢的那匹大白马逃走了。此时的三姨太害怕第二天被老爷发现是她告密，就上吊死了。第二天李成梁醒来后，发现小罕子逃走了，三姨太吊死了，猜到是三姨太把小罕子放走了，马上派人去追。小罕子一夜没睡，这时跑到了一片芦苇塘，又困又累，躺在地上就睡着了。后来不知过了多久，李成梁带人追到了这片芦苇塘，这么大的塘子怎么找？他决定放火烧，如果有人的话就用烟把人熏出来，他的手下就开始忙着放火，不一会儿就浓烟滚滚，可仍不见人影儿。这时的小罕子睡得正香，丝毫没有察觉着火了，旁边树上的几只乌鸦着急了，它们发现不远处有个水泡子，就用身体蘸水把小罕子四周的草地都用打湿，不让火烧到小罕子那里。在乌鸦的不断努力下，小罕子周围始终是湿漉漉的。李成梁看见这么大的烟也没有人出来，而且乌鸦还在那里飞来飞去，断定那里没有人，就带兵回去了，就这样小罕子获救了。当他醒来的时候，发现有几只乌鸦趴在他周围，远处的草都烧没了，他明白了一切，原来是乌鸦救了他。

（3）鹿报恩的故事

那润更还给调查组讲了他以前从洋河镇包村干部田岐佳那里听过的一则满族民间故事。从前，有个小伙子叫付安，长得五大三粗，浑身有使不完的劲儿，上马能拉一百二十斤的硬弓，下马能攀上九十九丈高的石砬子。他无父无母，无兄无妹，自己好歹娶了个叫腊梅的姑娘成了家。可结婚不到十天，媳妇突然得了病，浑身骨节痛，而且病情一天比一天严重。付安请来大夫一看，说是患了风寒，只有虎骨泡米酒才能治好。为了给媳妇治病，付安背起弓，挎上箭，进了长白山老林子里去打老虎。

付安跨过七七四十九条河，翻过九九八十一条哈达（山），正要翻过第八十二条哈达时，只听一阵风响，从草丛中窜出一只猛虎，嘴里叼着一只小鹿。付安一见急忙闪在一旁，弯弓搭箭，对准老虎的眼睛就是两箭，只听一声吼叫，老虎栽倒在路旁。付安上前一看，老虎被射死了，小鹿腰部被老虎咬伤，血吧嗒吧嗒地直往下滴。付安急忙将衣衫撕下一条，一边给小鹿包扎一边说：“鹿不害人，我也不害你，我放你走吧！”只见小鹿含着泪水，四条腿跪在地上，冲付安点了点头，这才一步三回头地走了。付安扒了虎皮，带着虎骨，走出长白山，上了大道。此时正值八月天气，晌午热得人发晕，付安也走累了，就来到一棵大树下，铺下虎皮，枕着虎骨合上了眼。正在似睡非睡的时候，就听见耳旁有人说：“有路不登舟，油头不洗头，斗谷三升米，苍蝇保笔头”。连念三遍，付安急忙起来一看，四处无人，本想再睡一会儿，但想到家中生病的腊梅，就匆匆忙忙地上了路，边走边琢磨那四句话，可一点儿也不明白。正走着，遇到一个算命先生，他急忙上前抱拳当胸道：“先生，有路不登舟怎讲？”先生说：“咳，就是有道别坐船呗。”付安心想：前面就是江，坐船早到家一天，不坐船晚到家一天，但晚就晚吧，还是绕道走好，就绕过了江。第二天晚上住店时听人说，昨天那条船开到江中，遇到了风浪，翻在江里，一船人都淹死了。付安一听暗想：要不听那四句话，我也得死在江里，喂鱼鳖啦。

第三天晚上，他回到家里，腊梅急忙烧火做饭，付安躺在炕上就睡了。腊梅见天黑，就去上灯，一不小心把半碗灯油都洒在丈夫的头上，付安被惊醒说道："你怎么毛手毛脚的，怎没油了衣服。"腊梅急忙给付安擦头，又打来了水，叫付安洗头。付安想起梦中的那句话"油头不洗头"，忙说："不洗了"，又闭上眼睛睡了。腊梅暗想，你不洗头俺洗头。她洗完了头，端上了酒菜，叫醒丈夫，吃完晚饭，收拾睡觉。天交半夜，打门外来了一个人，手持钢刀，悄手蹑脚，拨开房门，进了屋内。屋里伸手不见五指，又分不出哪个是男，哪个是女。他鼻子一抽，嗷，炕头这个头上有油味，女的头上抹油，炕梢定是男的了。他把钢刀一举，咔嚓一声，一颗人头滚下地，他扔下刀，跑了出去。

付安惊醒，点灯一看，妻子被人杀死，痛哭不止，急忙到岳父家报丧。他岳父一见女儿被杀，咬定付安酒后杀妻，定是另有所爱，于是，不问青红皂白就把付安扭送到衙门问罪。县官都尔浑不查不问，立即吩咐动刑，打得付安死去活来，忍不住只好招认酒后杀妻。都尔浑一见付安招供，立刻申报上司，几天工夫批文下来，叫都尔浑将付安就地斩首。衙役把付安押到法场，正晌午时斩首示众。到了午时，只听三声炮响，刽子手举起大刀，都尔浑拿起朱砂笔照着付安的名字刚要画杠，只见一群苍蝇抱住笔头，都尔浑一见心想，莫不是付安有冤情？把笔一甩，苍蝇吓散，刚想要画，苍蝇又忽地一下抱住笔头。多次想画杠，也画不上。都尔浑无奈，只好把付安押回衙门重新审问。县官都尔浑严厉地说："付安，腊梅是不是你杀的？"付安说："小人妻子真不是小人所杀，望青天大老爷明查，为小民伸冤。"县官又说："你把你外出打猎回家的经过，再详细讲一遍。"付安这才把怎样打虎救鹿，梦中听到的诗句讲了一遍。县官都尔浑一听，说："你没坐船捡条人命；油头不洗头又捡条人命。看来是有人想杀死你，霸占你的老婆，黑夜看不准，闻你头上有油味，拿你当腊梅，拿腊梅当你了。你知道谁和你老婆走得近？""小人结婚半月就进山打虎去了，上哪儿知道。"县官又细一想，"斗谷三升米，一斗谷只有三升米，剩的就是七升糠"，他想到这说："付安，你们村里可有叫七升糠的？"付安说："老爷，没有七升糠，可有个叫康七升的。"都尔浑一听，就下令捉拿康七升。拿来康七升一问，康七升先是不招，在一顿棍棒之下招了供。原来，腊梅跟付安结婚后，还继续勾搭，康七升为了长期霸占腊梅，就让腊梅假装有病，又买通大夫，叫付安进山打虎，希望他死于虎口，万万没有想到付安打虎平安归来。康七升一见，又起杀机，这才把腊梅当成付安给杀了。康七升画了供，被判死刑，付安无罪释放，赏银百两治伤养病。

付安一个人闷闷不乐地回到了家，推门一看，屋里坐了个眉清目秀，身段苗条的大姑娘，桌上放着热气腾腾的饭菜。付安一见，忙说道："你是谁家的姑娘，为何跑到我这里来？"那姑娘微微一笑说道："你怎能不认识我呢，我就是你救的那只梅花鹿，我回家告诉了我妈，我妈是得道千年的梅花仙姑，那天我背母下山闲玩儿，被老虎捉去，多亏你打虎救我，还为我包扎了伤口。我妈说：'你救我一死，她救你三死。'你做梦听见的那四句话，都是我妈说的。为了更好地报答你，我和我妈商量妥了，下山和你结为夫妻，白头到老。"付安一听又惊又喜，于是，二人拿棍当香，树叶当纸，冲着北方，叩了三个响头，结为夫妻。

第八节　家规礼仪

敬老爱幼孝敬长辈，人之伦常不可违也；兄弟姐妹同气一本，手足之情不可忘也；真诚对友热情待客，为人之道不可悖也。对待老人要孝敬，尊敬长辈和老师，见面问好打招呼。不欺负别人，不拿别人家的东西，不说谎，不懒惰，吃饭的时候不能说话，舀汤的时候不能滴到桌子上。教育孩子讲礼貌，不能乱花钱。告诉小孩子出去别打架，别闯祸。邻居要搞好关系，办事不要欺负人。

第九节　家族组织

亲属之间的称呼常见的有：妈、爹、爷爷、奶奶、姥、姥爷、大爷、大娘、叔叔、婶子、舅舅、舅妈、大姨、姨夫、侄子、侄女、外甥女、外甥，等等。

在大家族中，对家长的称呼是"当家的"。大家族当家说了算，那时当家也不是现在这样有事商量，开板定案，吐唾沫就是钉，就得照办。大家族没有一个统一指挥的不行，容易乱。老大，自然为大，还有能力，支撑家业，当然选他当家。不是公选的，从传统上就是这样。谁老大谁当家。家族中收入的钱都放在当家的手里，归当家奶奶管，安排使用。家族中如果有大事情都是当家的说了算。如果遇到红白事情，从伙中出钱随礼，当家的去。做饭由当家奶奶安排，轮着做。

婚姻多数都是亲戚和街坊邻居给介绍的。村中大户相互之间通婚。

第十节　房屋建筑

过去房屋的墙不是石头砌的，是坏砌的，都是草房，菁阳草苫的房顶，瓦房是2000年左右才出现的。过去都是南炕，现在一般都弄北炕。过去用南炕有科学的道理，南炕着光，盖正房，暖和。大东沟赵家都住的是南炕，暖和，多数都是连二炕，而且他们的炕都是用石板铺的，里面两个炕洞，中间盘上花墙，用黄泥抹上。因为村里和镇里都盛产石板，而且石板的质量非常好，用这种石板铺炕既暖和，又便宜，还方便。落地烟囱，距离房子1米多远。

炕头都是老爷子住，老太太住炕梢，或孩子住炕梢。没结婚的儿子女儿都住一块，都住大炕，从炕头起是爸，儿子，妈，女儿。老人的炕不让人坐，以前有的人家有些规矩，行李随便躺靠是不行的，寡妇、未婚的都不能坐，现在没有那些规矩了。

上梁是建筑房屋时的重要仪式。上梁上的就是脊檩，5间房中间是脊檩，2间房正房的是脊檩，4间房堂屋的是脊檩。上梁的过程：先在房子地基的四个角放上用盆装的鱼，意味着"年年有余"，屋里的地上点一对蜡，烧一炷香，在外面放上鞭炮。脊檩用绳子拴着，拉上去，上面已经留好槽了，把脊檩钉里面就可以了。斗里装上小馒头、大馒头、糖块和赏钱也用绳子拉上去，大馒头和赏钱给木匠。这时候木匠在上面念喜歌，念完喜歌撒小馒头和糖块。上完梁钉上瓦条子，然后虑瓦。

第七章 村落各姓氏调查

第一节 满族那氏

样子岭村那氏在清朝时期是样子岭村的第一大姓氏，人口繁衍迅速，人丁兴旺，从清朝初年的一辈 1 人，到清朝末年历经八代，发展到了一辈 27 人。从民国初年到现如今，历经一个世纪，随着外姓人口的不断涌入，那姓人口部分迁出，那姓人口所占比例逐年下降。在清朝中期、民国时期、20 世纪 50—70 年代等时期那氏家族人口外流现象十分严重，基本都是举家外迁，甚至是兄弟数人连支搬走，所以那家有不少子孙后代生活在他乡，据说清朝中期有一支被派往新疆驻防，后期还有两支搬到黑龙江省。一直居住在那家堡的那家后人那运浩告诉我们调查组说："最近 3 年先后有 3 批人来我们那家堡认亲，都说当年是从那家堡搬出去的，由于缺少文字记载也都没有核对上，后来就不了了之了。"根据 2020 年第七次人口普查统计：那家堡那姓人口有 25 户 86 人，那家堡组总人口有 47 户 152 人，分别占 53.19% 和 56.58%。曲塘坊组那姓人口有 3 户 10 人，山嘴组那姓人口有 3 户 9 人，就整个样子岭村人口来看，全村共有 9 个居民组，共计 468 户 1518 人，其中那姓人口分别占 11.34% 和 11.26%。后来村里还搬进来了赵姓满族、关姓满族、汪姓满族、张姓满族、赵姓满族、白姓满族、陈姓满族等在旗人家，尤其是 1985 年岫岩满族自治县成立，村内满族大增，根据 2020 年第七次人口普查统计，现在村中的满族人口占全村总人口的 92%，由此可见，样子岭村至今仍然是东北境内较大的满族聚居村落。

一、家族来源及人口繁衍

（一）家族来源

那家后人那润更告诉我们："我们祖上是镶蓝旗，老祖先那巴三泰的墓碑上有汉文和满文两种文字，我以前觉得会有用就把它拓下来了，但是现在找不到了。"那家后人那运章告诉调查组："我们那家是叶赫那拉的后代，所以姓那，努尔哈赤是老祖先，我听我爷爷说的，我们祖先是从长白山四道沟来的，哥俩，老大是正黄旗，现在在哪儿不知道，老二是镶蓝旗，在村里，就是那巴三泰，就是我们的祖先。"根据史书记载，那氏官兵于康熙三十八年（1699），在锡伯人岫岩镶蓝旗庆善悟锦佐领下，随同其他官兵一起被拨驻防岫岩。那润更告诉调查组："听老人传说那家来岫岩兄弟四人，老大那巴三泰的父亲留在了洋河镇样子岭村的那家堡，三个弟弟认为那家堡将来不够他们四人生存发展，所以没有跟哥哥定居在那家堡而是另辟安家地点，老二选定距离那家堡不远的岭沟乡大缩脖沟，老三、老四去了现在的凤城市蓝旗乡立新村。"本书仅讲述留在那家堡的长兄家族的繁衍发展情况。那巴三泰的父亲后来生有3个儿子，那巴三泰和他的2个兄弟，一直居住在那家堡的那家后人那景田告诉调查组："听老人传说那巴三泰的一个弟弟被清廷派往新疆驻防，我家是那巴三泰的小兄弟的后代。"所以村里就剩下那巴三泰和他的小兄弟两人生活在那家堡，他们的茔地都在村里，先祖那巴三泰的茔地在"北坟茔"，具体位置在那家堡组旁边的山嘴组，在村民陈福和家的房后，而且有墓碑，这是目前那姓最早的一个墓碑；那巴三泰小兄弟的茔地在那家堡组姚岭后沟，那景田知道具体位置。那氏满族从此在样子岭村繁衍生息至今，一共有320多年的历史，成为样子岭村及洋河镇那姓满族的祖先，从此揭开了样子岭村历史新的一页。

那家祖茔里的那巴三泰墓碑、石供桌面

据说那巴三泰的父亲刚来到样子岭村的时候，一片荒芜，他们跑马占荒，所到之处，伐木为证，所以在那家堡四周占了不少地和山，包括现在的曲塘坊、大东沟、山嘴，等等，岫岩县西北、海城、庄河、黑龙江省也占了不少土地。那氏家族有做生意的天赋，那家后人都传说那运浩的曾祖父那多三和上辈在孤山镇和海城市都有土地，也都有生意。过去到孤山和海城，一般人都是步行过去，而那家却是骑着大马去，所以那家现在还保存有当年的上马石和下马石。一直居住在那家堡的那运章告诉调查组："当时我们老那家有车，也有马，有上马石、下马石，过去的马儿都高，如果不站在那块石头上够不着马儿，还有人专门负责牵牲口、喂牲口。当时我们老那家的地盘很大，都是老辈经营的这些土地和生意。"到了下一辈，那运章的祖父那举善在家排行第一，那家的生活就日渐衰败，那运章回忆说："我爷（那举善）大眼镜一戴，一天到晚上就看大书，还要钱，不干正业，都让他给败光了。"这恰恰体现了"祸兮福所倚，福兮祸所伏"。

那氏是历史比较悠久的满族姓氏，家族显赫，清朝时期出现数位文官，还有一位武官。传说那位武官叫那永保，在皇宫当差，一人能打一百人，专门保护康熙皇帝的，他的家当时就在那家堡，康熙皇帝赐给他一把宝刀，据说那把宝刀重82斤，那运章的父亲13岁的时候还玩过。那运章告诉调查组："那位武官当时是保护康熙皇帝的，皇上还赐给他一把月牙刀，我父亲（那致和）和那运浩的父亲（那致福）小时候都玩过，是那种骑马使的大刀，类似张飞拿的大刀，刀杆子好几尺长，杆不是一般的杆，是什么木的，特别粗，刀砍上去都不折。后来让胡子给抢走了。""我家还有一个匾，准确地说是两块匾，上面写的字是'宁干将成'，一块写两个字，下面是康熙皇帝的印，金末做的，匾是红松木做的。匾后来被砍了，当时我十二三岁，我看见了。"据说那块牌匾的木质相当好，特别厚，由2块组成，匾上有四个字，一块上面写有两个字，具体什么字现在还考察不准。那家后人那运更回忆说："当时有那么一句话，'武官下马，文官下轿'，无论哪个官员走到这里（那家堡那家门口）都得下来参拜。"他又略带悲伤地告诉调查组："那位武官那永保会功夫（武功），据说死在辽阳市辽阳县的小北河镇，传说要去沈阳考试，半路上喝酒时被人给药死了，没有归葬北坟茔。"从此以后，康熙皇帝痛失一位英勇善战的爱将，那家痛失一位光宗耀祖的子孙。

（二）人口繁衍

那氏家族截至2022年8月在样子岭村那家堡组、曲塘坊组和山嘴组一共居住了13代，根据仅存的文字资料和口传内容梳理如下：

　　那氏家族第一代是那巴三泰的父亲，他带着使命，领着家眷，来到了岫岩县洋河镇样子岭村那家堡，拉开了那氏家族在岫岩戍边、生产、生活的序幕，那氏家族从此以后就开始了崭新的农村生活。

　　那氏家族第二代是那巴三泰和他的小兄弟，共两人，那巴三泰的夫人是敖氏和何氏，他们逐渐适应了农村生活，学会了耕种田地，学会了放养柞蚕，学会了在农村的生存本领，工作和生活都安排得井井有条。

　　那氏家族第三代是那巴三泰的两个儿子那全德和那德亮，以及那巴三泰小兄弟的儿子，共三人，其中，那全德的夫人是沈氏，此时也严格执行旗民不通婚的原则，可见，沈姓也是当时辽宁地区的满族大姓氏之一。

　　那氏家族第四代是西支那全德的四个孩子，那文方、那文禄、那文奎和那文玉，东支那德亮的儿子，以及那巴三泰小兄弟的孙子，共六人，其中，那文方的夫人是吴氏，此时仍然严格执行旗民不通婚的原则，可见，吴氏也是辽宁地区满族的大姓氏之一。

　　那氏家族第五代是西支的那宽、那盛、那祥、那江、那玉、那河、那财，东支的那永保，（后改的名字，以前应该两字，1654—1722）以及那巴三泰小兄弟支派的后人那宏，共九人，其中，那宽的夫人是关氏，关姓满族姓瓜尔佳也是辽宁地区的满族七大姓氏之一。从这代起，那氏家族繁衍、发展、壮大速度迅猛，人口数量急剧增多，出现了光宗耀祖的保卫康熙皇帝的武官那永保，那氏家族开始重振雄风，但是也在这个时候，那氏家族的生存空间显得有限了，那氏人口开始发生了外迁，根据那氏后人那润更回忆说："先主那江和那玉后来搬到了黑龙江省哈尔滨市双城堡，那河和那财搬到了吉林省集安市榆树镇，从此以后与他们及其后人就失去了联系。"这是历史上那氏家族人口锐减的第一次，减少了将近一半。

　　那氏家族第六代是"泰"字辈，包括西支的那泰和、那泰平、那泰清、那泰义、那泰运、那泰原，东支的那泰升，以及巴三泰小兄弟支派的后人那泰成，共八人，其中，那泰和的夫人是温氏，那泰平的夫人是关氏，可见，温姓也是辽宁地区的满族大姓。

　　那氏家族第七代是"多"字辈，包括西支的那多锡、那多林、那多贵、那多荣、那多志、那多勤、那多俭和东支的那多三，以及那巴三泰小兄弟支派的后人那多祥和那多富，共十人，那氏家族人口再次剧增。不过，西支那泰义的后代查不到信息。其中，那多锡的夫人是关氏和付氏，那多林的夫人是关氏，此时仍然实行满汉不通婚的原则，所以付姓也是辽宁地区满族的主要姓氏。

　　那氏家族第八代是"举"字辈，包括西支的那举贤、那举才、那举德、那举忱、那举仁、那举恒、那举奎、那举顺、那举春（女）、那举英（女）、那举青（女）、那举琴（女）、那举福、那举生、那举成、那举胜、那举彬、那举娥（女）、那举民、那举香（女）、那举花（女）、那举珍（女）、那举兰（女）、那举成（同名），东支的那举善、那举恩（1891—1969）和那举发，以及那巴三泰弟弟支派的后人那举文、那举武（后改为那宝成）、那举双、那举全、那举林和那举秋（女），西支有2名女性没记录名字，一共35人，其中女性12人，男性23人，由于以前医疗条件有限，这辈人绝大多数已经去世，少数还健在。那举发和那举恒查不到信息。从姓氏来看，西支那举贤的夫人是穆氏（穆春英）和洪氏（洪廷鞠），那举才的夫人是关氏，那举德的夫人是何氏（1896—1980），那举仁的夫人是汪氏和刘氏。从这代开始末支人年纪稍小的就可以满汉通婚了，那举福的夫人是任家堡的董俊花（现64岁），住在样子岭村的山嘴组，那举胜的夫人是山嘴组的陈淑娥（现54岁），住在样子岭村的山嘴组。那举彬（1969—2021）的夫人是山嘴组的王秀丽（现49岁），住在样子岭村的山嘴组。东支那举善的夫人是佟氏。那举恩的夫人是庄河的李氏，那举文的夫人是哨子河乡北曹家堡的曹氏（曹凤英），由此可见，穆姓、洪姓、关姓、何姓、汪姓、刘姓、佟姓、李姓都是辽宁地区的满族大姓，而董姓、陈姓、王姓就是汉族的姓氏。（满汉通婚）后来搬到鞍山市的那举奎的夫人是沈氏（沈玉玲），搬到黑龙江省鸡西市虎林市伟光乡伟光村的那举顺（1929年生人）的夫人是吕氏（吕淑香，1932—2011）。那举成后来搬到黑龙江省哈尔滨市。那举生（1955年生人）后来搬到黑龙江省尚志县苇河林场。后来搬到岫岩县偏岭镇的那举成（同名）（现63岁）的夫人是宋淑娟（现65岁）。再来看看这辈女孩的情况，那多荣的4个女儿那举春、那举英、那举青都嫁到吉林省辽源市东丰县影壁山乡，另一个没有记名字；那多志的女儿那举琴嫁到洋河镇蔡家堡村瓦（台）沟组的杨家；那多勤的2个女儿，那举娥嫁到岭沟乡洋河洼子村，还有一个失联；那多仁的4个女儿，那举香嫁到黑龙江省，那举花、那举珍、那举兰三人都嫁到丹东市凤城市边门镇汤河村。那举秋的情况不清楚。这辈那氏家族人口外迁现象也特别严重，主要搬到岫岩县、鞍山市、黑龙江省虎林市和哈尔滨市，等等，这是那氏家族人口锐减的第二次，再次减少了将近一半。

　　那氏家族第九代是西支和巴三泰小兄弟支派后人的"景"字辈及东支的"致"字辈，有10名后人没有按照范字来取名，还有一些没有记录名字的后人。这辈人有西支的那景山、那景春、那景兰、那景洲、那景俊（烈士）、那景章、那景阳、那景美（女）、那景堂、那景玉、那景维、那景玲（女）、那景艳（女）、那景云（女）、那丽（女）、那娜（女）、那萍（女）、那玉（女）、那伟、那景有（现32岁）、那景泉（现28岁）、那景军（现41岁）、那娜（女），那举生的1个儿子和1个女儿，那举成的1个女儿，和东支那举善的6个儿子那致忠、那致和、那致清、那致顺、那致春、那致荣和3个女儿，那举恩的4个儿子那致祥（1909—1994）、那致龙、那致坤、那致福和2个女儿，以及巴三泰弟弟支派的后人那景田、那景芝（女）、那景禹、那景岁、那景花（女）、那景美（女）、那景荣（女）、那金龙、那金福、那金、那金凤（女）、那景斌、那景国、那景红（女），一共55人，其中女性22人，男性33人，这辈人多数已经去世，少数人健在。男性的夫人有姓洪（洪淑春）、张（哨子河乡的张文英、张秀清）、董、马（蔡家堡的马启琴）、佟（佟吉凤）、杨（杨昌菊、杨兰芬）、孙（孙迪；孙美阳，69岁）、曹、孙、吴、卜（岫岩铅矿的卜玉坤，1927—2008）、赵（1911—1957，岫岩东大营子人）、刁（贾家堡村碰子沟的刁桂兰）、刘（刘桂荣）、栾（栾玉芝），从这辈开始在旗人和在民人可以通婚，所以男性娶妻的姓氏更加丰富，地域也从村子周围村镇的贾家堡、蔡家堡、岭沟乡、哨子河乡扩大到岫岩县东大营子，甚至还有2个南方人，不过多数配偶还是在旗人。这辈有一个单身男性。而且他们的居住地也扩展到大连市、黑龙江省齐齐哈尔市、甘肃省。这辈的女孩有嫁给姓张、周、龚、于、李、徐、黄、洪、何、王、董等姓氏家庭的，出嫁的地方也越来越远，不仅局限于周边乡镇村落，还有东港市、岫岩县五道河、吉林省通辽市、北京市、广东省广州市、黑龙江省，职业不仅有务农，还有列车长、教师，等等。这辈那氏家族人口外迁现象也十分严重，这是那姓人口锐减的第三次。

那氏家族第十代是"润"字辈，一共81人，西支32人，其中男性16人，女性16人；东支40人，其中男性18人，女性22人；巴三泰小兄弟支派的后人9人，其中男性5人，女性4人。这代人的流动性也很大，村里那姓人口锐减，一多半的那姓人口因工作、念书等原因搬往外地，有搬到岫岩县、岫岩县偏岭镇、丹东市凤城市、庄河市塔岭镇、本溪市、沈阳市、黑龙江省双鸭山市保山区、黑龙江省鸡西市虎林市伟光乡伟光村、黑龙江省齐齐哈尔市讷河市老莱镇的，还有出国到加拿大的。西支个别那姓人口还居住在村里的曲塘坊组和山嘴组。女孩有嫁到黑龙江省齐齐哈尔市讷河市老莱镇、岫岩镇、何家堡村马家沟、洋河镇、黑龙江省鸡西市虎林市伟光乡伟光村的，还有出国到加拿大的；有嫁到村里的松树嘴组、张家堡组和曲塘坊组的。东支那姓人口有搬到岫岩县、凤城市、大连市、阜新市、康平县、北京市，等等，有3家搬到洋河镇，有11户那姓人口仍居住在那家堡组。女孩有嫁到镇内的蔡家堡村、南唐家堡村和马家堡村，岭沟乡、盘锦市、黑龙江省，有一个女孩嫁到本村的松树嘴组。巴三泰小兄弟支派的后人这辈有住在广州市、黑龙江省、大连市等的，这是那姓人口锐减的第四次。

那氏家族第十一代是"广"字辈，西支8人，其中男性5人，女性3人，在村里居住的有1户；东支34人，其中男性19人，女性15人，在村里居住的有11户；以及巴三泰小兄弟支派的后人1个男孩在村里居住；这辈人有搬到岫岩县、庄河市、东港市、沈阳市康平县、北京市、黑龙江省等的，有3个住在大连市、3个住在洋河镇。

那氏家族第十二代，西支1个女孩，东支17人，其中，男性10人，女性7人。

那氏家族第十三代东支1个男孩。

二、红白事情

（一）红事情

"红事情"指的就是结婚，"办喜事"，男孩娶媳妇，用村里的方言就是"将媳妇"；女孩嫁人，找婆家。对于即将成婚的孩子来说，这是人生的大喜事之一，以后将自己生活，也是人生的一大挑战；对于他们的家长来说，孩子已经长大成人，即将组成自己的小家庭，父母的心情也很复杂，既高兴又舍不得。家族中的每个人都笑哈哈，大家都帮忙筹备这个大事情。

那润更告诉调查组："红事情，规矩没啥改变，老一辈，我父母的时候，给老公公老婆婆点烟，然后给点烟钱。盖红盖头，用秤杆子把红盖头挑到房檐子上；迈火盆，寓意日子过得红红火火；'打下处'。三天不出门，指的是不出大门口。我父母结婚的时候，家里的条件就不好了，我母亲家是富农，我父亲家已经没落，新衣服都是借的我大爷的。我妈当时穿的是旗袍，我爸穿的是大衫。我妈家条件好，可惜她的东西都让人偷了。那时结婚都要穿点红的，至少得披条红纱巾。"

（二）白事情

"白事情"指的是家里有老人去世，也称"老丧人"，后来泛指家里有人去世，不管是老人，还是年轻人，不管是正常死亡，还是意外死亡。白事情在每个家族中都非常受重视，通常要找"掌事"人，或者"出黑先生"来安排具体的步骤和事项。白事情是一个家族中最重要的大事情之一，家族很舍得投入资金，是家庭的一项重要的花销。以前过程复杂，铺张浪费现象严重，现在环节都简化了，花费减少很多。

那运浩给调查组讲了在旗人与在民人办理白事情的区别："老人在哪屋去世就放在哪屋的地上，顺着炕沿边放，放3天，朝外走的时候不走门，走窗户，现在也是这样。不走门实际上是不过梁，盖房子都有梁坨，现在多数还保存这个风俗习惯。打幡儿打的是白幡，子女都带孝，披个像斗篷似的孝衫，系个孝带子，跟汉族人都差不多，也许是汉化了。我们满族人的坟地不砌茔门，汉族人有茔门，用三块石头砌的。满族人就是一个坟墩，有条件的前面缠个石桌子。"

那润更告诉调查组："我爷（那举善）去世的时候，70年代，我十来岁。我爷当时跟我三大爷那致和居住在一起，住在正房。去世后，在堂屋先穿上装老衣服。在武凳子上铺上褥子和床单，把老人放在凳子上，我还记得那个武凳子挺宽，它的四条腿上都雕刻有云字勾。然后准备铭旌，人死后敬天地，用红布盖在棺材盖上，上面写字，如果去世的是女的，上面写'显妣'，双数的字数，如果去世的是男的，上面写'显考'，单数的字数，都还写上八仙过海、龙凤、明八仙、暗八仙。然后准备苫单，人死后，用红布把头脚都蒙起来。放压口钱，大钱用红绳或红线绑上，然后放在口中，现在入殓的时候拿出来。需做一个打狗棒，用高粱杆做的，白纸剪成一条条的，绑在高粱杆上，放在死者的手里，另一只手拿打狗干粮。还要放长明灯，就是把豆油放在盘子里，用棉花捻成绳子，蘸上豆油，点着，然后放在凳子底下，三天都不能灭。烧3张纸送到外面去，有的敲门槛送出去。一般都要找出黑先生来，他负责帮忙安排相关的步骤和处理一些事情。有女儿的要买3斤6两纸，用锤子敲，然后在老人头顶上烧，烧过后把灰装起来，放在棺材里面。还要抓一只鸡用作'倒头鸡'，不能挑，抓到哪只就用哪只，把毛弄掉收拾干净后用红线绑上，放在供桌上。供桌上还放上5个菜，粉条、白菜、肉、茧蛹、豆腐。不能放鸡蛋，鸡蛋容易产生'滚蛋'的谐音，不好。还烧上香，烧纸。外面还要放上'岁头纸'，汉族的做法是，一沓3张纸，用绳夹上，多少岁就拴多少沓纸，如果70岁，就拴70张。满族的做法是，用黑布和红布做，中间是红布，两头缝上黑布，写上多少岁，哪儿的人氏（长白山），在哪儿居住（现在什么县什么村），放在大门口用木杆挑起。现在都被汉化了，我父亲2000年去世，用麻绳夹了纸，大爷去世的时候也如此，只有爷爷去世的时候在70年代，还按照满族的风俗习惯来进行。现在也有满族家庭还用满族的风俗。后面的环节还有送盘缠，就是第二天下午烧纸车纸马纸人。"

那家红白事情"办事情"都要请亲戚，还有邻居，大家来赶礼。外村的亲戚如山嘴那家、曲塘坊那家也都来赶礼，因为他们都是一家子。

三、时令节日

时令节日很多，在这里主要讲四个最重要的，分别是清明节、端午节、中秋节和春节，这些时令节日在每个家族中都很受重视，也很舍得投入。

（一）清明节

清明节是祭祀祖先的一个重要节日，那家堡那家非常重视，也舍得为此花销。他们的过法跟村里的其他姓氏大同小异。那家后人那运行告诉调查组："清明讲究到茔地祭拜，供食物和酒水，烧纸，现在也有插鲜花的。"以前，满人与汉人习俗不一样。50年代，那运行小时候，带祭祀品纸和香上茔，带点儿饭菜，先把饭菜摆上，烧纸烧香。现在清明上坟烧香烧纸，非闰月填土，供酒水，供食品，供水果，如果包了饺子就拿饺子摆上，没有饺子就摆蛋糕。一般早上六七点钟去。供品供单不供双，一般摆3块蛋糕，或者3个饺子，特殊情况1块，另摆4样水果，通常有苹果、橘子、香蕉、橙子、葡萄。那运行的爹去世后，他年年去祭拜，将近20年了，爷爷奶奶、太奶、爹妈，他就供这3个坟头，供品还有酒，因他爹生前喝酒，虽不多，但他太奶生前酷爱喝酒。一个坟头插一束香，先点香，然后烧纸，先给老爹老妈烧，再给爷爷奶奶烧，最后给太奶烧。供品供得了，往地上倒酒，然后磕3个头就结束了。那运行说他明年不想上坟了，他82岁走不动了。阴历二月初二、清明节、阴历七月十五、阴历十月初一，满族人都上茔。现在都被汉化了，正月十五也送灯，最近几年他都送灯了。

（二）端午节

端午节是纪念屈原的节日，村里一般都叫"五月节"，那家堡那家也非常重视，主要体现在饮食方面。大清早，炸油炸糕，分鸡蛋，也做米饭和菜。那润更告诉调查组："端午节吃粽子，我爱人以前不会包，现在学会了，我妈会包，针线活还好。五月节戴五彩线，以前叫'露线'，大人小孩都戴。我小时候我妈买线和颜料，染成我们喜欢的颜色，通常是红黄绿粉蓝，五月节当天早上戴在小孩子的手腕和脚腕上，大人就戴在手腕上。过去还把小扫帚绑在桃树枝上，连同菖蒲、艾蒿插绑在大门上，插在屋门的房檐上，还插在各扇窗户上面的瓦缝里。我家孩子小时候也戴露线。"那运行告诉调查组："以前五月节没有粽子，就包饺子，吃2个蛋，以鸡鸭蛋为主。现在生活水平提高了，都吃粽子了。我家最爱包酸菜馅的饺子，自己渍的酸菜。一年渍100来颗酸菜，亲戚邻居谁想吃就来拿。"

（三）中秋节

中秋节是团圆的节日，村里一般都叫"八月节"，那家堡那家非常重视，主要也体现在饮食方面。那润更告诉调查组："中秋节我们通常叫'八月十五'或者'八月节'。我小时候我家'圆月'，月亮刚出来的时候，我妈就把桌子放在院子中央，离房门口近点，摆上月饼和水果，通常是一盘月饼、一盘毛豆、一盘葡萄、一盘苹果、一盘橘子，共5盘，磕个头，摆一段时间后——大概半小时，才拿回来，我们小孩子馋坏了，赶紧拿回来吃。我们小孩也磕头，拜月亮。"82岁高龄的那运行告诉调查组："我小的时候，家里不'圆月'，月饼买不起，好的时候，做点干饭吃，高粱米饭是最好的，苞米粥一年四季吃。当时杀猪户很少，我大爷家杀猪，20多口人，人多，就杀个80~100斤的猪。后来条件好了，我家也'圆月'，月亮升起来的时候，摆张桌子在外面，摆上毛豆、板栗、月饼、水果，庆贺丰收，庆贺 庄稼已经定型。"

（四）春节

春节，俗称"过年"，是一年中最重要的节日，也是最隆重的节日，那家堡那家特别重视，主要体现在饮食、祭祖等方面。过年是一年中的最大的节日，所以需要提前准备，"备年"一般进入腊月就陆续开始进行。首先是杀年猪，不管大还是小，基本上年年都杀一头年猪，因为无肉不年。杀猪的时候还要摆两桌席，血肠酸菜、猪肚炒白菜、炒木耳、炖豆腐、白菜丝拌粉丝、炸瘦肉蘸酱、蒸五花肉、炸面徽子和套扣。收拾好的猪肉放在厦子里面的大缸里，留着过年吃。还有年鸡，每年过年都杀年鸡，有时候杀一只，有时候杀两只，年鸡一般不杀太早，因为鸡肉冻了之后就会影响口感，通常离年三十3~5天杀，杀完收拾干净之后放在屋里。过去住的都是草房，棚都是纸糊的，所以每次年前都要进行一次大扫除，然后重新糊一遍棚，通常用孩子们上学用的书本，还有旧报纸，这样糊的棚和墙既干净又暖和。还要糊窗户，用那种毛头纸，发黄的白纸，纸结实，雨雪浇不坏。还得溜窗户缝门缝。还有一件大事就是磨米面。过去要用磨来磨面。磨米的时候，把家里的小毛驴套上，要磨的粮食有玉米、大黄米、黏高粱米。那家还有碾子，用来给玉米、高粱、谷子脱皮。大户人家有碾子，一般三四十户有一二台碾子，磨能稍微多点，后来小户人家也都有了。过去过年还自己做豆腐，既干净又省钱。然后开始炸油炸糕、炸面馓子、炸套扣、炸咸丸、蒸年糕、蒸发糕、蒸雪花糕、蒸黏豆包、蒸苏叶糕、烙牛舌饼，还需要炲大楂子，插萝卜丝，买红纸写对联写福字剪窗花。以前还贴年画，买的都是"大胖小子""年年有余""吉庆有余"，等等。

腊月二十三，过小年，这一天还要升灶王爷，就是把旧的灶王爷像揭下来，拿到院子里面烧掉，一边升一边说："灶王爷本姓张，骑着马挎着枪，上天言好事，下界保平安。"窗花——那润更他们叫"剪纸"，贴在窗户上好看，他妈、他大妈都会剪，他九大娘——那运浩的母亲剪得最好。腊月二十七、二十八贴对联。腊月二十八发面，腊月二十九蒸馒头，贴对联、贴福字、贴新灶王爷像。以前过年贴窗花，苞米仓子、猪圈、鸡窝都要贴上小对联，大门、屋门贴对联，房门贴春条。房子的外面墙上贴大福字。

三十早上吃饺子，在吃午饭前男人去上茔。那润更告诉调查组："过春节时，早上要先上坟。在家里也要祭拜，在北面支好桌子，烧纸、烧香，摆上5个或7个菜并饭。过年过节放馒头，10个馒头分两碟，每碟下面三个，上面一个，再上面一个。筷子要摆单数，5双或7双，还要摆酒。祭拜的时候，口里要念叨一些话，'过年了，老祖先回来过年'。'过年了，吃好，喝好'。祭拜后，大米饭把上面拨掉一半，下面的拿回来。菜和馒头不用。

三十下午是最丰盛的一顿，一般都做10多道菜，讲究点儿的人家做16道或者18道菜。这顿饭必须有肉有鱼，现在还有各种海鲜，更增添了年味，寓意年年都有好吃的，日子越过越好。

半夜12点接财神吃饺子，啃猪蹄。从前还要把桌子拿到外面，财神贴墙上，下面放桌子，供10个馒头、香和酒。点上蜡烛，点上香，烧几张纸，桌上放一个酒盅，敬酒。

初一早上吃饺子，吃完早饭后，穿上新衣服，或者收拾干净整洁的，去本家长辈家拜年，爷爷家，大爷家。以前还要磕头，现在不用磕头了，问声"过年好!"那润更以前过年都给爷爷奶奶磕头，大爷大娘就问声"过年好!"先近支长辈，然后邻居长辈。那润更的大爷和叔叔也会给他"压岁钱"，他七八岁的时候，他们给他一毛钱，他特别开心。

那润更告诉调查组以前还有一个风俗就是画囤子："二月二，画囤子。早上起来后去灶坑扒灰，用灰在地上画粮食囤子，一个圆形，中间画个叉，装上五谷杂粮，高粱、小米、玉米、大豆，再画上梯子。条件不好的时候，天亮以后，家里的小鸡会把囤子里面的五谷杂粮都吃了。二月二，炸猪头，剪龙头。"

四、祭祀祖先

那家作为清代著名的大家族之一，十分讲究供奉。祭祀祖先是那家堡那家的重要事情之一，借此机会怀念祖先，教育后人，因此家族很重视，也很舍得投入。他们的祭祀方式主要就是供宗谱匣，缅怀先祖，教导子孙后代牢记祖先，孝敬父母和长辈，家和万事兴。关于那家的供奉，那运章告诉调查组："我家在西山墙上供祖宗匣，匣子长约1米，宽约40厘米。匣里有人偶，一个男的，一个女的，像小布娃娃似的，男的穿黄旗袍，女的穿蓝旗袍，男的在左边，女的在右边。供品有两摞馒头，一摞5个，共10个，5道菜和一杯酒。还有香碗，左右各一个蜡台，4炷香，并排插。""锁童妈妈也要供一杯酒，在北山墙，下面摆个桌子，也有馒头，5道菜，6根香，并排插。"

那家后人那运旭的姐姐那润晖告诉调查组："以前我娘家也有谱书，我家是正蓝旗，从吉林长白山来村，以前，在西山墙上挂有约1米长、80厘米高的镶木框的画。"这种挂画旗人称为"书扬坊"。

那润更也告诉调查组："我们祭祖，供奉在西山墙，2摞馒头，点上蜡烛。有祖宗板，有书扬坊，还有画。我会画，画上有长廊，顶上是老祖先，2个人坐着，两旁有树。我家有锡器，民人摆供碗，摆馒头和菜，我没见过挂旗的。"

汉族过年了要接老祖先回来过年，满族人不是。

那运章告诉调查组："三十过年当天，头吃饭前，大概4点多，在老茔方向的十字路口接年。出我家的大门，往左顺着路朝老茔方向走，大约走一百四五十米，走到那运浩家大门口往下点，年年去，从我记事就在那。我父亲在的时候，他领着去，父亲哥几个都去那运章家，10多个，女的不去。现在我领着，都来我家，我兄弟、侄子。带上桌子、饭菜、鞭炮、纸、酒。在路的旁边，我家出来的左边，把桌子摆在那儿，东西都放在桌上。桌子冲茔的方向——朝山嘴方向。摆好桌子，先放5碗饭，前面放5碗菜，再前面放1杯酒、酒瓶。饭是大米饭，八分熟，拜完倒一半在烧纸堆里，剩一半拿回来，给猪鸡吃，寓意六畜兴旺。用大钵装饭，冒尖一碗，两碗扣在一起。用红筷子，年年不变，用完刷干净收起来，来年再用。

"供品的菜就是春节有啥就放啥，但必须有肉。我小时候，通常放粉条、肉、鸡蛋、白菜和油丸。粉条用清水煮，放大半碗，不太满。肉是必不可少的，我家都放肘子肉，清水煮的，不放调料，切成四方块，肉上插上刀，尖刀或水果刀。鸡蛋，煮一个鸡蛋放在碗里，也可以放豆腐，切成1厘米见方的块，用水焯过，装大半碗。白菜，切小片，我家一般切成菱形块，用水焯，装大半碗，现在也用茼蒿、蒜薹等青菜，同样用水焯。炸的东西，小时候是套扣、油丸几样，装大半碗，现在放对虾。不能放鱼。摆了供品就开始烧纸，烧纸烧多少都行，每个人都烧纸，烧完纸后敬酒，每个人都敬酒，辈分高的先敬，一辈的一起，敬酒的时候说：'过年了，给老祖先敬酒了，喝好。'敬完把酒倒了，磕3个头。最后放鞭炮。"

满族人非常孝顺，祭祖是他们的一件大事情，他们非常重视，传承得也非常好。

正月十五送灯。其实满族人以前不送灯，现在被汉化了。那运浩小时候满族人根本不送灯，他说："我母亲是汉族人，她说还是送灯好，人家都送灯，咱们没不好。所以现在大部分满族人也跟着送。"那运浩回忆说："以前没有电的时候点油灯，煤油灯，再早的时候煤油也使不起，山上有一种蜡树，蜡树上长一层白的东西，像一种寄生物似的，那玩意能点着。汉族人有钱的能用得起油的用油灯，用不起的也去山上弄那个蜡。过去自己用荞面捏个小碗，倒上从山上树上弄的蜡，再弄个灯捻儿，就能点着了，送到茔地或者十字路口。"

清明时满人和汉人一样，上坟烧纸，拿炷香。现在烧的香都是圆柱香，那时候是很短的。不怎么放鞭炮。祭拜老祖宗一般有五个时间，三十过年（摆饭菜）、正月十五（送灯）、清明节、七月十五（中元）、十月初一，都是烧纸、烧香、放鞭炮，春节更正式些，其他都大同小异。

五、饮食文化

（一）常用饮食

菜一般就是白菜、土豆。酸菜一般就是炖酸菜，酸菜芯蘸酱。白菜就是炖白菜，条件好的放点粉条。

渍酸菜，也叫压酸菜，也有人叫腌酸菜，10月中旬开始渍酸菜，11月份就能吃上。老百姓一般吃半年酸菜。准备好要用的大白菜和一个干净的大酸菜缸、一个干净的超大塑料袋和一块压酸菜的大石头。渍酸菜那天，先在酸菜缸里放一个干净的大塑料袋，把白菜去掉外面的老叶、残叶——一般掰掉二三片，然后在大铁锅烧开水的中焯一下，一次不要放太多，时间不要太久，整棵白菜都烫蔫了。就把白菜拿出来，整齐地摆在大酸菜缸里，焯一些，摆一些，一层层地摆，就这样，想渍多少就焯多少。最后把缸里面的塑料袋包上，放一块大石头压在上面，这样一压就把白菜里面的水挤出来了，不用额外放水。这种腌法不能把白菜捂烂，里面有一定温度才能发酵。以前里面不放水，不放盐，现在的腌法基本差不多，就是有时候放点盐，也有人家不放盐的，一家一个腌法。

楂子（酸汤子）也是那家经常吃的食物。先做楂子面，用磨磨苞米面，发酵变酸，然后揉成一个面饼子，煮熟后控水，放在楂子器里压，慢慢地换地方，这样的楂子条比较长。以前都是自己压的，现在有专门的"汤套"。

泡粉子。玉米放缸里泡，水超过玉米半尺高最好。夏天泡10来天，冬天泡。20多天至1个月。待长一层毛头，用笊篱捞出长的白毛。泡好后用清水投干净。把泡好的苞米粒倒在磨用水磨，推下来的东西用瓢刮下来，放在大盆里面，静止一会儿，浮在上面的是黑面子，粗糙的渣子，沉下去的是粉子，又细又白，俗话说"白老婆坐着，黑老婆站着"。汤面子和好，放锅里烧开，搅和均匀，放点糖就可以盛出来喝了。

波罗叶饼。准备好苞米面，烫面，先把面揉好。揪一小块面擀成饼形放在波罗大叶上，用刀抹菜馅——通常就是饺子的馅。最后对折，成半圆形，捏边，上锅蒸。任开宜说芸豆馅好吃，以前还可以用车轱辘菜。

黏火勺，用黏高粱米面和面备用。再把小豆焯煮捣烂，放点儿糖。把小豆馅包在里面，压成小饼形状。锅里放少量油，把小饼放入锅里，两面烙熟，放凉后冻上，是过年期间的重要主食。

牛舌饼。和面发好，用面起子加温水，搅拌成稀糊状，锅内刷油，把面糊倒入锅内，成小长条形，两面烙熟。

驴打滚，先炒熟豆子，磨成面备用。年糕添水炒软备用。在面板上铺一层豆面，再铺一层年糕，再撒一层豆面，擀平，卷成一个长条，用刀切成小段。

那家以前还有压桌碟，在旗人的习惯，那润清告诉调查组："我们旗人以前吃饭时在桌子的四角摆上4个碟子，装上小菜，寓意'四平八稳'。以前是方桌，一个角一个碟，豆酱里面放点葱、腌的咸菜、腌的芹菜、花生豆这类的。"

（二）猪肉吃法

猪肉一般做法就是烀、炒、蒸、炖，蒸五花肉、烀瘦肉蘸蒜酱、烀排骨比较受人欢迎。猪肉烀熟后，切片蘸酱油，还可以红焖，或者下火锅。猪肉吃法，有的时候炒着吃，有的时候烩着吃，还有的时候瘦肉烀熟蘸酱。猪头肉烀熟放点早期的"酱油"腌上，自己家就杀猪那天吃一顿，剩下的留来客人吃。早期的"酱油"就是把大酱放锅里翻炒，炒几下后添上水，盖上锅盖炖，给大酱里面的渣子炖出来，这时汤也就变咸了，那种"汤"那就是当时的"酱油"，跟现在的酱油比，以前的酱油黏糊糊的。后来现代的酱油出现了，猪头肉就用酱油酱上，放些调料如花椒、大料、味精，再少放点糖。腌肥肉，就是我们说的五花肉，腌成咸肉，留着炖菜吃。猪板油，就是白白的油片，放在热锅里炒就会出油，这个过程就叫"炼油"，出油后油片就后缩成薄薄的折折巴巴的一片，满族人叫"油吱啦"（油渣），特别好吃。炼出来的油装在事先准备好的坛子里，留着做菜吃，这种油凉了就会凝成白色的固体，用的时候挖一羹匙，那家一直都吃这种油。这种油也叫"猪油""板油"，跟豆油吃法不一样。炖酸菜的如果没肉都多放点板油调味。

六、爱国情怀

那氏家族特别爱国，有深厚的家国情怀，因为他们知道小家的幸福离不开国家的强大、稳定和繁荣。清朝时那家就有保卫康熙皇帝的武官，驻防边界的将士，近代他们有不畏牺牲的爱国战士。那家儿女积极投身于抗日战争、解放战争和抗美援朝，充分体现了那氏家族的保家卫国精神。和平时期那家儿女也有人参加义务兵，充分体现了那氏家族的责任和担当。

那家儿女积极参加抗日战争的有那致龙、那致荣。那致龙，1913年生人，那润清的父亲，那润清今年69岁。在大孤山和岫岩都打过日本人。那家后人那运更回忆并告诉调查组说："我五大爷以前参加过邓铁梅领导的抗日联军。在岫岩布防时，被日军包围，当时8个人，除了他都牺牲了。"抗日战争胜利后，那致龙回家务农，住那家堡组，未被定为老复员军人，七十八九岁时去世。他的爱人刁桂兰，贾家堡村碴子沟人，已去世。两人有5个孩子，2个女儿，

那致荣抗美援朝时受重伤的腿

3个儿子，其中，4个孩子住在村里，1个女儿嫁到盘锦市。

那致荣（1924—2009），那润更的父亲，1945年5月参加了抗日战争，辽南独立二师警卫员（战士，1945年5月—1948年2月）。那润更回忆他父亲说："我父亲念完'安东建国大学'，担任（丹东）岫岩县财粮科副科长，在岫岩县第一任人民政府的时候，当时的财粮科长梁云武（县志上写梁金武）在哨子河乡小苏拉沟被土匪杀害后，我父亲任代理科长，当时是第一任县长史宁夫时。财粮科主要是地方政府支援前线，征收粮钱支持前方。国民党来了之后对他下了通缉令，我父亲那致荣被定为'一级匪首'，共产党干部，到处抓他，没抓着。后期他在哨子河乡受伤，被国民党行军榴弹炮把腿打穿后藏到哨子河乡的老百姓家中，后来回到那家堡。当时在那家堡也有一个八路军，就是被国民党到处追捕的曲悦山，当时就职于县保安团，保卫县政府。当时曲悦山的大爷是第二期洋河区伪区长，看到他侄儿在家，就问：'你怎么还回来了？到处在抓你呢。'曲悦山说：'不光我，那致荣在哨子河受伤了，也回家了。'他（曲悦山的大爷）说：'你们赶紧离开，现在到处抓你们。'我父亲就继续找地方躲起来，又回到了岫岩，躲在我父亲姥姥家的亲属佟凤山家里，躲过了这一劫。他腿伤治好后就在家务农，后来被安排到洋河镇政府，退休时是科员，退休几年后他就过世了。"那致荣有复员军人定期定量补助费。抗日战争胜利60周年纪念日中央军委还给那致荣颁发了一枚镀金的纪念章。

那家人还积极参加解放战争，一共有5位，分别是那致福、那致顺、那宝成、那举双和吕全德。

那致福，那运浩的父亲，1919年生人，他的儿子那运浩回忆说："我父亲是1947年参军的，和村里的兰香阁他们一起参加了解放战争，打过辽沈战役，在白城子（现台安县）负伤，当兵2年多，解放后回来的。在集体上班，挣工分。后来被定为二等乙残废，下巴受伤。老复员军人。"

那致顺，解放前当兵，参加的是解放战争，转业复员在辽阳，以前在辽阳市公安局上班，住辽阳市白塔区，已去世。

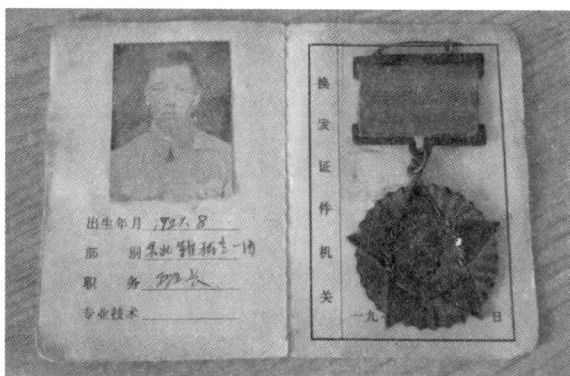

那致荣的军官证和抗日战争胜利60周年纪念日中央军委颁发的镀金纪念章（右）

那宝成，曾用名那举武，在部队改的名字，以前是第四野战军警卫员，参加过解放战争，后来被安排在广州铁路工作。82岁时去世。

那举双，参加过解放战争，第四野战军，打过鞍山汤岗子（现鞍山市千山区汤岗子街道汤岗子村），打过四平（吉林省四平市）。回来后务农，后来到黑龙江省某煤矿，最后从饶河农场退休。住黑龙江省，86岁时去世。

那润清的岳父吕全德，1949年当兵，参加过解放战争，立过3等功。1962年从鞍山搬到村里，自愿下乡。

那氏家族后人还积极参加抗美援朝，也有5位，分别是那致和、那致春、那景章、那景俊和那举全。

那致和，1950年参加过抗美援朝担架队1年，担任装卸队大队长，专门装牛肉罐头往前方运，在朝鲜专门运粮食。88岁时去世。当兵前在生产队喂牲口。

那致春，1918年生人，抗美援朝前期出过担架，出过民工，参与修建过安东（今丹东）飞机场，积极支援抗美援朝，住那家堡组，务农，86岁时去世。

那景章，1927年生人，当过民兵连长，工作认真负责，积极支持抗美援朝，扩兵时带领全村民兵参加抗美援朝担架队。回来后当大队书记二三年，住曲塘坊组。

那景俊，19岁当兵参加抗美援朝，英勇杀敌，后来战死在朝鲜战场，当年21岁，无后，被

**抗美援朝烈士那景俊
在家族墓地的墓碑**

国家定为"烈士"。

七、满汉联姻、互助

（一）满汉联姻

以前在旗的人家互相通婚，那家可以娶任何在旗人家的女儿，或者出民入旗家庭的女儿，那家姑娘可以嫁到任何在旗人家，或者出民入旗的人家。后来那家就可以跟在民的人家通婚了。

1. 那家跟赵家联姻

那润阁的爱人是大东沟的赵玉梅，1946年生人，从教师岗位退休，现住北京，他们有2个孩子，1个女儿，1个儿子。

那桂超的丈夫是长岗组的赵世鹏，父亲是赵义同，以前小两口在江苏做生意。2020年回家乡创业，搞养殖业，养猪，还搞种植业，种刺嫩芽，发展特色农产品。

2. 那家跟曲家联姻

那多志的爱人是那家堡的曲悦芳，村民赵桂清和赵海亮的二姨，那多志有一个女儿叫那举琴，住在蔡家堡村瓦沟组，丈夫是蔡家堡村的杨运良，他们有一个儿子在岫岩居住。

那润晖的丈夫是曲塘坊的曲悦贵，父亲是曲义和，现居住在洋河镇西书苑小区，他们有2个孩子，1个儿子，1个女儿。

3. 那家跟任家联姻

那多仁的爱人是张家堡的任家凤，父亲是任传璧，兄长是任家兴和任家业。那多仁有4个女儿，分别是那举香、那举花、那举珍和那举兰，她们居住在黑龙江省和辽宁省凤城市。

那淑兰的丈夫是松树嘴的任宜久，现已退休，一直居住在村里的松树嘴组，他们有2个儿子。

4. 那家跟李家联姻

那多勤的爱人是任家堡的李氏，村民李俊良的姑姑，父亲是李春阳，一直居住在村里的山嘴组，他们有5个儿子，2个女儿，儿子分别是那举福、那举生、那举成、那举胜和那举彬。

5. 那家跟兰家联姻

那桂新的丈夫是长岗组的兰宝鑫，他的父亲是兰洪美，现在居住在长岗组，他们有一个4岁的女儿。

（二）满汉互助

那家当时身为样子岭小学校长的那润更经常帮助学校的老师和学生，尤其是家庭困难的孩子，给他们捐赠衣物，减免学费，每年通过希望工程能减免40多个学生的学费。尤其是1986年9号台风之后，岫岩受灾，村里庄稼全被刮倒，当年收入极低，那润更心急如焚，积极联系，四处奔波，竭力恢复教学。9号台风把学校的校舍都刮倒了，他联系上级部门，经过多方努力，丹东市物资局捐款建了新校舍，还通过熟人介绍鞍山市委党校来村里捐赠学习用品，捐了上千本书本，几百个书包，还给孩子买了文具和衣服。那校长还主动给学生免学费，虽然当时学费才三五块钱，但是对于普通老百姓家庭来说这也是一笔不小的数目。那润更校长还经常联系希望工程，帮助有困难的学生，还通过团县委联系希望工程给学生捐衣服和鞋子。那校长在生活上帮助他们，在精神上鼓励他们，千方百计不让孩子辍学，尽量使更多的学生接受教育，展现了那润更对学生们的爱，对教育事业的爱。

第二节　赵氏

赵氏以前是样子岭村除了那氏以外的第一大姓，主要分布在大东沟组、松树嘴组、张家堡组、任家堡组和长岗组。赵氏分为两个宗族，大东沟组、松树嘴组和张家堡组的赵氏是一个宗族，而任家堡组和长岗组的赵姓是另外一个宗族。目前为止两大赵氏家族的后人居住在样子岭村的还有51户154人。

一、大东沟赵家

（一）家族来源及人口繁衍

1. 家族来源

一直居住在大东沟组的赵家后人赵富明告诉调查组："祖传老辈是从山东省登州府海阳县牛肚山下七甲八社来岫岩的，当年山东遭遇大霜，我们的老祖先逃荒来到大东沟这个地方。"赵家81岁高龄的赵万千告诉调查组："赵家祖传从山东过来时是一大份子，到现在有200多年，接近300年。我听说从山东来的时候是我太爷领着我们的爷爷们过来的。我太爷赵芳哥俩，他兄弟叫赵广，赵广有两个儿子赵运茂和赵运昌。"他接着告诉调查组："我太爷赵芳当时有四个儿子，分别是赵运福、赵运禄、赵运祯和赵运祥，下船后赵运祯走散了。过来的时候先来到大东沟，人口多，大东沟地方小，就分开了。我爷爷赵运祥最小，就留在大东沟，就是我们说的'四份'，老大赵运福和老二赵运禄带家人跟着父母去了岭沟乡三河村碰子后，就是我们说的'二份'。后来又不断结婚生子，人口越来越多，老大赵运福的儿子赵春就带领家人来到了现在的松树嘴，就是我们说的'大份'。丢了的排行老三的赵运祯后来发现好像在卧龙赵，就是我们说的'三份'。所以大东沟赵家跟松树嘴赵家、三河村碰子后赵家是一家，一个宗谱的。"

赵万千和赵富明家都没听说过大东沟赵家加入过旗籍。当时赵家来村里是租种那家的地，从那样子手里租了地和山。大东沟赵家跟松树嘴赵家和三河赵家都是本家。赵富家告诉调查组："那、汪、刘姓都是在旗的，汪姓、刘姓是后入的旗，好像叫出民入旗。"

一直居住在大东沟的赵家后人赵富明告诉调查组："1948年我们大东沟赵家饿死了几个人，当时我大爷赵仁当家，他派人去松树嘴赵家借粮，他们没借，从那以后大东沟赵家跟松树嘴赵家就分开了，并把范字'万'字下面的范字都改了，'宝'改成'富'，'景'改成'贵'，大东沟赵家以后范字就改为'富贵荣华'，从此不再跟松树嘴赵家往来。"松树嘴赵家跟碰后赵家范字一样，没有变化，都有"宝""景"辈。赵万千还告诉调查组："我父亲那辈的名字是

大东沟赵氏谱单

2个字，我祖父赵运祥他们那辈就是3个字，他们以前起名就是一辈三个字，一辈两个字，下一辈三个字，再下一辈两个字。后来就不这么起名了，就按照排辈范字起名了，但是现在的名字就不按照以前那一套了，什么好听就起什么。"赵万千的名字是老人看《诸葛亮巧练神术》上说"万紫千红"，就给他起名"万千"。过去生下的小孩儿，老人都找个"名人"给起名，他们通常找老学究、老书香子。

赵家祖先来到村里大东沟这个地方后就从那家堡的那样子手里购买了一些地和山，还租种了一部分那家的地，从此就开始了种地和放蚕的生活。赵家后人听老辈说那时村里只有那家在住，很远处的西面还有付家，也是在旗人，就是现在的南唐家堡村付家堡组，除此之外这一大片地方就没有人家了。那家是在旗人，当时圈地占山，所以占了不少山和地，现在的大东沟这地方原来都是那家的地盘。赵家祖先还自己开荒种地。到了先祖赵运祥下一辈的时候，赵万千的父亲赵仁当家，负责对外事宜；赵万千的二叔，赵富明的爷爷赵义，负责养蚕；老三赵礼负责赶大车，那时家里养牛，有辆牛车；老四赵信负责在家种地，领着家人干活。就这样安排得井井有条，他们勤勤恳恳，这样生活下来，土地虽然不多，但产的粮食能够使全家吃饱饭，日子过得不错。赵富明告诉调查组："后来他们哥们中有人染上了恶习，在旧社会时盛行耍钱，老赵家的日子就逐渐变坏，到了下一辈当家时，因为地不多，也没有刚开始的那股干劲儿，年景不好的时候都挨饿。就这样一个阶段一个阶段的，日子时好时坏。"

2. 人口繁衍

迄今为止，大东沟赵家这支人在村里生活有9代人，前5代的代际情况如下：第一代是赵家先祖赵芳，夫人是宋氏和纪氏，他们的四个儿子是赵家的第二代，居住在村里的兄弟三人分别是赵运福，夫人是李氏，后来搬到松树嘴组；赵运禄，夫人是大于氏和小于氏，后来搬到岭沟乡山河村；赵运祯走散，夫人是陶氏；赵运祥，夫人是韩氏，留在大东沟组。第三代兄弟11个。搬到松树嘴组赵运福的儿子是赵春，夫人是于氏和葛氏；搬到岭沟乡山河村的赵运禄的儿子是赵富，夫人是朱氏和马氏；走散的赵运祯的儿子是赵贵、赵坤、赵金、赵玉，他们的夫人分别是任氏；于氏；赵氏；王氏；王氏；一直留在大东沟组的赵运祥有4个儿子，赵仁、赵礼、赵义、赵信，他们的夫人分别是王氏、张氏；王氏；张氏；刘氏。

第四代是"万"辈，一共有23人，其中，男孩有15人，分别是赵万千、赵万邦、赵万章、赵万国、赵万喜、赵万荣、赵万钦、赵万清、赵万善、赵万明（1911—2005）、赵万轩、赵万有、赵万贵、赵万全、赵万德，职业有农民、商店经理、教师、医生，其中，赵万邦和赵万章兄弟两人土地改革时期为了更好地生活搬到同县的哨子河乡松树沟村二道河组，赵万贵和赵万全搬到同镇的南唐家堡村付家堡组，赵万有搬到省内的本溪市，赵万德当兵参加解放战争后失踪至今未归，还有一人是单身。他们找的夫人有岭沟乡塘岭村的刘氏（刘春芝），南唐家堡村大荒沟的钱氏，蔡家堡村的王氏，葛家堡村的葛氏，东港市的王氏，东港市孤山镇的王氏，东港市孤山镇的曹氏，东港市新农镇孙家堡的孙氏，岭沟乡山城村靰鞡草沟的王氏（王桂章），杨家堡镇的许氏，南唐家堡村付家堡组的王氏。"万"辈的女孩有8人，知道姓名的有赵万芳、赵万玉和赵万菊，还有1个夭折的。

自第五代是"富"字辈起，大东沟赵氏家族人口繁衍数量不断增加，但从这代人开始，人口的流动量越来越大，外迁现象十分普遍。外迁人口分布于辽宁省沈阳、大连、鞍山、丹东、营口、辽阳，黑龙江省富锦、齐齐哈尔、讷河、佳木斯，北京，上海等地区。

（二）红白事情

1. 红事情

赵万千给我们讲了他家办喜事的过程。赵万千1940年生人。22岁时结婚，对方也是22岁，别人给介绍的。1962年春天结婚，当时赵万千的父母都去世了。他当时工资29块5，租房住，1968年卖了大东沟的房子。女方家陪送给一个旧柜，一套行李，包括一床被，一条褥子，时价二三百元。女方穿的是普通衣服，棉线的，没穿红衣服。他赶牛车接的媳妇。当时摆了2桌，大姐给做了饭菜，拿到学校吃的。硬凑了8个菜，有炸丸子、豆腐、炖酸菜、白菜、萝卜等。出席婚礼的女方有，她的父母，哥哥，嫂子；男方有，赵万千的两个姐姐，姐夫，一共十五六个人。

赵万千的大姐赵万芳1928年生人，结婚的时候31岁，在50年代。赵万千记忆中，当时用的轿子，轿顶上有个架子，盖上布，圆圆的。他姐坐轿，有送亲的人，新娘蒙红盖头。红盖头三尺见方，搭到肩上，没听说有绣花，因他大姐不会绣花。娘家陪送了1对箱子，一个米柜，都是找木匠给打的，米柜是用来装衣服的，还有一套行李，包括一床被，一条褥子。赵万千没去，当时他不大，父母不让他去。父母也没去送亲。他记忆中，女方亲戚有大爷、大娘、舅舅、舅妈、哥哥、嫂子、妹妹，10来个人，坐一个牛车，从村里的大东沟到岭沟乡的山河村。

2. 白事情

赵富家给调查组讲了他家办白事情的一些情况。人在家去世后，在屋里停三天，分为大三天、小三天。中午12点之前去世的都是大三天，如果中午12点之后去世，就是小三天，这种情况就比较忙碌。

人去世后不放屋里，放灵棚里，灵棚喇叭匠负责搭的，男的搭在东边，女的搭在西边。喇叭匠还要在吃饭前吹一阵儿喇叭。需要雇人扣框子（挖坑），加抬杠——有16杠、24杠、32杠。大门口竖一根大杆子，男左女右。挂上绳子拴岁数纸。岁数纸是一岁一沓纸，一沓纸3张。每次吃饭前都要去山神庙报庙送浆水。儿子、女儿穿孝衫、戴孝帽子，其他亲属戴孝带子。第二天早上烧大纸，传宴（仙）席，哭七关，第二天下午送盘缠，送完盘缠将扎的纸车纸马纸人拿到山神庙去烧，喇叭匠吹喇叭。烧完离开时不能回头。

用两个板凳，搭一块板子，铺上褥子，用纱布把脸盖上，身上盖红布。火化后放外面。第三天早上出殡。

送浆水的流程：在每次吃饭前去山神庙送浆水，来回路上要一直吹喇叭。浆水是用小瓢装的一点儿粮食，装大米、大楂子、小楂子都行，加点儿水，到山神庙倒了，以前出殡前还送一次。

传宴（仙）席的流程：吃完晚饭传宴席，就是传菜，一个人传一个人，做八九十样，多的100样。做面活有的做十二属相，有的做各种小鸡，动物。男的穿孝衫，打斗篷，缝个尖帽子，披个大斗篷似的，女的系孝带。一边传宴席一边哭七关。

送盘缠流程：第二天通常下午三四点钟送盘缠，送盘缠时烧纸车纸马纸人。送完盘缠，晚间烧大纸，在瓦盆里烧，儿女在四周跪着，连岁数纸也烧。女儿买3斤6两纸，买的纸不能都烧，要留够1周年、2周年、3周年和烧七的。烧完等灰凉了用一张纸包起来，放在棺材里，老人火化后的骨灰也放棺材里。

出殡流程：第三天早上出殡前，渗钉的（木匠）将棺材盖钉上。起灵时孝子把烧纸的瓦盆顶在头顶，出黑先生说起灵，抬杠的抬起来，把盆摔了。孝子在前面打幡，抬杠的在后面跟着。出黑先生事先查看茔地，选择地点。出殡时，把花圈拿到茔地摆放着。

"抬杠"的事情。抬杠一般有16杠、24杠，也有32杠。骨灰放棺材里，也叫寿材，前面2.7尺，后面1.8尺或1.9尺。16杠一般前8杠，后8杠，杠子是木头做的，像小扁担似的。

赵万千给调查组讲了关于白事情的情况。农村家里老人去世需要戴孝，穿孝衫，在城里戴白花、青纱，都是对逝者的悼念，表示孝。最古老的，男女穿的鞋前面必须有个白条，代表家里有人去世了，用针线缝上。还有女人戴孝帽子只需折个三角，男人戴孝帽子是一套衣服，用白布简单缝2下子就行。前年塘坊沟有一家，去世的老人100多岁，老人的孙子、孙子媳妇，穿红色的孝衫，捆红带子。

（三）时令节日

1. 清明节

清明节是祭祀祖先的一个重要节日，大东沟赵家非常重视，也舍得为此花销，他们的过法跟村里的其他姓氏大同小异。早上五六点钟不吃早饭就去上茔。以前上坟都烧纸，点香插在茔门那里，现在为了防火只将烧纸和香压放在茔上。

2. 端午节

端午节是纪念屈原的节日，村里一般都叫"五月节"，大东沟赵家也非常重视，主要体现在饮食方面。五月节戴露线，饭菜比平常稍好点儿，也包粽子。

3. 中秋节

中秋节是团圆的节日，村里一般都叫"八月节"，大东沟赵家也非常重视，主要也体现在饮食方面。赵富明小时候家里条件不好，不圆月，也没吃过月饼只做点儿小米饭，或黄米干饭，炖点儿小白菜。

4. 春节

春节，俗称"过年"，是一年中最重要的节日，也是最隆重的节日，大东沟赵家特别重视，主要体现在饮食、祭祖等方面。过了阴历二十一、二十二，就开始炸油丸，过去还蒸馒头。准备过年，赵万千家一般二十五做豆腐，二十六焊猪肉，二十七杀年鸡，二十八把面发，二十九贴对子。农村准备过年，第一件事就是宰猪，到腊月就宰猪。第二件事，大人小孩买衣服。第三件事，准备过年的年货。除了宰鸡，还买羊肉、买牛肉。买黏米炸油炸糕，也蒸年糕，买各种调料，都多买点儿，年年有余。有一个好的兆头。

三十过年，中午12点前要摆好供桌，摆上水果、糖果、酒和烟。吃饭前要放鞭炮。傍晚5点太阳下山之后，开始接年，接年就是接老祖宗回来过年，请赵门三代老祖宗回家过年。晚上11点，开始发神纸，祝明年一年财运亨通。把桌子拿到外面，开始煮饺子，饺子煮好后先盛两碗放供桌上，一边一碗。点上2支蜡，摆上2摆10个馒头，还有一个发神纸的馒头，倒一杯酒，开始烧纸、磕头、磕头、冲北，因老祖宗宣告在北面。在外面发神纸，既是祭祀祖先也是祭祀天地。烧完纸后把酒倒在纸灰上，把桌子拿回屋去，馒头还放在供桌原来的位置不变。

这时还得在屋里发神纸，在屋里烧纸，给老祖宗磕头。发神纸的时候不放鞭炮，发完神纸开始放烟花鞭炮之后吃饺子，吃完饺子正好12点。

初一早晨，去供奉祖宗的人家磕头，烧上一路香，喊祖先的名字。

之后回家先放鞭炮，然后吃饺子，吃完饺子，梳洗打扮，穿上新衣服，到街坊邻居和亲戚家拜年。

初二晚上送神，一般都是晚上11点。送神二三个人都行，最低2人，不用拿烧纸，只点鞭炮，拿一炷香。香是从供桌上拿的（接的时候拿着香回来，插在香炉碗里，送的时候把香拿走）走在前面的人把大门口挡道的棍拿开，在三岔路口把香插上，不叨咕什么，另一人放鞭炮，放完回家，不准回头。回家把供桌的东西都撤了。

（四）祭祀祖先

赵万千向调查组讲述了他家的供奉。三十早上吃完早饭就开始摆供碗——二十九过年就二十九摆供碗，中午吃饭前摆好。供的就是平常吃的饭菜。5碗供饭，5碗供菜，饭贴宗谱跟前。然后是菜，然后是馒头。另摆几种水果、竖果，分别装在两个盘里，一边一盘，红筷子插在饭上竖直插。这是外面摆的。里面的摆放顺序是：前面是蜡，中间是一个酒壶、两个酒杯。烟放在酒旁边，供器是铁的，外面镀铜，金灿灿的。两边一边一个蜡台，是红色的。

5碗供菜每家不一样。最主要的是中间的炸粉条。粉条中间系上，两边散开，上大下小放油锅里炸，炸好了像一朵大花似的，可以立在桌上，这是一碗。第二个是过年㸆的熟肉，一般3块，上细下粗。第三个是炸豆腐叶，豆腐切片，上油里炸一下，横竖交错摆放。另两个是套扣和油炸的丸子。这些菜都插在"三国撑"上面，把它插满。"三国撑"长30公分，菜要插20公分。有的插不满，上面插上生菜，生菜谐音生财。三国撑插在萝卜片上，放在碗里盖上丸子，没过萝卜片。"三国撑"上面放装饰品，下面放染成大红色的粉条，5

碗供菜都这么装饰上。最后还要供花，插在菜上，如果是鱼，把鱼嘴朝上，插在鱼嘴里。

供的馒头，有带枣的，有带寿字的，还有画龙凤的，一摆5个，两摆10个，大馒头半斤一个，直径有25厘米。

烧的是无烟香，烧断了马上接上。

赵万千家供奉的时候放在北山墙上，下面摆上供桌，桌上摆供饭供菜、馒头、香。

赵万千在大东沟住的时候，他父亲辈数在大东沟是最高的，过年时晚辈就到他家祭拜祖先，先上香，再对着宗谱，磕3个头，然后给他父亲母亲磕头拜年。

（五）饮食文化

赵家喜欢吃小楂子粥（也叫苞米粥）和大饼子。大饼子是苞米面发面蒸的，常吃的菜是自家种的土豆、茄子、辣椒，土豆炖茄子放点辣椒是一道美味的菜。到了秋天，将小茄子、小辣椒、小黄瓜腌上，做成小咸菜。

冬天常吃的就是酸菜、白菜、萝卜，萝卜除了制成咸菜，还可以擦丝包菜饺子，用玉米面蒸的。农村宰猪还有一个习惯，来帮忙的就得摆6桌宴请，一桌坐8个人。

猪肉的吃法很多，有炖、炒、烩、蒸、烀等。最受欢迎的吃法是杀猪菜，就是将血肠、肉、酸菜放在一起炖。还有一种吃法：猪肉上锅烀烂了，切成薄片，上锅烩，再放上调料，用大碗盛上来。

用大泥缸腌酸菜，把白菜外面的黄帮都去了，水烧开放入腌料，白菜稍烫一下，待凉了，一圈一圈往缸里放，压实，压完填点儿水，顶上压上石头，发酵一段就酸了。也叫渍菜。

（六）文化娱乐

大东沟赵家族人村中的小型演出的节目有山东评书、二人转、三句半、对口快板、天津快板，等等。缺乏导演，难以组织大型的演出。节目的内容有歌颂党和国家的发展日新月异，表现农村的翻天覆地变化，他们的节目都是自编自演，赞扬当地一些新人新事，如老百姓舍己救人的、助人为乐的，给孤寡老人送温暖的。村民们喜欢编排这些喜闻乐见的真人真事，老百姓感到真实，又接地气。

（七）满汉联姻、互助

1. 满汉联姻

以前满汉不通婚，赵家也没有入旗，解放后满汉可以通婚了。

（1）赵家与那家联姻

赵玉梅，80多岁，赵万千的侄女，以前是教师，现在退休。中学毕业后就开始教书，在村里教书近20年。其丈夫是那润阁，80多岁，60年代后期辽宁大学毕业，先在岫岩高中教书，后来去了教育局，任电大校长，在岫岩退休。现住北京。

（2）赵家与任家联姻

赵富宽，赵贵双的三叔，若健在86岁。他的爱人是松树嘴组的任家荣，今年81岁，任宜廷的姑姑，住在岫岩，父亲任传璧，兄弟是任家兴和任家增。他们有2个儿子。

（3）赵家与兰家联姻

赵家与兰香阁有亲戚，赵万千叫兰香阁的母亲为姐，兰香阁姥爷是岭沟乡的赵富，舅舅是赵万斗，跟大东沟赵家、松树嘴赵家都是本家。

（4）赵家与曲家联姻

赵贵德的爱人是曲塘坊的曲春杰，53岁，曲春荣的妹妹，父亲是曲德芳。他们居住在大东沟组，他们有2个儿子。

（5）赵家与田家联姻

赵桂兰的丈夫是葛家堡村的田岐武，田岐佳的叔伯哥哥，住在洋河贾家堡村老学校位置，他们有2个儿子，都在岫岩。

（6）赵家与付家联姻

赵富安的爱人是南唐家堡村付家堡组的付宝琴，他们一直生活在大东沟组，他们有3个孩子，1个儿子，2个女儿。

赵富彬的爱人是南唐家堡村付家堡组的付国娟，今年58岁，现在居住在岭沟乡塘岭村，他们有1个儿子。

2. 满汉互助

赵万善以前是村中老中医，村里成立卫生所后从蔡家堡村卫生所调回村里上班，一直到去世，年轻村医任开宜跟他学徒，提高不少。赵万善在村里行医十多年，医治了不少百姓，挽救了不少生命，深受大家尊敬和认可。

赵万千师范学校毕业后被分配到岭沟乡塘岭小学教书，一干就是40年

赵万千的各种荣誉证书图片

赵万千在1989年评为全国优秀教师

（1961—2001）。1984年9月老校长退休后赵万千被提拔成为校长，他为党的事业鞠躬尽瘁，做出巨大贡献。以前这个学校教学质量较差，经过他的不懈探索和辛勤付出，学校的管理和教育教学质量都有了很大的提升，成为全市农村的示范学校，赵万千因此代表岫岩县在四县三区的经验介绍会上发言，他就如何发挥党员先锋模范作用、带领全体教师改善学校落后面貌、办出山区特色的村小，关心教师生活、注意工作方法以及调动全体教师的积极性使学校教学成绩方面走在全市前列四方面做了精彩分享，他的发言和工作方法受到省市县领导的高度肯定和赞赏，并得以推广，由于治理学校有方1989年他被评为"全国优秀教师"。

二、松树嘴赵家

（一）家族来源与人口繁衍

1. 家族来源

赵家祖先是从山东省莱阳县逃荒到辽宁省岫岩县，当时兄弟三人，在山东省烟台上船，由于人多三弟挤丢了，在大连下船后兄弟两人先来到岫岩县洋河镇样子岭村的大东沟组。几年内人口繁衍迅速，大东沟就一条沟，地和山都有限，不够养活这么大一家子人，因此，赵家家长决定将家里最小的儿子留在大东沟，这就是后来的"三份"。老人带领长子和次子及家眷另谋生存之地，他们去了邻乡岭沟乡的兀拉草沟（现在那里归属岭沟乡山城村），在那里生活了

7辈，人口更是剧增，土地也不够用了，所以，次子这支人就搬去了砬子后（现在这个地方归属岭沟乡塘岭村），这就是后来的"二份"，迄今为止一直居住在那里。这支人的后人有赵富和赵贵，赵富是村民兰香阁的姥爷，兰香阁的一个舅舅叫赵万斗。与此同时，长子这支人搬到了哨子河乡的二道河，与砬子后赵家仅一河之隔，他们在大洋河的东部，这就是后来的"大份"。这支人是赵景田的太爷赵春携妻儿去的二道河，在那里赵家租地种，生活了两年，也不是很称心，后来赵春就带家人在1919年搬回到村里的松树嘴组，用种地攒下的积蓄从白连刚手里买下1000小亩地，从此定居下来直到今天。一直居住在松树嘴的赵家老人赵景田告诉调查组："我们（松树嘴）赵家先从山东省搬到村里的大东沟，后来搬到岭沟乡山城村的兀拉草沟，然后又搬到哨子河乡的二道河，最后又搬回到了村里的松树嘴。老爷赵春当时有9个孩子，6个儿子和3个女儿，这支人的老祖坟在兀拉草沟，那里埋有7辈人，赵春之前都在那里，赵春跟他儿子的新茔在塘岭村的崴子沟。"松树嘴赵家后人赵景明告诉调查组："再早在崴子沟沟里有个地方叫'铁壁挂灯'，老爷赵春就葬在那里，我爷爷和奶奶也在那里，那里埋了三辈，我五爷没去，我六爷后来挪到那里去的，我四爷在那里，那里有10来个坟茔。我四奶老了就埋在松树嘴后山，我五爷和我爹妈埋在桃树沟的后山上。我妈去世时我栽的落叶松现在都老粗了，都能破板做坨了，直径有40多厘米，我34岁我妈去世，到现在正好40年。"赵景田告诉调查组："我父母和爷爷的坟都在桃树沟岗顶上，宝辈到处都有，多数都在松树嘴的桃树沟和西山半坡，赵宝山和赵宝林在黑龙江，赵宝田在沈阳。"

赵景田告诉调查组："大东沟赵家是赵万千的父亲赵仁把范字改成'富贵荣华'，松树嘴和砬子后都没改。赵仁当时当家，有文化，如果活着现在能有一百五六十岁了。赵仁60多岁生的儿子赵万千，80多岁去世。我老爷赵春比赵仁大，如果活着现在将近200岁。松树嘴赵家是大份，'宝'辈都不在世了，砬子后赵家是二份，'宝'辈还有健在的，大东沟赵家是三份，'富'辈还有不少，松树嘴赵家和砬子后赵家的'宝'辈跟大东沟赵家的'富'辈是一辈人。"

赵景田告诉调查组："我们赵家在兀拉草沟住的时候入的旗，正黄旗，满族，我爸和我爷爷都讲过。当时岫岩改满族自治县的时候，我家就是满族。"

2. 人口繁衍

赵家来岫岩满族自治县洋河镇样子岭村的第一代是赵芳，夫人宋氏、纪氏，他们的四个儿子是第二代，居住在村里的兄弟三人分别是赵运福，李氏；赵运禄，在于氏和小于氏；赵运祥，韩氏；赵运祯走散，夫人是陶氏。第三代是赵春、赵富、赵贵、赵坤、赵金、赵玉、赵仁、赵礼、赵义、赵信，兄弟11个，娶的媳妇分别是于氏、葛氏；朱氏、马氏；任氏；于氏；赵氏；王氏；王氏；王氏、张氏；王氏；张氏；刘氏。

第四代是"万"字辈，以前起名都是这辈一个字，下一辈两个字，再下一辈一个字，再再下一辈两个字，就是这样排列。"万"字辈居住在松树嘴的有兄弟6人，赵万和、赵万顺、赵万成、赵万永、赵万玉和赵万生，娶的媳妇分别是于氏、董氏；于氏；胡氏；曲氏；林氏；王氏。赵万生后来搬到黑龙江省富锦市，赵家人口有所流动。

第五代是"宝"字辈，这辈人有赵宝全、赵宝财、赵宝喜、赵宝珍、赵宝海、赵宝家、赵宝珠、赵宝吉、赵宝英、赵宝祥、赵宝廷、赵宝太、赵宝田、赵宝山、赵宝林，兄弟15个，娶的媳妇分别为韩氏、吕氏、毕氏、曲氏、曲氏、刘氏（刘淑琴，1916—1983）、孙氏、刘氏、刘氏、林氏、王氏、孙氏、江氏、郑氏、李氏、任氏（任家梅）、张氏（张淑桂）、葛氏、林氏、邵氏、林氏（林桂芝）。后来，赵宝太搬到黑龙江省，赵宝田搬到了辽宁省沈阳市。这辈的女孩有16人，其中包括陈赵氏、孙赵氏、尹赵氏、宋赵氏、修赵氏、赵淑英、林赵氏（赵淑兰）、洪赵氏、李赵氏、宋赵氏（赵淑兰）、于赵氏、赵淑琴、赵淑德（1927—2018）、赵淑媛、孙赵氏、赵淑兰。分别嫁给了陈家、孙家、尹家、宋家、修家、栾永章、林永志、洪宝田、李洪业、宋长德、于家、张家、夏德全（1921—2000）、何正昌、孙景善、李家。还有女孩远嫁到黑龙江省的。

自第六代"景"字辈起，人口繁衍数量大幅增加，流动性逐渐加大，搬到外地的很多，如迁移到辽宁省沈阳、大连，黑龙江省鸡西、虎林、佳木斯、富锦，北京，天津市，河北省等。

（二）红白事情

1. 红事情

一般来说媒人介绍后，女方的父亲要先来看看男方，打听一下，看看这个人怎么样，一般情况下男方家也会去看看女方，双方的父母亲同意后就会定下这门婚事。男方选定结婚的日子，通常结婚前一个月"送日子"，去女方家告诉哪天结婚，吃顿饭，把钱给她家。

结婚当天男方早上去女方家把女孩接来，娘家送闺女的有父母、大伯、大妈、叔叔、婶子、大姨、姑姑、舅舅、兄长、大嫂等，来的时候人数是双数，回去的时候是单数。新媳妇穿的衣服、裤子、鞋子都是娘家妈做的。女方到男方家后上炕坐在事先铺好新被上，送亲的人也坐在炕上，坐一会儿就吃饭。当时流行"六六席"，6个凉碟，6个热碗，凉菜有白菜丝拌海蜇皮，炸面徽子和套扣，鸡血焖子，拌豆芽，拌黄瓜，圆葱拌豆腐泡；热菜有漂肉，土豆块炖粉条，炸土豆，豆腐炖白菜，鸡肉炖蘑菇，豆腐炖排骨。漂肉和排骨用的是自己家杀的猪。办喜事少不了肉，猪再小也要杀一头。漂肉是煮的肉，平均一个人两三片。漂肉是席上的一道重要的菜，漂肉上来的时候新人就得出来拜席。娘家亲属吃完饭就回去了，走的时候给娘家妈带离娘肉，包括猪排骨2根，大葱2根，寓意"过日子聪明"，粉条一小捆，约有两三斤，寓意"顺顺溜溜"，酒1瓶。3天回门，吃顿饭就回来了。然后是7天回门，有"占七回八两头一起发"的说法，新媳妇和姑爷第七天回娘家，带上四彩礼，有粉条、大葱、一包糖、一瓶酒，住一晚上，第八天回家，早上娘家妈给煮饺子吃，先捞一笊篱饺子留着带回婆家，捞多少算多少。

2. 白事情

老人去世后穿上装老衣服，一共7件，上衣4件，下衣3件，上面是衬衣、棉袄、外衣（套的褂子）、大衣（大棉袄、呢子大衣），下面是衬裤、棉裤、外裤，里面的衣服和裤子红色、白色都行，外面都是黑色的。去世的老人也戴帽子，用黑布缝的，帽顶上扎一个揪儿，两侧卷上，里面是松紧带；穿鞋，以前都是做的呢子帮棉鞋；戴手套，白手套。还有黑布缝的枕头，装的是谷草。咽气后抬到事先铺好的小床上，就是在两个凳子中间放块长板子，上面铺上新做的褥子，蒙上苦单。脚上绑上绊脚丝，就是用红线把两只脚绑在一起，火化的时候拿下来。在嘴里放"压口银"，以前是一小块银子，火化的时候在家把"压口银"拿出来。凳子底下放个长明灯，在碗或者盘子里放豆油，用棉花捻儿点着。去世的人右手拿"打狗棒"，就是用白面搓成一个长条儿，8～10厘米长，用火烤硬。左手拿着"打狗干粮"，就是白面小饼，用火烧硬。过去去世的人兜里还放一包五谷杂粮。停尸前的桌子上面放2摞馒头，一摞5个，共10个，还有3碗供菜，都是水煮的，一般放芹菜、小白菜和一个肉菜，一碗大米饭，上面还放些零食，会抽烟的放支烟，摆上香炉碗烧香。地上放个盆烧纸，去世后就开烧纸，主要是儿女烧，亲戚也烧，女儿买3斤6两纸，一气都烧完，烧的纸灰凉凉后包起来，有棺材的放棺材里，没有的放在骨灰盒前面，出殡时拿到茔地埋了。去世后做"岁数纸"，一岁一张，夹在草绳上，然后用一个杆子挑上，杆子在墙头里面，纸奤拉在墙外面，如果去世的是男性就挂在大门的左边，去世的是女性就挂在大门的右边。烧大纸的时候在院子里把"岁数纸"也烧了。

定纸活，就是买纸扎的车马人。还需要买幡儿，幡儿通常是逝者的儿子买的，常见的有葫芦幡、西瓜幡，等等，烧纸的时候烧掉。儿女和亲戚朋友也给逝者买花圈，一般买一对，花圈不烧，出殡后放在茔顶上。出殡的前一天定抬杠的人，一般24杠，年纪大的也有定32杠的。还需要雇喇叭匠吹喇叭，吹2天，去火葬场那天算一天，出殡送到茔地也算一天。头一天人刚去世的时候喇叭匠不用来，自己去报庙，第二天来。

至于戴孝，如果家中有老人去世孝子们都戴孝，有儿子、儿媳妇、女儿、姑爷、孙子、孙女、外孙子、外孙女、亲侄子、亲侄女、外甥女、外甥等。儿子穿孝衫，孝衫是大褂，没有袖子，胳膊出来，一直穿三天。其他亲属系孝带子，即在腰部扎长条的白布。订婚没结婚的人，其未婚妻或未婚夫带一根红带子和一根白带子，红带子宽点，先系上，白带子系在红带子的外面，都耷拉在前面。过去死者的儿女用白布把鞋面都圈上，在鞋前钉块白布。过去孝帽子没有帽檐，两边折下去的，上面钉个棉花球。如果逝者为男性，钉在左面。如果为女性，钉在右面。如果2个都没了，不钉棉花球。

人去世之后，家里在每次吃饭之前，孝子们都需要到山神庙报庙送浆水，喇叭匠在前面吹着，孝子在后面跟着。到了山神庙，先把瓢里装的粮食倒在地上，然后跪着烧纸，最后磕头，磕完头往回走。

送盘缠，即傍晚上山神庙烧纸车纸马纸人，时间通常在太阳落山的时候，下午三四点钟。在山神庙前摆好纸活，把烧纸放在纸车里面，在外面再放一些，一般帮忙的人点火，围成一圈点着火后磕头，孝子回家，帮忙的人在继续烧纸，烧完回来吃饭，一般送盘缠前还去一趟山神庙报庙，回来再烧纸活，也有的人家不报庙只烧纸车纸马纸人。晚上吃完饭上仙席，喇叭匠吹着。过去仙席主要是面活，雇大师傅做，一岁一样，吃的菜都能做，就是不放盐，但不能做鱼和鸡蛋，面活可以做鱼、桃、茧蛹、青蛙等，一般面活有的菜就不用再做了。上完仙席就开始"烧大纸"，喇叭匠吹着，在烧大纸的过程中"哭七关"，有个女人专门"哭七关"，一边哭一边唱。烧完大纸，撤灵棚，第二天早上出殡。出殡的前一天晚上，在窗台上放一把木梳、一碗水和一个镜子。

清早出殡，出殡前把烧大纸的灰清扫干净。出殡的时候一般是冬天五六点，夏天三四点，不能见阳光。大儿子打幡，姑爷给撒纸钱，找邻居帮忙拿东西，抬杠24人。抬杠只负责将棺材抬到茔地，不负责埋，亲属负责埋。墓穴，当地人叫"框子"，出殡前一天挖，都是邻居互相帮忙。灰包放在棺材里面。茔都需要打向口，在平坦的地方打，就像盖房子打向口一样，茔地的向口一般都朝南。

老人去世的时候买的烧纸要留一些"烧七""烧周年"。少留几张就行，其他的另买。三周年的时候所有的纸都烧光。通常烧"一七""二七"，一直到"七七"，都到茔地去烧纸。另外"烧百日"，"烧一周年"，"烧二周年"，"烧三周年"，生日烧3年，总共14个需要烧纸的日子。"烧七"和"烧周年"只有儿女，"烧三周年"亲戚也去，是最隆重的一个，也是最后的一个，家族都很重视。"烧七"、过生日、"烧周年"除了烧纸，还要供菜，供大楂子饭、两摞馒头共10个。如果老两口去世一个就供一碗饭，摆一双筷子，如果两个都去世了，就供两碗饭，摆两双筷子，碗和筷子结束后都拿回来。饭菜都供少半碗，结束后饭菜都倒在那里。"烧三周年"的时候，如果茔地太远就不去茔地，而是"望空"，就是出村庄，在东边的十字路口烧纸、磕头。在过年过节的时候，如除夕、正月十五、清明、阴历七月十五、阴历十月初一也会"望空"，烧纸、磕头。因为茔远不能去，过去"望空"都写祭文。供奉的家庭三年之内不能贴对联。

（三）时令节日

1. 清明节

清明节，赵家跟其他大姓一样，带上香和纸去上坟，像城市扫墓似的。到了茔地，先把香插在茔门前的地上，或者插在香炉里，茔门是三块石头砌的，像小庙似的。然后烧纸，一般都烧1捆纸，也有烧4捆的。香燃尽了磕3个头，就可以了。

2. 端午节

端午节，又叫"五月节"，赵家人通常包粽子、炸油炸糕来庆祝节日。端午节戴五彩线（五股线），有红绿黄黑白5个颜色。大人、小孩子都戴，七八十岁的老人也戴。猫、狗也戴在脖子上。门、老窗户框也绑。五月初五早上戴上，过了初五哪天下雨就解下来扔在水里，希望不好的事件都被带走。赵家人还插上辟邪之物——一根桃树枝、一根菖蒲、一根艾蒿，一个小笤帚，把这些东西扎在一起插在窗户上门框上。赵家人过五月节还要吃鸡蛋，当地有句话："过节不吃蛋，穷的乱窜。"赵家人过五月节还炒菜，要有鱼有肉，还包饺子，比较隆重，像过年一样。

3. 中秋节

中秋节，又叫"八月节"，赵家人要"圆月"，也叫"敬月"，庆祝丰收，这是古代留下来的传统。7点多钟，月亮上来以后，把家里吃饭的桌子摆在院子里，上面摆一碗毛豆——必须摆毛豆，兔子吃毛豆，再放2个苹果、一串葡萄。男的戴草帽——当地叫"乌连头"，是用苇子编的，磕3个头；女的不戴草帽，也磕3个头。小孩也磕头，不戴草帽。庆祝"八月节"不烧香不烧纸。桌子摆半个小时就可以撤到屋里，上面摆的东西人大家分吃了。小孩子爱吃苹果和葡萄。

4. 春节

春节，阴历二十三过完小年就开始正式准备过大年。首先，二十三升灶老爷。傍晚在院子里地上放两个碗，一个碗里面放满水，另外一个碗放一把谷草，再放点儿苞米和高粱，用来喂灶老爷骑的马。然后把灶老爷像点着烧了，烧完之后放鞭炮。小年这天必须吃饺子。阴历二十五到二十七杀鸡买鱼，冻上，二十八二十九买青菜。阴历二十三之前就炸油丸、炸油炸糕、炸套扣、炸面徽子、炸菜丸。赵家通常在12月末杀年猪，猪肉的做法通常有烀瘦肉蘸酱、炒菜、焖五花肉、包饺子、炖排骨、灌血肠、烀猪蹄子。二月二烀猪头，用酱油酱。蒸通常蒸高粱米年糕和玉米面年糕，高粱米年糕黏，苞米面年糕不黏。

年三十早上吃饺子，中午最丰盛。过年做菜讲究"十全十美，事事大顺"的寓意，常做的菜有排骨炖豆腐泡、鸡肉炖蘑菇、焖肉、炖鲤鱼、豆腐炖白菜、生菜蘸酱、猪肠炒辣椒、皮冻、芸豆炖瘦肉、焖辣椒等，其中焖辣椒就是在辣椒里面放上肉馅，然后放锅煎。赵家人过年的特色菜是鱼汤。半夜发完神纸放鞭炮，然后进屋吃饺子、守夜、烧大高香。初一早上吃饺子，供桌上放一碗饺子，两三个。

过年贴年画，贴画、挂画都有。赵家过年还贴窗花。

（四）祭祀祖先

年三十上午摆上供桌，把宗谱挂在北面墙上，宗谱下方最近处放5碗饭，下一排放5碗菜，2摞馒头，最外面中间放香碗，两边各放一个酒杯，再各放一个蜡台，上面插着蜡烛，半夜12点发神纸的时候点一会儿蜡烛。还得蒸一个长长的面鱼，七八寸长，4寸宽，用白面做的，三十傍晚由妇女蒸。面鱼的两只眼睛是小豆，用刀割个口儿做嘴。发神纸的时候先把家里吃饭用的桌子拿到院子里摆在台阶下面，把供桌上的2摞馒头，2个供菜（一个肉丸、一个菜丸），2杯酒，香炉碗拿到外面的桌子上摆好，点上一小捆香，酒杯里倒上酒，然后在桌子前面，人面向朝南的方向烧纸，面鱼压纸，烧糊的面鱼也可以吃，然后磕3个头，最后放鞭炮，放完就撤桌子，馒头、供菜、酒杯、香炉碗都拿回屋里，放在供桌上面，在供桌前面磕3个头，烧几张纸。然后吃饭。赵景田告诉调查组："其实供奉就是把宗谱打开了，看看有几辈人，都叫什么名儿。老人说的，从上往下看，有什么人，都范什么字，记着祖先，不忘祖先。"

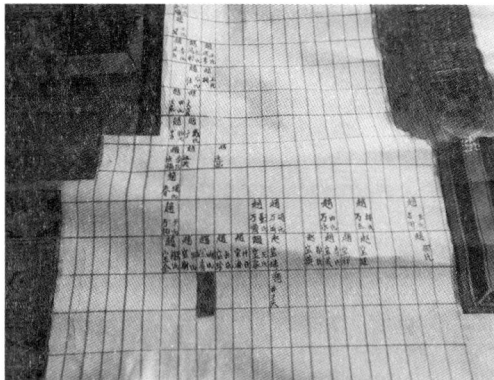

老谱单

祭祖使用的香炉碗

赵景田小时候他家供奉的时候摆五碗供菜，包括一碗肉、一碗白菜、一碗香菜、一碗鸡蛋饼、一碗豆腐。其中，一碗肉必须是猪脖圈肉，因为那里是"第一刀肉"，把肉切成大薄片，备用。用杏条弄成"三国撑"插在碗底的豆腐或萝卜上，3根棍上都先缠上白菜叶，然后把切好的大肉片围在白菜叶上，围严实后看不见里面的白菜叶，外面用一段3厘米长的小刺针插上。"三国撑"顶上的尖儿绑在一起，再插上2个丸子，最上面插上供花，这样每碗都一样高。20世纪60年代以前是买5个在银纸上用刀刻的人，摆的位置有说法：1个带有老者图案的摆在正中间，4个带有年轻人图案的摆在两边，都是"脸"对"脸"，有2个"脸"朝东，有2个"脸"朝西，图案都一样。刺针就是在刺榆树上摘的杏。一碗香菜，也是用杏条弄成"三国撑"插在碗底的豆腐上，3根棍上都先缠上白菜叶，外面披上一个大整棵香菜，根朝上，2个丸子和供花插在香菜根上。一碗鸡蛋饼，也是用杏条弄成"三国撑"插在碗底的豆腐上，3根棍上都先缠上白菜叶，外面围上一整张鸡蛋饼最上面放2个丸子和供花。一碗豆腐，也是用杏条弄成"三国撑"插在碗底的豆腐上，3根棍上都先缠上白菜叶，将豆腐干切成长长的薄片，四五片，将近10厘米长，放在锅里煎一下，趁热围上，然后用刺针把豆腐干插在白菜上就固定住了，最上面放2个丸子和供花。还有一碗专门的白菜，寓意"摆财"，选用整整齐齐的大白菜，去掉外皮儿，整个大白菜放锅里烫一下，拿出来后，根朝下，叶朝上，放在杏条弄成"三国撑"的3个小棍上，包裹严实，然后再插上2个丸子和供花。村里人喜欢摆高点儿的供碗，认为供碗摆得高下一代人个子高。筷子靠北墙立着，下面是饭，多半碗，一双筷子对着一碗饭，共5双筷子，5碗饭。

接年。年三十早上吃完早饭就开始摆供碗，摆完后就去"接年"。从家里拿一炷香9根、3匹烧纸、鞭炮。从家里出发的时候把香点着，到了"接年"地点后，用香点燃烧纸，烧3张纸，边烧边说："赵家三代回家过年"。然后放鞭炮香一直都在手里拿着，不插在地上，结束后把香拿回来到家后把香插在供桌上的香碗里，然后磕头。香烧没了再烧3根，后来就不用一直烧了，傍晚吃饭时再烧3根，半夜再烧3根。供碗一共摆三天。初二在吃晚饭前，太阳落山的时候就开始烧香，晚上煮饺子，先把煮好的饺子在供桌上摆一碗，家里人开始吃晚饭，吃完后晚上7点多钟去"送年"：每样菜拿点儿放在水瓢里，拿到"接年"的路口，把菜倒在那里，烧纸、放鞭炮，然后往回走。

（五）饮食文化

赵家过去吃的主食主要有玉米粥、大饼子、大楂子干饭、小米子、大黄米、高粱米等，菜主要有白菜、萝卜、酸菜、老式芹菜、韭菜、老生菜、曲麻菜、咸菜等。赵家人年年挖菜窖储存蔬菜，萝卜窖放萝卜，土豆和白菜放在白菜窖里面，不放在一起。菜窖通常有七八尺长，5尺多深，菜窖上面留2尺见方的门，门用玉米秆卡住，上面压些土，第二年填上还种地。

赵家人会自己做豆腐，具体做法是：先把豆子用水洗一下，用磨磨成小楂子，然后用水泡一天，第二天再用磨磨，磨下的"豆破子"倒入锅中，加入热水搅和，不用烧开，然后放入豆腐包吊起来，底下用水桶接着豆浆做豆腐。把豆浆放入锅里，烧开了盛到缸里，用卤水点，将豆腐包铺在筐里，把缸里的豆腐舀到筐里，用豆腐包卷上，顶上放个盖子，用石头把里面的水压出去，就成豆腐了，切成一块块的。豆腐渣炒炒能吃，也可以回来喂猪。赵家人还做"小豆腐"：豆子洗好后上磨磨磨成楂子，用水泡一天，第二天再磨"豆破子"，碎碎的，黏黏糊糊的。这时锅里放上事先切碎的萝卜缨子、白菜叶子，边烧边倒入"豆破子"，一多半菜，一小半"豆破子"，边倒边搅和，慢慢地地汤炖没有了，干乎乎的，这时就好了，没有豆腥味了，盛出来就是"小豆腐"。赵家人都喜欢吃。

赵家最爱也是最拿手的菜就是鱼汤，是赵家饮食的一大特色。先把鱼放入锅里炸，炸好后添水，炖半小时，然后放上调料，常常用的调料有花椒、大料、葱、姜、蒜、料酒、蚝油、虾油，炖5~7分钟就好了。

下大酱。做酱要有酱引子，十五六斤苞米炒后用磨磨碎，用热水和好，攥成小团。放纸箱子里，用干净布封好，放炕梢发酵，待到长白毛，用水把毛刷干净后，用碾子压碎了备用。把四五十斤豆子洗好放锅里炸，炸烂在锅里捂着，豆子变成红色后捞出来，用碾子压碎，加入酱引子、花椒、大料、味素和盐拌好，倒在缸里，把炸豆子的水也倒进缸里，搅拌后上面撒盐，然后封3张纸，最后用塑料封上，盖上盖子，上面用石板压着，发两三个月才能发酵好。

（六）爱好特长

伴随新中国成立而出生的赵景明，虽然只念过6年书，但是心灵手巧，不仅会打戒指、画宗谱，还会装机床、烧电焊。他还会画灶老爷像、天地牌，所以也去集市卖灶老爷像。为了吸引顾客，他还编了一套话儿："灶老爷，天地牌，一共只要一元钱，有来买的过来瞧一瞧，看看几龙治水，几人得辛。"他还会打上梁用的太平钱，也可以挂在车上，他有样板，有的是用铜造的，有的是用木头刻的。赵家后人有人会唱评剧、唱歌，会踩高跷、扭大秧歌，等等。

（七）满汉联姻

1. 赵家和曲家联姻

赵景田的爱人是曲塘坊的曲悦珍，父亲是曲全和，他们有4个孩子，3个女儿，1个儿子。

赵景玉的爱人是曲塘坊的曲悦贤，父亲是曲全和，他们有2个孩子，1个儿子，1个女儿。

赵景琴的丈夫是曲悦生，40多岁去世，若健在八十七八岁。赵景琴健在，85岁，父亲是赵宝英，母亲姓郑。他们有2个儿子，曲友芳60多岁，曲金芳60岁左右，都住在黑龙江省诺河市。

赵宝财的爱人是曲塘坊的曲氏，他们一直居住在松树嘴组，他们有1个儿子赵景堂，今年85岁，现在住在女儿家。

2. 赵家和杨家联姻

赵景芳，赵景文的大姐，其丈夫是窝棚沟的杨普林，若健在100岁左右，他们没有孩子。

赵景武的爱人是窝棚沟的杨兴运，今年72岁，他们有2个儿子。

赵运杰，今年67岁，已退休，以前在洋河镇中心小学教书，当过校长。他的爱人是窝棚沟组的杨淑清。他们有1个儿子，今年40岁。

3. 赵家和任家联姻

赵凤的丈夫是松树嘴的任宜廷，父亲是任家全。他们有2个孩子，1个儿子，1个女儿。

赵宝祥的爱人是松树嘴的任家梅，父亲是任传儒，兄弟是任家增和任家贵。他们有5个孩子，3个儿子，分别是赵景忱、赵景玉、赵景顺，2个女儿，是赵景凤和赵景娥。

4. 赵家和李家联姻

赵宝俊的爱人是任家堡组的李氏，他们有3个孩子，2个儿子，1个女儿。

赵氏的丈夫是李洪业，任家堡人，现已去世。他们以前住任家堡组，老两口都没了，6个孩子，1个儿子叫李俊田。

5. 赵家和张家联姻

赵景深的爱人是张家堡组的张淑桂，在旗人，1928年生人，80岁去世，父亲是张长春，母亲是关氏。赵景深有3个儿子，1个女儿。

6. 赵家和何家联姻

赵淑媛的丈夫是松树嘴组的何胜昌，在旗人，土地改革时从岫岩北部偏岭镇八家堡搬到松树嘴，后来搬到黑龙江省，老两口都去世了，有个儿子叫何世宏，比赵景田小二三岁，40年代出麻疹，8岁就去世了。

第三节　任家堡赵家

样子岭村的任家堡赵家以前是一个大家族，清朝时是大户人家，20世纪五六十年代，任家堡赵家人口流动性很大，有搬到村里长岗组的，有搬到其他乡村的，还有搬到黑龙江省的，很多赵姓后人搬到外地谋生活、求发展，所以现在居住在任家堡的赵家户数远远不如从前，主要有赵义海、赵世民、赵世亮等8户赵家后人。根据2020年第七次人口普查，2020年任家堡组有赵姓8户23人，算上从任家堡组搬到长岗组的2户6人，共10户29人，而任家堡组2020年共有人口70户215人，赵姓仅占14.29%和13.49%。

一、家族来源及人口繁衍

（一）家族来源

一直居住在任家堡的赵家后人赵义海听老人说祖上是从山东省登州府莱阳县赵家庄过来的，从祖先赵福城这辈来岫岩县，赵义海祖太爷赵福城的儿子是赵长春，赵长春爱人李氏的孙子李洪贵告诉调查组："听我叔伯哥李洪坤说，我们的老三爷李万胜把他的姑爷赵长春迁到任家堡的，赵长春家以前住在邻乡（岭沟乡）塘岭村，过来后一直在样子岭村居住，至今有200多年。传说赵长春算得特别准，李万胜也喜欢这个大姑爷，就想把他留在身边。"赵家后人赵义同听家里的老人说："当时是清朝，从山东过来好几支人，都散了，丢了一支人。"后来他打听到岫岩县苏子沟镇的赵家跟他们范字一样，可能是丢的那支人，但没去相认。赵家后人赵世民听赵德和的儿子赵永广说，山东省济南市历城区西营镇赵家庄村跟他们的范字也一样，但是也没有联系。赵家老人一直都传说任家堡赵家与岭沟乡塘岭村的赵家堡组（二道沟）和岭沟村四队姚人沟的赵家是一支，排辈范字都一样，但是跟村里的大东沟组和松树嘴组的赵家却不是一支人。赵义海没听说过任家堡赵家入过旗。

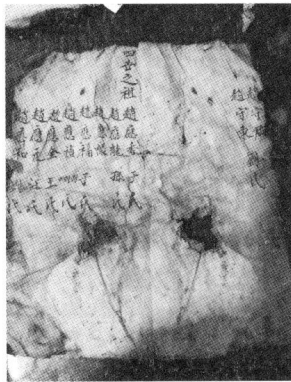

赵义同家保留的残存老谱册

（二）人口繁衍

迄今为止，任家堡赵家这支人在村里生活有8代人，代际情况如下：第一代是任家堡赵家祖先赵福成，夫人是姜氏；第二代是赵长春，夫人是李氏；第三代是"德"辈，共有6人，分别是赵德宽、赵德明、赵德泰、赵德生、赵德会和赵德和，他们都居住在村里的任家堡组，都务农。其中，赵德宽有一个女儿，后来嫁到岭沟乡塘岭村的张家，失去联系；赵德明，夫人是洋河镇何家堡村的姜氏，他们有3个儿子，1个女儿；赵德泰也有一个女儿，也嫁给张家；赵德生有1个女儿，3个儿子；赵德会，夫人是岫岩县雅河乡的李氏，他们有4个儿子，4个女儿；赵德和，赵义海的六爷，夫人是东港市的由氏，3个儿子，3个女儿。第3代人的6位夫人也都务农。

第四代是"永"辈，男孩13人，分别是赵永顺、赵永斌、赵永章、赵永玉、赵永胜、赵永青、赵永田、赵永江、赵永国、赵永林、赵永广、赵永昌、赵永典，这辈人都去世了。其中，3人住任家堡，2人住长岗，1人搬到岭沟，1人搬到抚顺，1人搬到东港，4人搬到黑龙江，还有一人不知道。他们夫人的姓氏有万、宋（振荣）、邢（淑珍）、李（两人）、刘、栾、曲、林（桂英）、张，有3人不知道姓氏，她们的娘家居住地有曲塘坊（两人）、任家堡、南唐家堡、岭沟（5人）、新农、抚顺、黑龙江，还有2个不知道，她们绝大多数是农民。这辈的女孩有9人，分别是赵淑华、宋赵氏、赵淑荣、赵淑花、赵淑忱、赵淑清、赵淑珍、赵淑香、刘赵氏，其中有5人嫁到本村的任家堡、松树嘴、窝棚沟、曲塘坊、张家堡，还有有4人嫁到外地，2个后来搬到黑龙江，1个后来搬到抚顺市。她们丈夫的姓氏有于（两人）、宋、杨（两人）、刁、隋、李、刘，他们有松树嘴人、岭沟人、窝棚沟人、贾家堡人、曲塘坊人、张家堡人、杨家堡人（两人）和山东人，他们绝大多数是农民。

第五代是"义"辈，男孩21人，分别是赵义全、赵义田、赵义令、赵义同、赵义堂、赵义廷、赵义库、赵义宝、赵义芳、赵义军、赵义申、赵义臣、赵义峰、赵义生、赵义德、赵义喜、赵义海、赵义奎，还有3个不知道名字，这辈人三分之二已去世。他们主要是农民，还有铁路工人。其中7人住任家堡，1人搬到长岗，5人搬到黑龙江，3人搬到凤城，1人搬到山东，1人搬到岭沟，还有3个不知道。除了4人单身，他们的爱人间姓氏有曲（淑清）、管、刘、兰、雷（两人）、李（两人）、高、张、王、林，还有5个不知道姓氏的。她们的娘家居住地有曲塘坊、长岗、任家堡（4人）、张家堡、贾家堡、岭沟、凤城（2人）、沈阳、山东、黑龙江牡丹江，3个不知道的，她们绝大多数是农民。这辈女孩有20人，分别是赵义凤（2人）赵义梅、赵义珍、赵义荣（2人）、赵义英、赵义娥、赵义秀、赵义清、赵义新、赵义红、赵义琴、赵义香、赵义兰、赵义敏、赵义华（2人），2个不知道名字。她们多数是农民，还有小学教师、文化站站长。她们嫁给本村的有8人，分别是任家堡（3人），长岗（5人），占40%，嫁到外地有10人，分别贾家堡（2人）、岭沟（2人）、东港（4人）、鞍山、吉林长春，还有2个不了解情况的。后来有一部分人搬家到孤山镇，北京，河北邯郸市，山东省，黑龙江省（5人）。她们丈夫的姓氏有张、潘、兰、王（3人）、白、马、任、周、董、洪、栾、李（2人）、林、修，3个不知道姓氏的。他们多数务农，还有一人在电业局上班。第六代是"胜"辈，村里范"世"字，男孩有18人，女孩有17人；第七代是"文"辈，男孩有6人，女孩有7人。第八代是"光"辈，男孩有3人，女孩有1人。

二、红白事情

（一）红事情

男方由媒婆（7队人）陪同用马车去女方家接亲。新媳妇接回来，坐在炕上的结婚被上。女方送亲的有婶子、叔叔、大爷、大娘、姑姑、哥哥、嫂子（以前女方家爸爸、妈妈不送亲，现在可以），来了六七人，不超过8人，坐一个小车。男方家父母亲戚陪着，有叔叔、婶子、大爷、大娘、姑姑、姑父，还有街坊邻居，男方10人。举行了一个非常简单的仪式，就男女双方上台行了个礼。然后开席，当时都是"六六席"，6个凉菜（碟），6个热菜（碗），一共12个菜，20来桌。热菜有鸡肉炖粉条、炒土豆片、炒豇豆、炖芸豆、炖2条小鲅鱼、炒豆腐泡，凉菜有凉肉、拌白菜丝粉丝、炸套扣、炸面馓子、地瓜丸、鸡血焖子。那时的家常菜就是酸菜、白菜、地瓜梗、干菜豆、干芸豆，过年过节办事情炸油丸、炸地瓜，再做点儿豆腐。3天（7天也行）回门拿4样礼，一瓶罐头、槽子糕、白酒和苹果。

任家堡赵家办红事情邀请的人都是亲戚，绝大多数都是自己家的内亲，赵义海结婚时住在附近的亲戚都来，有姑姑、叔叔、大爷，姨都没来，住得都远。

（二）白事情

人在家去世后，在屋里停三天，分为大三天，小三天。中午12点之前去世的是大三天，中午12点之后去世，是小三天，这种情况就比较忙碌。

装老衣服都是买的，用花其布，三四百块钱，一般外面是黑色，里面是白色，衣服都不带领。裤子里面是衬裤，外面薄棉裤，最外面是单裤子，上衣也一样，里面衬衣、棉袄，外套一个衣服，再外面是棉袍，上面4件，下面3件，共7件。

穿完衣服放在两个凳子搭的长板子上，板子上面铺褥子，放在外间，脑袋冲着屋门。人去世后在嘴里放块压口银，即一小块银子用红线拴着放在嘴里，脚上放绊脚丝，即把两只脚用红线绑一块儿，来参加白事情的亲属每次吃饭前都要去山神庙报庙送浆水。男的（儿子）穿孝衫，无扣；女的（女儿）戴孝帽，即2块布拼在一起，带尖，后脊拉一长一短，长端的六七十厘米，短端的50厘米，去世的是男性，左侧长，去世的是女性，右侧长。由喇叭匠或管事的领着去报庙，雇个人在前面拿浆水瓢，瓢里放点儿小楂子，倒儿点水。报庙家里的男女老少都去。以前报庙都有孝棒，报庙的过程中拿着，孝棒是用高粱秸秆扎的，大约2尺长，上面一段缠白纸，手握的那一段五六厘米不缠，每次报庙都拿着。到了"山神庙"，把"浆水"倒在"山神庙"四周，边倒边说："你们吃吧，我们该吃饭了。"然后烧纸烧香，最后冲"山神庙"磕3个头，然后往回走。"山神庙"不高，由三块瓦或者小石头搭的。报庙回来吃饭。

第二天早上送火葬场，之后将骨灰盒放在寿材里面。寿材里面铺上褥子，放几件以前穿的衣服，4个角还放4包纸灰。棺材是落叶松木的，长两米半，宽和高都是七八十厘米，底板厚1寸，帮板厚2寸，天（盖）板厚3寸，在湾沟村买，2000多块钱。出殡前一天下午（在送盘缠前）接经，敬死者，倒酒，磕头，烧纸。

第二天下午送盘缠，将扎的纸车纸马纸人都拿到"山神庙"那里去烧，送盘缠时也烧打狗棒。送盘缠时先念"马票"，地理先生就念死者叫什么名，现住哪处，享年多少岁数，什么时候生的等。念完就开始烧纸活。

晚上传宴席，做五六十道菜，孝子一个个往下传，传到最后摆在桌子上。一边传宴席一边"哭七关"。晚间烧大纸，亲戚、朋友都拿纸在寿材前面烧，所有的纸都烧了，烧完再磕头。烧完大纸撤灵棚，第二天早上就出殡了。抬寿材之前钉寿材盖，摔瓦盆，抬着上山。怎么抬也有讲究，这里涉及"抬杠"，有16个人的，有24个人的，一般用16个人。寿材底下放2个横杠子，用绳子绑上，再弄小杠，一面8个人，前后16个人。

出殡当天晚上"送火"，送三天，就是在坟前点柴火。三天"圆坟"，撒五谷杂粮，左绕三圈，右绕三圈，一边走一边扬土。"烧七"，"一七"和"二七"都不烧，从"三七"开始，儿女带供饭供菜、酒烧纸和香，一直烧到"五七"。

烧一、二、三周年也供饭菜。

任家堡赵家家族中红白事"办事情"，邀请的人际圈绝大多数都是亲戚，还有一些街坊邻居，前来参加的人多数都是本村的，还有个别来自本村外其他地方的亲戚。

三、时令节日

（一）清明节

清明节是祭祀祖先的一个重要节日，任家堡赵家非常重视，也舍得为此花销，他们的过法跟村里的其他姓氏大同小异。早上去上茔，时间上没有严格限制，一般早上六七点钟不吃早饭就去。事先准备好纸品。到了茔地后，先点3根香，插在茔门跟前的香炉里，茔门是用三块石头砌的。然后在茔门前烧纸，烧纸时把酒倒在火堆周围，烧完磕3个头，以前还放鞭炮等香烧完就可以回家。现在为避免起火，不烧纸烧香了，插鲜花或永生花，压一些烧纸。

（二）端午节

端午节是纪念屈原的节日，任家堡赵家非常重视，主要体现在饮食方面。以前炸油炸糕，分鸡蛋，前在包粽子。此外还要插艾蒿，戴露线。

（三）中秋节

中秋节是团圆的节日，村里一般叫"八月节"，任家堡赵家非常重视，主要也体现在饮食方面。过去进行"圆月"，也叫"祭月"，在院子里放上桌子，摆上水果，烧炷香，敬天敬地。

（四）春节

春节，俗称"过年"，是一年中最重要的节日，也是最隆重的节日，任家堡赵家特别重视，主要体现在饮食、祭祖等方面。过了阴历二十一、二十二，就开始炸油丸，炸油炸糕，做豆腐，蒸馒头。一般在12月末或1月初杀猪，炼猪油。过了阴历二十六、二十七，天气好的时候就贴对联。以前还贴"春条"，贴"抬头见喜""出门见喜"。贴对子，猪圈、鸭架、苞米仓、驴圈、井、车、马圈、铡草窝子，各有各的对子。还贴窗花。给灶老爷像烘香。天地牌，供在外面墙上的，贴一副小对联，下面搭个板，摆1个香炉碗烧香，香炉碗是木头的，刻花，不供馒头和菜。大门和屋门贴一幅挂旗，挂旗是五彩的。

三十早上吃完早饭开始摆供碗，宗谱拿出来挂在北墙上，底下摆5碗饭5碗菜，前面是香炉碗。摆完供桌供碗后，下午五六点钟接年，也叫接神。1个人去就可以，从家里出去，拿一炷香，纸，放鞭炮，念叨："老们老啊，回家过年，回家过年"，磕3个头。回家到大门外，将小木头杆横在大门外的地上，给"老们老"回来拴马，叫"封门"。不关门，供养老祖宗三天都不关门，老们老来回走。送年的时候，弄点儿碴子，装点儿水，走到大路上向着坟茔的方向，烧点儿纸，把东西倒了。就把年送走了，不用说啥。初二晚上四五点钟，以前会多供养一会，晚上七八点钟再送。

三十晚上"发神纸"。发神纸就是把过去一年不好的东西都烧掉，寓意把不好的东西都打发走了，新的一年开始新的生活。半夜11点左右，在外面院子正中间摆上桌子，摆上香碗，蒸11个馒头，5个一摞，摆2摞，下面3个，上面2个，额外的一个馒头叫"发纸馒头"，在旁边放着，烧纸的时候把这个馒头烧掉，家里大人磕3个头，最后放鞭炮，然后回家吃饺子。吃饺子时先给"老们老"供桌上放一碗，再给灶老爷像供一碗。每次吃饺子都给供桌换一碗。初二晚上，先烧点儿纸，收拾宗谱，最后送年。正月十五，不用接神了，十四开始摆供碗，摆3天。

四、祭祀祖先

三十早上吃完早饭就开始摆供碗——二十九过年就二十九摆供碗，在正北方向，在厨房窗户的那个位置，把宗谱拿出来挂在那里，下面放一张供桌，然后把事情准备好的馒头和饭菜摆在供桌上。宗谱最近处是5碗饭，每碗大半碗大米饭，贴近老宗谱，放上筷子，筷子不插在饭里，斜着靠宗谱上。饭前面是五碗菜，每碗菜都用松条穿上，摞起来，最上面插上一朵供花。供菜通常有几块肉丸子、白菜、鱼、粉条、鸡蛋，插菜的棍呈现"三国撑"，一根棍下面劈开成三瓣，插在碗里的萝卜丝或者酸菜上固定，最上面削个尖儿，往上穿东西，一个棍上插5样，5个棍就是5碗菜。再前面是两摞馒头，一摞5个，底下3个，上面2个，共10个馒头。中间摆上装高粱米的香炉碗用来烧香，一共3个木质香碗，一个香碗插1根香。两边各放一个香筒。阴历三十过年是大经过年，阴历二十九过年，没有三十，就是小经过年。三十、初一、初二供奉3

天，然后送年。

正月十五还供奉3天，正月十四开始。宗谱有时候挂，有时候不挂，把供桌供碗摆上就可以，正月十四上午摆供碗，不摆那么高了，都是菜放点水，叫汤碗。通常摆的菜有肉、白菜、豆腐、粉条、鱼（以前是油丸）。也摆馒头，没有就摆糕点。也烧香，磕3个头。正月十六早上拿下来就可以了。

正月十五送灯，以前是豆面灯，南北普遍。豆面灯的优点就是能定住型，上锅蒸后不走形。用豆面捏个小碗，苫房草的杆，上面用棉花缠上，蘸上蜡油后一点就着了，另一头插在碗里，碗里倒上蜡油一个坟头送一个豆面灯。灯送到坟前，磕3个头。后人一份送一个。

五、饮食文化

（一）常见饮食

任家堡赵家在饮食方面，经常吃的就是五谷杂粮，有小楂子、大米、白面、小米。菜通常有白菜、酸菜、辣椒、茄子、芹菜、芸豆、土豆、山菜。拎闲饭，也叫拎片汤，汤在中间，里面的菜弄好后，和地瓜粉子或者土豆粉子，往锅边一倒，里面汤往上一浇，一片一片的，像干豆腐片，滑溜溜的。还有猪骨头炖酸菜、猪排骨包菜干粮、白菜炖豆腐放小虾米、打鱼面酱、包饺子、蒸饦面馒头、酸菜炖冻豆腐等。

（二）猪肉吃法

任家堡赵家同其他姓氏一样，猪肉吃法通常有猪排骨、血肠、猪蹄子、猪头肉、猪下水、猪肚、猪肝、猪心、猪肺子。过年烀肉，炒一碗瘦肉或者五花肉，蒸一碗五花肉，烀好的瘦肉蘸蒜酱，排骨烀完炒。赵义海最爱吃烀瘦肉蘸蒜酱。

六、爱好特长

唱大鼓书，一般需要3人，一人敲鼓唱书，一人打板（敲板），一人弹弦伴奏。大鼓书的主要用具有一个鼓、一个鼓板、4个鼓槌（鼓棒、鼓键子）、一个扇子以及一个醒堂木。

捏面人，可以做十二生肖，天上飞的、地上走的，都可以捏。最不好做的就是鹤，脖子长容易耷拉。

钢笔画，钢笔画主要是线条，粗线条、细线条，最大的特点就是不能改，不能画错。

七、满汉联姻

1. 赵姓与曲姓的联姻

赵永江，赵义海的父亲，其爱人是曲塘坊组的曲氏，一直居住在任家堡组，他们有5个孩子，2个儿子，3个女儿。

赵义全的爱人是曲塘坊组的曲淑清，哥哥是曲仁和，1960年去黑龙江省，现住黑龙江省虎林市杨岗镇太和村，他们有8个孩子，6个儿子，2个女儿。

赵世忠的爱人是曲塘坊的曲悦英，她的父亲是曲仁和，住在长岗组，后来搬到黑龙江省虎林市内，他们有4个女儿。

2. 赵姓与兰姓的联姻

赵义同的爱人是长岗组的兰桂凤，她的父亲是兰香春，一直居住在长岗组，他们有3个孩子，2个女儿，1个儿子。

赵义荣的丈夫是长岗组的兰洪奎，以前居住在长岗组，去世10余年，若健在66岁。他们有1个女儿，住大连市甘井子。

3. 赵姓与白姓的联姻

赵义娥的丈夫是长岗组的白春福，在旗人，后来搬到黑龙江省虎林市，从虎林市电业局退休，他们有2个孩子，1个儿子，1个女儿，都在电业局工作。

4. 赵姓与那姓的联姻

赵世鹏的爱人是那家堡的那桂超，她的父亲是那运岁。

5. 赵姓与李姓的联姻

赵长春的爱人是任家堡的李氏，他们有7个孩子，6个儿子，1个女儿。

赵永玉，父亲是赵德生，他的爱人是李春芳的女儿李氏，以前住任家堡，后来搬到黑龙江省。他们有2个孩子。

赵义库的爱人是任家堡的李淑兰，今年80岁，他们有3个孩子，1个女儿，2个儿子。

赵义华的丈夫是任家堡组的李俊良，59岁，住在任家堡组，经常外出务工。他们有2个女儿。

6. 赵姓与杨姓的联姻

赵淑荣的丈夫是杨本洪，以前居住在窝棚沟组，务农。去世40多年。他们有4个女儿。

第四节　曲姓

样子岭村的曲姓以前也是村中大姓之一，主要集中在曲塘坊组，清朝时期曲塘坊居住的人口都是曲姓人家。别的居民组都是后期搬来的曲家散户。20世纪五六十年代，曲塘坊曲家人口外流现象十分严重，有搬到村里那家堡组的，有搬到镇里南唐家堡村的，有搬到镇里何家堡村的，有搬到县内的雅河街道的，有搬到省内的本溪市的，还有搬到黑龙江省齐齐哈尔市和鸡西市的。很多曲姓后人搬到外地谋生活、求发展、上学上班，所以现在居住在曲塘坊的曲家户数远远不如从前，主要有曲悦忠、曲悦彬、曲悦龙、曲悦庆等曲家后人。

一、家族来源及人口繁衍

（一）家族来源

一直居住在曲塘坊的曲姓后人曲悦忠告诉调查组："祖传曲塘坊曲家是从山东省烟台市黄县曲阜村过来，曲家门都这么说，口传的。从我太爷曲彭令这辈来村的，他们哥们四个，走丢一个。我太爷曲彭令在家排行老四，是有名的'曲四爷'，他有五房夫人，其中一个'曲四奶奶'村里有名。"曲悦忠的祖父曲承先在家也排行第四，还有三位兄长分别是曲承德、曲承远和曲承宽。曲悦忠5岁（1961年）时他的祖父去世，不到60岁，他的祖母姓黄，先于祖父去世他没见过。曲家后人曲悦贵的祖父曲承宽在家排行老三，曲悦贵告诉调查组："我爷爷的妈妈

曲悦龙家供养过的百年老宗谱

姓孙，是岫岩人，老孙家大院的。"曲塘坊曲家传下来的范字排辈：和悦芳春

景，天成仁阳家，贤财庆选举，富贵志荣华。这些排辈范字都是曲悦忠听他叔伯哥哥曲悦有讲的，而且以前曲家岁数大的老人也都这么说，他听说这套范字是根据《诸葛亮巧练神术》算的。传说曲家的家谱失传了，解放前有，现在供的是宗谱。曲家后人曲悦龙、曲悦庆和曲悦彬家都供有曲家的宗谱，其中曲悦龙家供养的老宗谱有100多年了，个别字迹有些模糊不清。

曲悦庆家供养过的宗谱

曲悦忠的曾祖父曲彭令来村后买地种，曲塘坊的这块地原来都是那家堡那家的，他们来曲塘坊后买了那家的地，曲塘坊这块地曲家来得最早。最古老的曲家兄弟四人都在曲塘坊的米珠沟居住，大份曲承德，二份曲承远，他们上下院居住，就在曲悦臣（儿子曲胜芳）现在住的房子的上下院。三份曲承宽在曲悦有那趟房住，曲悦贵住的那个老房就是他们的老宅子。四份在曲悦新住的那个房的前面，曲悦福他们那趟房。分家立业后就自己找地方居住。

当时种地主要种五谷杂粮，比如玉米、大豆、高粱、谷子等，曲家当时在这地方不算困难户。曲悦忠告诉调查组："祖先曲彭令在这个地方是出名的'曲四爷'，往哪儿走都拄个文明棍，戴个小礼帽，手里始终都拿本书。周围大事小情没有他办不了的，我太爷就是帮忙的，管事的，红白喜事，什么事儿都管。我太爷曲彭令一辈子有五房老婆，不是纳妾，是死了这个娶那个，五房老婆都没陪伴过他自己。"曲家祖先曲彭令也种地，农活也干，有事办事，没事干农活。其中有

曲悦彬家供养过的宗谱

一位"曲四奶奶"持家有道，在村里小负盛名。

曲塘坊曲家有一个有意思的现象——"认户"，就是靠大户，自己的姓不用了，小姓人家跟着大姓人家的姓。他们这支人本来姓鞠，后来跟着曲家姓曲。"认户"也讲缘分。曲悦忠给调查组讲了传说的"认户"过程："我听我爹说，曲连和家以前养活马车，他家马下了一个马驹，长得好，也不讨厌，车老板喜欢，不让它干活，也不套车，就让它在车后跟着走。有一年到孤山去，那时老鞠家就在那里做小买卖，摆小摊子的。这个马驹那天不知道怎么高兴了，蹦蹦跳跳的，给鞠家摊子给踢翻了，那个时候不讲赔钱，讲说点儿小话，赔礼道歉。东家到鞠家赔礼道歉，问道：'你姓什么？'那人说：'我姓鞠。'东家又问：'你在这儿做买卖，你住在哪儿？'那人回到：'我在这儿租的房。'东家说：'你别租了，咱们做个认户，我有栋闲房，你在那儿住着，你想做什么买卖就做什么买卖。'鞠家人同意了，就来曲塘坊住下了，住的房就是现在曲伟家下面的那个房。那房子现在都要倒了，不过以前挺好的。他就熬糖、卖糖，类似现在吹糖的，他的小作坊就叫'糖坊'，从那儿以后当地老百姓就叫它曲糖坊。他们认户，从此以后那户人家就跟着姓曲了，不再姓鞠了，他的小作坊'曲糖坊'在堡子里很有名，当地老百姓也很喜欢吃他家的糖，生意红红火火。后期改地名，就把'糖'改'塘'，就叫了'曲塘坊'，曲塘坊就是这么来的。"一直居住在曲塘坊的曲悦忠经过回忆十分肯定地说曲家没入过旗。

（二）人口繁衍

曲家祖传从山东省黄县曲阜村来村，曲家人都这么说，没有文字记载，曲家的老家谱解放前失传了，现在用的字是根据《诸葛亮巧练神术》算的。从祖太爷那辈过来的，到现在是7辈，曲家也是后改的满族。

迄今为止，曲塘坊曲家这支人在村里生活有7代人，代际情况如下：第一代是曲塘坊曲家的祖先曲彭令，夫人分别是张氏、马氏、孙氏、钱氏和杨氏，曲彭令还有三位兄长，他们的名字和夫人情况不详。曲悦彬的曾祖父是曲丹令，跟曲彭令是叔伯兄弟，他们这代人都务农；第二代是曲彭令的四个儿子，分别是曲承德、曲承远、曲承宽和曲承先，他们的夫人分别于氏、黄氏、刘氏和氏，都务农；曲丹令的儿子有曲信忠和曲德忠，他们的夫人分别是氏和赵氏，赵氏是南唐家堡村张家沟人。他们这代人也都务农。

第三代是"和"辈，共有28人，其中男孩16人，分别是曲顺和、曲清和、曲全和、曲恭和、曲义和（1923年生人）、曲长和、曲仁和、曲孟和、曲记和、曲洪和、曲连和、曲滕和、曲贵和、曲成和（106岁）、曲志和、曲连和，有2人当过兵，绝大多数务农，还有个别做买卖，有在岫岩弹药厂上班的，他们都居住在村里的曲塘坊组，20世纪60年代有搬到黑龙江鸡西市、黑龙江齐齐哈尔市和本省本溪市的。他们的夫人分别是孔氏、李淑艳、刘氏、董淑芝、张氏、徐淑兰（1924年生人）、王长珍、田淑清、王淑清、吴凤兰（86，健在）、宋氏、刘淑英（102岁），另有4人不详，分别是曲塘坊人、山嘴人、葛家堡村人、贾家堡村半拉岭人、贾家堡村东房身人、岭沟乡塘岭村校干沟人，等等。"和"辈的女孩有12人，分别是曲淑香、曲淑清、曲霞（94岁，健在）、曲淑梅、曲淑珍、曲淑清、曲淑英、曲淑芳，4人不知道名字，绝大多数务农，其中有一人在鞍钢工作，居住在长岗组、任家堡组、贾家堡村瓦房店组、贾家堡、岫岩街里，他们的丈夫分别姓高、于3人、张（春爱）、孙（文贵）、赵、贾，等等，他们是长岗人、任家人、贾家堡人、岫岩人，等等，多数务农，还有一个在鞍钢工作，后期有人搬家到本省鞍山市和黑龙江省。

自第四代"悦"字辈起至第七代，人口繁衍数量大幅增加，这四代共有143人。外迁人口迁移地区包括辽宁省大连市、丹东市、朝阳市，黑龙江省齐齐哈尔市、鸡西市、鸡东市、虎林市，北京，上海等。

二、红白事情

（一）红事情

以前结婚，男女双方需要媒人介绍，在媒人的安排下，互相见面认识，若相中了，要跟父母一起认门。再看男女双方八字匹不匹配。若合适，再找人看结婚的日子。男方把日子看好了，告诉女方家。打下处，是满族的习俗。过去在家举行婚礼，结婚这一天，新郎到新娘家接亲。新娘在炕上坐着，新娘的妹妹在门口堵着不开门，新娘给了红包才能进门接新娘。新娘坐车到新郎家，捧金盆（铜的），上面蒙红布。到了新郎家门口，嫂子递鞋，换鞋下车。下车的时候婆婆接盆，以前还有跨火盆。下车踩金砖——是三块砖用金纸包的砖，道上铺红布，新娘子鞋不沾土。到门口挑盖头，这是满汉都有的习俗，盖头挑下来放在房梁上。新娘进屋上炕坐着，被上放花生、大枣和钱。先吃一碗长寿面，由陪婚的喂着吃。新房窗帘弟弟给挂。酒席第3个来上肉，上肉的时候出去拜席，给客人们敬酒点烟客人们给新娘子红包。新娘家根据条件陪送东西，一般有衣服和一套行李，包括被、褥子、枕头，被需要找"全福人"做。

（二）白事情

曲悦忠给调查组讲了办白事情，也叫办丧事的仪式。分为大三天，小三天。中午12点之前去世就是大三天，中午12点之后去世就是小三天。去世后穿送终衣服，外面是黑色的，里子是白色的，衣服不带扣。上身是三件，外衣、棉袄、衬衣，下身是两件，衬裤、外裤。停在外屋地用两个凳子搭的木头板上，板上铺褥子，头朝外。褥子是白里子红面，里面放棉花；枕头是黑色的，里面放谷草。

上面盖苫单当被，从上到下都盖严，就是一块红布，7尺长。嘴里放压口银，就是一小块银子。左手放打狗棒，右手放打狗干粮。打狗干粮是一块硬币大小的饼子，用火烧硬。打狗棒是小面棒，3厘米，手指头粗细，用火烤的。

请乐队，负责喇叭，还负责搭灵棚。喇叭匠一般6个人或4个人。

木板前面放一张供桌，上面里面放1碗饭1双筷子，一碗饭就是老两口还有一个在，如果老两口都不在了，就是2碗饭2双筷子，筷子平放在碗边上。5碗菜，还有2摞10个馒头。菜都是清水煮的，不放油和盐，可以放鸡、鱼、肉、蛋，饭是大米饭。还有一只"倒头鸡"，不用刀杀，拧断脖子去掉毛，不开膛，用红线绑起来，别让它耷拉头，用盘装着，放在供桌上，在饭菜前面。最外面中间放香炉碗，点上了根香，香一直不能断，两边在桌子前面是烧火盆，用来烧纸的。木板底下还有一个长明灯，就是用一个小盘放点儿豆油，用棉花捻成捻儿点着。

外面挂岁数纸，挂在大门口。如果去世的是男性就挂在大门左面，如果去世的是女性就挂在大门右面。岁数纸就是烧纸，一岁一张，加上天1张地1张，用绳系着，然后用杆挑起来。

每次吃饭前报庙送浆水。水瓢里装水，里面放点儿小糙子——多数是苞米糙子。吹喇叭的在前面，后面间是孝子，穿孝衫孝带。孝衫布做的，孝帽子是用白布折的，尖尖的，后面有飘带，逝者是男性左边长，是女性右边长。孝带系在腰上，逝者是男性系左边，是女性系右边。如果有刚结婚的，他们的孝带子里面带根红带子。送浆水来回都不回头，直接走到最近的"山神庙"，到"山神庙"前，烧纸烧香，磕3个头，就往回走。

第二天早上送去火化，接骨灰后，把灰撒到寿材里。

下午接旌。旌是女儿买的，女儿买旌，儿子买幡。旌是一块红布，画的南天门，现在都是买现成的，出黑先生填上岁数就可以了。过去是画的，以前任家堡的老于头会画，年轻的那润更会画。幡是纸扎的，有羊幡、葫芦幡，还要买纸活。

下午送盘缠，就是将扎的纸活一起拿到"山神庙"前烧了。在"山神庙"前摆上供饭供菜，1碗饭5个菜，菜水煮的。然后敬酒，敬酒后磕3个头，然后烧纸活。送盘缠的时候烧骠，也叫引路执照上写逝者姓名、现住址、享年多少岁，什么时候出生等。还烧包袱皮，装在纸车里烧。包袱皮就是白纸折成的纸包，正方形，像口袋一样，里面装上烧纸灰。上面写字，是出黑先生写的。代表儿子写的包袱写"不孝子……叩"，代表女儿写的包袱写"不孝女……拜"。还要烧几件逝者的衣服。烧完就往回走。花圈送盘缠时不拿，出殡时拿。

晚上烧大纸。烧大纸的时候把岁数纸也一起烧了。烧大纸不攒灰。

传宴（仙）席，就是传菜。仙席是生面做的面活，雇面师做，一般人家做三五十样。面活可以做十二生肖，做河里的鱼、蟹子，天上飞的各种各样的鸟，做好之后染上颜色。还可以请厨师做菜，肉和菜都是水煮的。还有面做的"岁数"，通常男的是"新逝故显考"、"于公讳""某某（名字）享年（多少）岁"，女的是"新逝故显妣"，其他都一样，男的是单数，17或19个字，女的是双数，16或18个字。厨师往外端，孝子一个个往下传，最后摆在桌子上。

传完宴席哭七关。孝子们都面对棺材，主要是女儿陪着哭。

第三天早上送浆水回来后掩杠子，把棺材绑在流水杠上抬到茔地。抬杠一般有24人杠，32人杠。

茔地都在山上，找出黑先生选地方，人去逝第二天就挖坑。把棺材下到坑里叫落土，把旐盖在棺材顶上，旐代表天。把幡放上。往上埋的时候叫填土，孝子顺着茔门先往左边转3圈，再往右边转3圈，边转圈边抓土往上扬。之后培土，培土后圆坟。圆坟就是抓点儿五谷杂粮，左走3圈右走3圈，把五谷杂粮扬坟顶上。现在是当天圆坟，过去是3天圆坟。圆坟后摆放花圈，摆在坟前，不烧，烧纸，孝子磕了个头，就结束了。

参加白事情不用邀请，由管事的安排。人去逝后放几挂鞭炮，鞭炮一响，附近的就都知道了。

三、时令节日

（一）清明节

清明节是祭祀祖先的一个重要节日，曲塘坊曲家非常重视，也舍得为此花销，他们的过法跟村里的其他姓氏大同小异。早上六七点就去上茔，先点3炷香插在坟前头，烧点儿纸，放2挂鞭炮，再填点土。烧完纸再磕了个头。

（二）端午节

"端午节"是纪念屈原的节日，村里一般叫"五月节"，曲塘坊曲家非常重视，主要体现在饮食方面。曲家通常在五月节做一顿比较丰盛的饭菜，包粽子或者买粽子吃，也戴露线。

（三）中秋节

"中秋节"是团圆的节日，村里一般叫"八月节"，曲塘坊曲家非常重视，主要也体现在饮食方面。过去进行"圆月"，也叫"祭月"，往院子里放上桌子，摆一盅酒、一盘毛豆、一盘苹果、一盘桃子、一盘月饼，有放馒头的有不放的，不烧香，不烧纸。月亮刚出来就摆上，摆一会儿就撤了，把吃食分给大家吃。

（四）春节

春节，俗称"过年"，是一年中最重要的节日，也是最隆重的节日，曲塘坊曲家特别重视，主要体现在饮食、祭祖等方面。腊月二十三过小年，打扫屋子，蒸年糕；二十四、二十五做豆腐；二十九之前，准备好烀大楂子、插萝卜丝、二十九贴对子、福字，三十供奉的在家摆碗。

做豆腐：把黄豆洗净后泡一天，放入石磨中磨成"豆破子"，倒入锅中加热水搅拌，然后放入豆腐包中吊起来，吊出来的浆子就是豆浆，把豆浆倒入锅中，烧开后倒入缺中，加入卤水，一边倒卤水一边搅和，看到清汤就可以了。清汤下面是豆腐脑，上面是水。将豆腐脑用豆腐包卷好放入筐中，压上重物，把水压出去就是豆腐了。

杀年鸡：有的家杀得早，二十四、二十五就杀，杀了冻上。有的家杀得晚，二十八、二十九杀了直接下锅。

炸套扣：把面擀成一个小长条，中间掏个眼，把一头拉进去，翻过来就叫套扣。还炸面徽子、油炸糕、蒸年糕。

做罐头：把水果洗净去核，装入玻璃瓶子，放上糖，上锅蒸15~20分钟，蒸好了放凉，盖好盖密封，就是罐头了。一般用秋白桃、草莓、山楂等做罐头。

四、祭祀祖先

祭祀祖先是曲塘坊曲家最重要事情之一。三十上午，吃完早饭就摆供奉。先把宗谱挂在北面墙上，前面摆上一个大供桌靠进宗谱摆5碗饭、5碗菜，两边各1摆馒头（一摆5个，下面3个，中间1个，上面1个。饭是大米饭，菜是家常菜，水煮白菜片，水煮豆腐，水煮肉片，煮鸡蛋剥皮，水煮鱼一块，不放油盐。前面是供器，香炉碗摆在中间，旁边一边一个蜡台，最外边放个香筒。有人祭祀就点3根香插在香炉碗里。

接年：三十过年就三十请，二十九过年就二十九请。下午四五点钟日头不落山供奉的人家就出去请祖先，接年。有的上茔地去请，有的在十字路口请。男主人自己去，拿个灯笼，点一炷香，口里念叨："老们老回家过年"，就可以回来了。回来的过程中不能回头。在大门口地上放一个木杆，当作拴马桩。回到家里把香插在香炉碗里磕了个头。

大门这几天都不关。这几天香火不能断，直到初三晚上送年。曲家坊曲家烧高香，70多厘米。

送年：初三晚上送年，也有初二送的。供桌撤了就送，在哪儿请的在哪儿送，接年送年不能回头。

宗谱一直摆到正月十五十五供奉一天，不请祖先，就在供桌摆上供品，过了十五就把宗谱收起来了。以前满族跟汉族习俗不一样，现在都一样了。

正月十五送灯。以前自家用豆面做个小灯碗，做成十二生肖的形状，对应去世亲人的生肖。豆面灯的优点是能定住型，上锅蒸后不变形。小碗里放豆油或蜡油，用棉花做捻，可以点亮，送到茔上，磕3个头。

五、饮食文化

主食以苞米为主，苞米粥、大饼子，还有地瓜、土豆。菜就是自己家地里种的，有菠菜、白菜、萝卜、豆角、菜豆、梅豆等。过年炸油炸糕、套扣、地瓜丸，蒸年糕。

曲塘坊曲家同其他姓氏一样，猪肉吃法通常有猪排骨、血肠、猪蹄子、猪头肉、猪下水、猪肚、猪肝、猪心、猪肺子。烀的肉蘸酱吃，还有猪肉炖白菜、酸菜。

六、爱好特长

曲塘坊人善于放蚕。

放蚕时间最长的是曲塘坊的孔庆云，15岁就跟着爷爷放蚕，18岁开始给生产队放蚕，放蚕50多年。

曲塘坊的曲悦忠放蚕的年头也不短，有40多年，他说："放蚕得分年头，看综合条件和天气、虫灾、环境等各方面因素都有关。"

曲家老一辈人中很多人都会绣枕头顶。过去枕头是八角枕头，枕头顶上都绣花。刺绣的题材广泛，有瓜果花贲、禽兽鱼虫、山水风景、亭台楼阁、诗意书法等。绣人物的，多为群众喜欢的神话传说、故事和戏曲人物等，这些人物造型朴实生动，栩栩如生。

七、满汉联姻

1. 曲家跟那家联姻

曲悦贵的爱人是曲塘坊组的那润晖，父亲是那景兰，后来他们搬到洋河镇西书苑小区居住，他们有2个孩子，1个儿子，1个女儿。

2. 曲家跟汪家联姻

汪姓是出民入旗，曲家姑娘（曲悦忠的姐姐）嫁给汪胜国的小叔汪凤银，80多岁。20世纪60年代的时候搬到黑龙江，当时曲悦忠10多岁。

3. 曲家跟任家堡赵家联姻

曲淑清，曲悦忠的姑姑，她的丈夫是长岗组的赵义全，赵义同的哥哥，已去世。20世纪60年代，曲淑清家搬到黑龙江省虎林市。他们有3个儿子。

曲悦英，今年69岁，父亲是曲仁和，住黑龙江省虎林市，她的丈夫是长岗组的赵世忠，赵世忠的父亲是赵义同的亲哥。他们2个女儿，都在大连。

4. 曲家跟兰家联姻

曲悦英的丈夫是张家堡组的兰香阁，父亲是曲亮和，解放后搬走的，与村民曲悦彬是近支，他们有8个孩子。

5. 曲家跟李家联姻

曲悦兰，曲悦忠大爷的女儿，父亲是曲仁和，丈夫是任家堡组的李俊清，现居住在任家堡组，他们有3个儿子。

曲悦琴的爱人是任家堡的李淑清，一直居住在曲塘坊组，他们有4个孩子，2个儿子，2个女儿。

6. 曲家跟松树嘴赵家联姻

曲悦珍的丈夫是松树嘴组的赵景田，今年82岁，一直居住在松树嘴组，他们有4个孩子，3个女儿，1个儿子。

曲悦贤的丈夫是松树嘴组的赵景玉，今年67岁，务农，住松树嘴组。他们有2个孩子，1个儿子，1个女儿。

第五节　杨姓

窝棚沟杨姓以前也是样子岭村的大姓之一，清朝的时候整个窝棚沟堡子都是杨姓人家，后来在土地改革前窝棚沟被土匪——当地人称为胡子，放了一把大火，这场大火把整个窝棚沟的房子全部烧光，很多杨姓人家由于无房可住就投奔了外地亲戚或者另地谋生，有一支搬到村里的松树嘴组，有一支的部分人家搬到村里的任家堡组，有一支搬到县里岭沟乡，有一支搬到丹东市凤城市沙里寨镇，等等，他们都没有搬回来，而是在外地定居生活了。这是杨姓家族人口外流空前巨大的一次，从此以后，杨姓人口锐减，此后杨姓人口也有所外流，所以现在窝棚沟组所剩的杨姓人口不到原来的一半，根据2020年第七次人口普查，窝棚沟杨家现有人口17户48人，而窝棚沟总人口数为37户116人，分别占45.95%和41.38%。松树嘴组现有这支杨姓人口4户23人，任家堡组现有这支杨姓人口5户19人，所以村里这支杨姓人口共有26户90人。

一、家族来源及人口繁衍

（一）家族来源

窝棚沟杨家后人杨福昌听家族中的老辈人传说他们的祖先是300多年前从山东省登州府莱阳县逃荒来到岫岩县洋河镇样子岭村窝棚沟这个地方，当时是清朝，杨家祖先过来兄弟三人，在大连下船丢了一人，剩下的两人来村里居住，当时太困难，他们是背包过来的。一直居住在窝棚沟的杨家后人杨和昌听老人传说，尤其是他的叔叔杨本宣以前经常说起，他们的祖先逃荒过来后，什么都没有，没有地，没有山，当时不让放蚕，不让缫丝。杨家祖先为了谋生计就租些山偷着放蚕，而且还在山沟底下放些蚕，再开些旁边的荒地，就这样勉强维持生计，开始了在窝棚沟的新生活。杨家的老人们也都传说那时窝棚沟的土地都是哨子河张玉吉的，而且很难租得到，即使租到了土地也很少，还要交不少租子，据说当时杨家全给张家交小洋钱。杨家祖先至少过来300年，杨家的老人都传说杨姓祖先比任家堡的任姓祖先到村里早。杨家老人传说杨姓祖先刚来村里的时候就在东山果园搭了窝棚居住，所以这个堡子被当地百姓称为"窝棚沟"，窝棚沟的东部与邻乡岭沟乡接壤处的那座山，由于位于堡子的东部，就被当地百姓称为"东山"，以前是窝棚沟生产队的苹果园，后来"拍四荒"的时候被村民于春和买来栽板栗成为板栗园，具体位置是顺着村子中间的乡道往上走，走到岭上，在样子岭村跟岭沟乡的交界处，在路的东面，山沟里的山就是东山，距离杨和昌现在的住房约有一里地。后来杨家祖先逐渐从东山上下来生活，杨和昌观察过杨家祖先居住的老房残骸，估计他们的祖先在东山上没有居住多少年。他察看现在房子的地基有200来年，老房翻新后到现在将近100年，翻新时杨昌（今年66岁）还没有出生，而且胡子烧房到现在也将近100年。没烧之前杨家老房是7间，杨和昌家住4间，杨兴发家现在仍然在居住的3间，杨和昌记事时杨兴发的祖父就住在那里。杨福昌告诉调查组："我们杨家是从老爷爷那辈过来的，老坟在上面的校干沟，现在的岭沟境内，过这个岭就是。"

杨和昌告诉调查组："杨家以前有钱，杨本增的爷爷和杨本宣的爷爷都在吉林做买卖，杨本增的爷爷比杨本宣的爷爷还富裕。杨本增家最有钱，老太爷有家底。"杨和昌还说："清朝时杨家在山东也有买卖。杨家倒腾木材，木材在下碴头放着，放在木排上，用绳子拴着，下大雨就运走。杨家还倒腾大茧和丝绸，用大茧缫丝卖。当时放蚕的多，有钱的地主都放蚕，山都放满了。当时山都是哨子河老张家的，租着放，租不着就不能放。后来岫岩解放，杨家人在集体上班，给集体放蚕。"

很多村民尤其是杨家后人都传说窝棚沟的一场大火把整个堡子的房子都烧没了，很多杨姓人家都搬走了。杨和昌没听老人说过杨家入过旗。

（二）人口繁衍

窝棚沟杨家也是没有更多的文字资料记载，只有杨家后人年年供养的老宗谱。杨家后人杨兴宝家供奉的老宗谱有100多年了，是绸子做的，字体是标准的小楷，特别工整优美，在当时是难得的好字，由于时间过于久远，加之保存

窝棚沟杨兴宝家供养的百年老宗谱

环境有限，现在个别字迹已经辨认不清。然而提到范字，杨家后人杨兴国告诉调查组："窝棚沟杨姓的排辈范字（20字）：吉（继）林本昌兴，春景胜枝玉，光荫恩德厚，永传万世和，这些是我从小叔杨秀昌那里抄的。"窝棚沟杨家的老宗谱在杨兴宝家，杨本增家以前也有老宗谱；杨成昌、杨俊昌家是新请的新宗谱。目前为止，窝棚沟杨家在村里生活有13辈人。

杨和昌听老人传说："我们家的老茔盘有300多年，埋了10多辈，在岭沟乡塘岭村天桥组，具体位置现在找不着了，我也经常听叔叔杨本宣说有300多年。后来就在东山旁边买了一块地，挺大的，埋了四五辈，老老太爷在那，没有墓碑，'本'辈的都埋在那里了。慢慢山荒了，也找不着了。现在都就近立新茔地。"我家的新茔盘才埋3辈，我爹、我爷爷、我太爷，在于全大沃子山，距离我家有1里地远。

岭沟天桥杨家保留的老宗谱

迄今为止，窝棚沟杨家这支人在村里生活有13代人，代际情况如下：第一代是杨家祖先杨玉法，夫人是陈氏；第二代是杨智、杨仁、杨荣、杨全，4人，他们的夫人分别是刘氏、崔氏、金氏和柳氏；第三代是"起"辈，共有7人，都务农，分别是杨起成、杨起盛、杨起富、杨起德、杨良玉、杨起才、杨起玉，他们的夫人有孙氏、柳氏、张氏、于氏，等等；第四代有11人，分别是杨仁、杨萃、杨然、杨荀、杨岑、杨松、杨文、杨晟、杨崇，等等，他们的夫人有顾氏、姜氏、宫氏、张氏、王氏、李氏、吕氏、董氏，等等；第五代是"世"辈，有杨世魁、杨世崇、杨世公、杨世业？杨天珍、杨世文、杨世得、杨世有、杨世钦、杨世荣，等等，共16人，他们的夫人有于氏、姜氏、刘氏、金氏、吕氏、孙氏、修氏、盛氏、王氏、曲氏，等等。

第六代至少有18人，分别是杨维、杨绪、杨绍、杨综、杨绅、杨缊、杨纯、杨綵、杨茂、杨盛、杨玉、杨会、杨缜、杨祥、等等，他们的夫人有于氏、林氏、刘氏、赵氏、孙氏、李氏、王氏、吕氏、隋氏、张氏、宫氏、修氏、陈氏、郭氏、汪氏、张氏、栾氏，等等。第七代是"继"辈，分别是杨继盛、杨继福、杨继超、杨继清、杨继堂、杨继程、杨继和、杨继焕、杨继祥、杨继恒、杨继悟、杨继顺、杨继新、杨继昌、杨继海、杨继光、杨继文、杨继升、杨继安，等等，至少有23人，他们的夫人有万氏、李氏、王氏、吕氏、张氏、刘氏、赵氏、姜氏、孙氏、林氏、徐氏、梁氏、于氏、任氏、修氏、汪氏，等等。

第八代是"林"辈，分别为杨成林、杨玉林、杨悦林、杨长林、杨保林、杨泮林、杨庆林、杨文林、杨华林、杨英林、杨森林、杨生林、杨合林、杨会林、杨虎林、杨范林、杨威林、杨水林、杨普林，等等，至少有23人，其中杨普林最小，1919年生人，2014年去世。他们的夫人有李氏、张氏、曲氏、于氏、徐氏、王氏、姜氏、仲氏、钟氏、祖氏、赵氏（赵景芳），等等，她们有哨子河乡人、东港市孤山镇人、松树嘴人，等等。"林"辈女孩有林杨氏，杨普林的姐姐，丈夫姓林，住岭沟乡塘岭村，他们有2个儿子；王杨氏，杨普林的妹妹，丈夫姓王，岭沟乡人，住在岭沟乡，后来搬到丹东市，1个儿子，1个女儿。

第九代是"本"辈，至少有32人；男孩26人，分别是杨本澜、杨本童、杨本恩、杨本书、杨本普、杨本璞、杨本忠、杨本章（约1886年生人）、杨本堂（1896—1969）、杨本浩、杨本祥（1901—1974）、杨本春、杨本宣（若健在98岁）、杨本初（1930年生人）、杨本环（若健在88岁）、杨本志（1910年生人）、杨本增（1931年生人）、杨本田、

杨本志烈士证书

杨本清（若健在95岁）、杨本善、杨本洪（1911年生人）、杨本胜（1917—2004）、杨本厚、杨本洪、杨本财，等等，这辈人中，1人离婚，3人单身；4人当过兵，2人为烈士。这辈人都已过世，他们多数务农，还有兽医、会计、烧酒师傅等，他们都居住在窝棚沟组，后来有搬到松树嘴组、东港市孤山镇西土城子村、吉林省辽源市东丰县、黑龙江省富锦市，他们的夫人有张氏、王氏、金氏、崔氏、任氏、于氏、黄淑清、隋淑清、关凤珍、徐振荣、韩氏、任桂珍、黄淑清、李氏、隋淑清、关凤珍、尹氏、赵淑荣（1926—2012）、毛振凤（1927年生人，健在）、林淑兰，等等，她们有曲塘坊人、任家堡人（2个）、窝棚沟人、何家堡村人、哨子河乡人（3个）、东港市新农镇人、岭沟乡塘岭村校干沟人、南唐家堡村付家堡人、岭沟乡人、东港市黑沟镇东土城村人（2个）、杨家堡村人、贾家堡村瓦房店人、东港市新农镇鹿圈沟村李家堡人、东港市新立镇土城子村松树沟人，等等。

"本"辈女孩有6人，分别是王杨氏、李杨氏、杨桂兰、马杨氏、董杨氏、刘杨氏，其中，王杨氏住在东港市黑沟镇东土城村，丈夫姓王，黑沟镇东土城村人，1个儿子；李杨氏以前住在东港市，后来搬到窝棚沟，丈夫李洪久，窝棚沟人，20世纪50年代从东沟搬过来的，2个女儿，1个儿子；杨桂兰，1929年生人，85岁时去世，丈夫于德胜，若健在105岁，70岁去世，窝棚沟人，住窝棚沟组，4个儿子，1个女儿；马杨氏，早去世，丈夫马为千，岭沟乡人，务农，住岭沟乡岭沟村，4个儿子；董杨氏，去年去世，享年99岁，丈夫姓董，贾家堡村瓦房店组人，当过兵，后来搬到东港市黑沟镇东土城村，4个儿子，1个女儿；刘杨氏的丈夫是刘德忠，住关家堡村，4个女儿，2个儿子，都

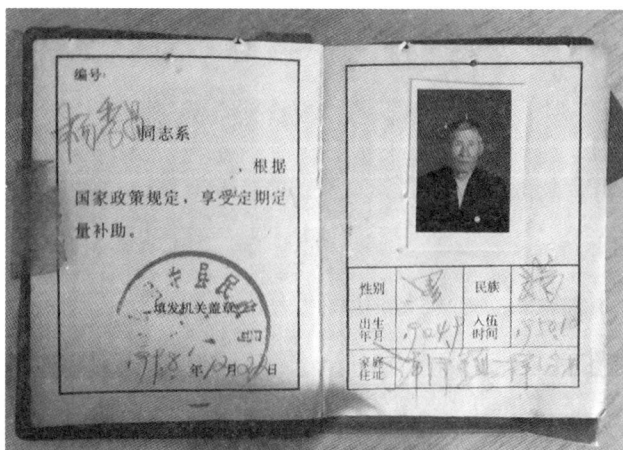

杨秀昌参加过抗美援朝享受定期定量补助证书

住在关家堡村。

自第十代"昌"字辈起至第十三代"景"字辈，人口繁衍数量至少为149人。人口外迁迁移地主要有辽宁省大连市、鞍山市、丹东市、营口市，黑龙江省佳木斯市、伊春市、富锦市、北京市、天津市，内蒙古自治区，海南省等。

二、红白事情

（一）红事情

95岁高龄的杨家媳妇毛振凤给调查组讲了她家办喜事的过程。她娘家住东港市新农镇鹿圈沟村李家堡。办喜事前她大伯嫂、大伯子去接人，她家送亲的有嫂子、四大爷、妈、小姑4人，那时没有车，都靠步行，清早出发30里地要走6小时。带着小包，装着她结婚当天要穿的衣服。来到村里，打下处在别人家——得给人家"压炕钱"，好像5毛。晚饭由新郎家送来，4个菜，有鸡肉、豆腐、猪肉，毛振凤打下处在新郎叔公家，就在新郎家隔壁，叫杨虎林，大儿子是杨本增孙子是杨明昌。第二天正日子，早上把衣服换好，红袍子、红夹袄、红鞋，盖个红盖头。那时候流行绞脸，用线细拧个劲儿，在脸上滚动，把脸上的汗毛毛弄掉。头发剪的，"五号头"，齐头帘。新郎来接亲，因为离得近，是走着来的。回去的时候，新郎在前，她在后面，其他人在后面跟着。到新郎家后她坐在炕上的被上，被上放烟。那时山区有胡子，所以不放鞭炮，不吹喇叭。就1桌席，杨本增的母亲做的饭。饭是大米干饭，6个菜，炖鱼、鸡肉炖粉条、炖猪肉、炖豆腐、炖白菜、炒豆腐干，豆腐是自己做的。吃完饭娘家就走了。结婚时男方准备行李和柜子。当时流行3天回门。

毛振凤结婚时没有彩礼。她告诉调查组："当时结婚就织了点儿布，新郎家在沈阳买了6斤洋线，我自己织布。3斤线能织40匹布，2尺宽的面，1匹布长3尺，一共240尺，80米。洋线都是白色，买颜料染色，要如果做褥子就染红色。当时染了红、蓝、黑、白4个颜色的布。"毛振凤出嫁前也在家里绣枕头顶，4个2对、长枕头顶上绣牡丹、荷花。也会织布、做衣服。

（二）白事情

正常情况下人去世后在家停三天，区分"大三天"、"小三天"，上午12点之前去世的是"大三天"，准备的时间比较充裕；中午12点之后去世，就是"小三天"，这种情况帮忙的人就比较忙碌。

去世后把装老衣服穿上，抬到两个凳子搭的长木板或者木门上，板上面铺褥子。装老衣服一般是买的，外面是黑色，里面是白色。下身3件，里面衬裤，外面薄棉裤，再外面套单裤，穿单不穿双。上面4件，都不带领，里面衬衣，外面棉袄，再穿件外衣，最外面套棉袍，共7件。

然后订纸活。放2个二踢脚通知邻居，以及远的亲戚，通常是死者的兄弟姐妹、儿女孙子孙女、侄子侄女、外甥外甥女、街坊邻居等。

穿完衣服抬到凳子上后往嘴里放块压口银，是一小块银子用红线拴着放到嘴里，上火葬厂火化时拿出来。脚上放绊脚丝，就是把两只脚用红线绑一块。一只手放打狗棒，一只手放打狗干粮。每次吃饭前都去山神庙报庙送浆水。管事的领着去报庙，喇叭匠在前面。报庙的时候，儿子穿孝衫，女的戴孝帽孝帽是2块布拼在一起做的简易的帽子，后面耷拉一长一短，长的六七十厘米，短的50厘米，去世的如果是男性，左侧长，去世的如果是女性，右侧长。雇个人在前面拿浆水瓢，瓢里放点儿小楂子，倒点儿水。报庙时家里的男女老少都去。到了"山神庙"，把"浆水"倒在"山神庙"四周，烧纸和香，最后向"山神庙"磕3个头。报庙回来吃饭，一般都请厨师或者邻居帮忙做饭菜。菜是单数，5个或者7个菜。需要租餐具，借桌子。

第二天早上送去火化，之后将骨灰盒放在寿材里面。寿材里面铺上褥子，放几件以前穿的衣服，4个角放4包纸灰。寿材一般是落叶松的，长两米半，宽和高都是2尺，板子底厚1寸、帮厚2寸、盖厚3寸。寿材以前找人打，现在都买现成的，大概二三千元。下午送盘缠，扎的纸车纸马纸人都拿到"山神庙"那里去烧，送盘缠时也烧打狗棒。

第二天晚上传宴席，做五六十道菜，厨师做，儿女传，传完摆在桌子上，二三张桌子摆得满满的，就说传得了，谁想吃就拿一两样。一边传宴席一边"哭七关"，喇叭匠里专门有一个哭。晚间烧纸，亲戚、朋友都拿纸在寿材前面烧，所有的纸都烧了，烧完再磕头。还有女儿要烧3斤6两纸，烧完包起来。烧完纸就撤灵棚了，第二天早上出殡。抬走之前钉寿材盖，摔瓦盆，埋在祖坟，没有什么仪式了。

还要说说"抬杠"，有16个人的，有24个人的，一般用16个人。寿材底下放2个横杠子，用绳子绑上，再弄小杠。一面8个人，前后就16个人。

出殡当天晚上"送火"，送三天，就是在坟前点柴火。三天"圆坟"，撒五谷杂粮，左绕三圈，右绕三圈，一边走一边扬土。"烧七"，"一七"和"二七"都不烧，从"三七"开始，儿女带供饭供菜、酒、烧纸和香，一直烧到"五七"。烧一、二、三周年，也供饭菜。

三、时令节日

（一）清明节

清明节是祭祀祖先的一个重要节日，窝棚沟杨家非常重视，也舍得为此花销，他们的过法跟村里的其他姓氏大同小异。早上去上茔，时间上没有严格限制，吃午饭以前都可以，但是他们起得早早的，一般早上六七点钟不吃早饭就去。通常情况下，他们事先准备好纸品、白酒和香。到了茔地后，先把3根香点着后插在茔门前的香炉里，茔门也是三块石头。然后在茔门前烧纸。烧纸时把酒倒在火堆周围，烧完磕3个头，然后放鞭炮，等香烧完，起身回家。现在为避免起火，不烧香烧纸了，在茔前摆放鲜花或塑料花。

（二）端午节

"端午节"是纪念屈原的节日，村里一般都叫"五月节"，窝棚沟杨家也非常重视，主要体现在饮食方面。给孩子们煮鸡蛋鸭蛋，还包饺子、包粽子；戴露线；在房檐和窗户上面的瓦缝里插上绑有小扫帚的桃树枝、菖蒲和艾蒿，用来辟邪。

（三）中秋节

"中秋节"是团圆的节日，村里一般都叫"八月节"，窝棚沟杨家也非常重视，主要也体现在饮食方面。毛振凤告诉调查组："八月节吃月饼，以前我家摆桌子敬天，在桌子上摆上毛豆、月饼、葡萄，现在不摆了。过节包饺子吃。"杨兴宝的爱人告诉调查组："中秋节吃月饼，炒几个菜，那个时候忙，秋收了。"

（四）春节

春节，俗称"过年"，是一年中最重要的节日，也是最隆重的节日，窝棚沟杨家特别重视，主要体现在饮食、祭祖等方面。毛振凤给调查组讲了她家过年的情况。她家通常在过年前几天蒸两锅包子，过年时热着吃，有时候包白菜馅的，有时候包萝卜丝馅的。年年杀猪今年杀了2口，共有600多斤。还杀了6只鸡。炸油炸糕、套扣、面徽子。毛振凤家过年，年三十做12个菜，有炖芸豆、炒猪肉、炒茼蒿、炒排骨、凉菜、炒猪肝、炖鱼、鸡肉炖蘑菇、冻子、白菜拌海蜇皮、红烧肉、蒜薹炒肉。三十晚上吃饺子和猪蹄。过了凌晨12点，孙子们给她拜年，她给孙子压腰钱，过去给100元，现在给200元，用布袋装上，放在兜里。她的孙子现在长大挣钱了，都给她钱了。

杨兴宝的爱人我们调查组："二十三，在灶老爷像下面摆一盘饺子，萝卜丝馅的，然后把像拿下来，在院子里面烧，一般晚上六七点钟烧。"腊月二十七八杀鸡，放屋里。二十八贴对联，蒸馒头，馒头上面放枣。炸油炸糕、炸油丸、炸咸丸，咸丸就是菜丸，用萝卜丝和肉多放点儿盐，蘸面放锅里炸，炸到金黄。杨兴宝家年年杀年猪，一般在1月初，当天还要摆2桌席，请杀猪的、客人和帮忙的共20人，通常炒8个菜，有血肠、炒芹菜、豆角炒肉、瘦肉蘸酱、酸菜炖肉、辣椒炒肉、蒜薹炒肉、蘑菇炒肉。

杨家跟其他家一样，过年过节的时候在大门上拴上红布条，既辟邪又喜庆。过年的时候，屋里门的门框上面贴上门联，五幅，"恭喜发大财"，门框旁边贴上"春条"——1个竖长条。杨兴宝家今年贴的是"发家富路宽福到合家欢生活甜如蜜财宝堆成山"的春条，旁边贴1个小竖条，上面写"抬头见喜"。也经常贴年画，去年贴的年画是"家和万事兴"，画的中间是荷花，四周好几条大鲤鱼。杨兴宝家年年贴财神爷像，贴在北墙上。大门口贴大门对，5幅大挂旗放在横批下面，左右贴对联。进屋门贴屋门对子，也叫门对子，刚进屋的门，横批下贴5幅挂旗，为绿红黄粉蓝色。屋门上贴门神，左右各1幅。以前的老板门，贴在门上。进后厨厦的门上也贴对联。玉米仓贴粮仓对联。缸上倒贴小福字。厦子门上也贴门对。入户门装的门楼子的门上拴一个红布条，大门口的两扇大门两边各拴一个红布条。

杨兴宝家三十早上7点吃早饭，韭菜和肉馅儿的饺子，煮着吃的。中午12点吃饭，是一年最丰盛的一顿，准备10个菜，有炖鳕鱼、鸡肉炖蘑菇、蒸猪肉、佛手白、排骨炖冻豆腐、青椒炒肉、芹菜炒肉、白菜拌海蜇皮、大虾、蟹子。其中，蒸猪肉就是把五花肉切成薄薄的大片，放上葱末、蒜末、辣椒油、五香粉等调料，放盘里上锅蒸，出锅后上面撒一层香菜末。佛手白采用洗干净的白菜，从侧面片成两片，然后在中间夹上调制好的肉馅，上锅里蒸熟。年夜饭吃韭菜馅饺子，吃猪蹄。初一早上也吃饺子，芹菜和肉馅儿的。中午和晚上吃剩的菜，不做新菜。初二晚上吃饺子，吃3顿饭。他家有供奉，初二晚上送年。初三早上也吃饺子，也吃3顿饭。

杨成昌爱人的娘家洪家是在旗人，他们的祭奠方式跟在民的不同。三十早上去上茔，供饭有大半碗大米饭、5个菜，不放油和盐，通常有肉、粉条、豆腐、白菜和油丸，把这些饭菜都装在筐里，再带上一扎香、纸、酒和筷子。男的去上茔，女的不去。以前有石桌，饭菜都摆在石桌上面。现在就把地弄平，东西都摆在地上。倒一杯酒，香插在地上，烧纸，最后磕3个头就结束了。饭菜拨点出去，剩下的拿回来喂鸡鸭猪，寓意"六畜兴旺"，碗筷洗干净可以再用。上茔后吃午饭。她娘家家里不供奉，年年上茔祭奠。

四、祭祀祖先

杨家媳妇毛振凤家以前有供奉，没有宗谱，供福字，桌子上也摆供饭供菜。三十过年三十摆，二十九过年就二十九摆。早晨吃完饭就摆供桌，一个大福字摆在正中间，两边是对子，横杆上是5幅大彩挂旗，红绿黄蓝粉。5碗菜，是肉、炸油丸、豆腐、白菜、粉条。有的人家在中间供一只整鸡，她家不摆供鸡。毛振凤是这样摆供碗的：碗里最下面是萝卜丝，有的放块豆腐，用杏条做成三国撑，三个脚支着，棍上插东西——烀肘子，切片插上，像烤肉串那样，豆腐用锅煎一煎，插在棍上；粉条炸一小扎，套在棍上；油丸有面馓子和套扣，一样放两个；挑绿叶白菜心也放在棍上，用染成红色的粉条缠上。顶上插上供花。5碗饭，大米饭，用小供碗装上，圆圆的顶儿，顶上插枣。两份糕点，用小盘装，一盘放一块。中间放香炉碗，两旁是香筒和蜡烛。毛振凤家烧大高香，一宿最多3炷。

三十晚上五六点去请年。家里的男人去，提个小灯笼，往西到十字路口，在路口点香，烧纸，放鞭炮，口里念叨"老们老，回家过年"，然后回来。在供桌上点上香，一直供到初二，初二晚上送年，晚上六七点钟，还去那个路口，点上香，烧纸，磕3个头后往家走。接年和送年的过程中都不回头。

五、饮食文化

窝棚沟杨家在饮食方面，经常吃的主食就是五谷杂粮，小楂子、大米、白面、小米。经常吃的菜有白菜、酸菜、辣椒、茄子、芹菜、芸豆、土豆、山菜。黏豆包：小豆洗净泡一晚上，第二天上锅大火蒸三十分钟，加入红糖搅拌均匀备用。温水和黏面，饧发后分成小团，擀成饼包入豆馅。上锅蒸15分钟即可。年糕：黄米面加水，用手抓起不成团、不散花，没有颗粒状。蒸锅上汽后，在蒸布上撒上2～3厘米的浆，盖上锅盖蒸15分钟左右。

年年杀年猪，过年烀肉。杀猪时要请客吃杀猪菜，摆二三桌，一般请好朋友、亲戚，菜有血肠、猪肝，还有芸豆、蒜薹、圆葱炒肉，酸菜炖肉。酸菜是自己腌的：白菜用热水烫一下，放进缸里，放一层白菜，撒一层盐，再放一层白菜，再撒一层盐……最后用大石头压上。不用放水，过几天白菜自己就出水。以前家家都有菜窖，2米深，1尺半长宽，放萝卜、土豆和地瓜。菜窖一年一挖。现在有冰箱了，一般的菜放冰箱里。以前还腌咸菜，有黄瓜、菜豆、长豆，放小坛子里。

猪肉吃法：瘦肉炒、蘸蒜酱，五花肉蒸，排骨烀完炒。

六、爱好特长

杨家后人会烧砖和瓦，1982—1992年，烧了10来年。一共8个人，5男3女。男人烧坯子做砖，女人用瓦模子做瓦。瓦模子是木头的，砖斗也是木头的，2横2竖，中间放泥，晾晒两三天成形后立起来晾，晾好后装窑窑就是大坑，一丈深，一丈宽，一次能摆五六百块砖，瓦立着，贴边放。烧窑要看师傅的控温技术。烧窑火不能断，开始小火，后中火，最后大火。烧三天出窑，就是成品砖瓦，一个月烧5窑。

以前有"酒坊"做烧酒，渣子用来喂猪。很多人会烧酒。

窝棚沟杨姓很多人会扭大秧歌、打棋子、踢毽子、玩镩子。孩子冬天玩冰车、陀螺，夏天玩滚铁圈、打瓦。

七、满汉联姻

1.杨家和唐家联姻

杨和昌的爱人是南唐家堡村的唐玉华，今年64岁，他们一直居住在窝棚沟组，他们有2个儿子。

杨兴珍的丈夫是南唐家堡村的唐玉顺，居住在南唐家堡村，他们有3个孩子，1个儿子，2个女儿。

2.杨家和窝棚沟赵家联姻

杨淑英的丈夫是窝棚沟组的赵玉玺，今年78岁，居住在窝棚沟组，他们有2个儿子。

杨伟伟的丈夫是窝棚沟组的赵广隆，今年49岁，他们有2个女儿。

3. 杨家和松树嘴赵家联姻

杨普林的爱人是松树嘴组的赵景芳，以前一直居住在窝棚沟组，他们没有孩子。

杨兴德的爱人是哨子河乡的赵桂敏，跟松树嘴赵家、大东沟赵家都是本家，他们有2个儿子。

杨兴运的丈夫是松树嘴组的赵景武，已去世，他们有2个儿子，赵运成和赵运峰。

杨淑清的丈夫是松树嘴组的赵运杰，洋河中学教师，后搬家到洋河镇，他们有1个儿子。

4. 杨家和兰家联姻

杨宝昌的爱人是张家堡组的兰淑梅，他们有1个女儿。

杨淑华的丈夫是张家堡组的兰洪武，今年66岁，一直居住在张家堡组，他们有2个儿子。

5. 杨家和任家堡赵家联姻

杨本洪的爱人是任家堡组的赵淑荣（1926—2012），她的父亲是赵德会，他们一直居住在窝棚沟组，他们有4个女儿，杨淑爱、杨淑芳、杨淑梅和杨淑杰。

6. 杨家和李家联姻

杨喜昌的爱人是任家堡的李淑荣，今年90岁，她的父亲是李洪坤。他们有5个孩子，3个儿子，2个女儿。

第六节　任姓

任家堡任家以前也是村中的大姓之一，清朝时任家堡这个地方居住的都是任姓人家，原来是一大家子，分家后就都搬走了，绝大多数都是在土地改革前搬走的，去了很多地方，有搬到村里松树嘴组的，有搬到镇里贾家堡村小北沟组的，有搬到县里大营子镇、汤沟镇、哨子河乡、朝阳镇、兴隆镇黄岭村、苏子沟镇的，有搬到丹东市宽甸满族自治县的，甚至还有搬到黑龙江省的。由于人口不断繁衍，需要更多土地，山区偏僻、胡子盛行、生活艰难等原因，任家人口流动性非常大，大多数都搬到同县的其他乡镇居住。任家堡的任家，"传"辈和"家"辈，当任家后人任开宜记事的时候，除了他家和任传新家，其他家都搬走了。

一、家族来源及人口繁衍

（一）家族来源

一直居住在村里的任开宜听老人传说老祖先是从山东省登州府莱阳县来到岫岩县洋河镇样子岭村的，当年山东省遭蝗虫灾，老祖先任週逃荒来到现在的任家堡这个地方，来村后就租种张姓人家的田地，还刨地开荒，也租了一些山放蚕。任家亲戚李洪贵告诉调查组："原来任家堡这个场是哨子河老张家的，老张家是出民入旗，跑马占荒，老任家后来的，后来户多了就成了任家堡了。"

老祖先任週的夫人是李氏，他们有4个儿子，任汝柏、任汝松、任汝樘和任汝梓，任汝柏的夫人是张氏，任汝柏的后代称为"一支"，任汝松的夫人是李氏，任汝松的后代称为"二支"。任汝樘的儿子是任肇礼，任汝梓暂时没找到。

在记载中，任汝柏的儿子是任肇林，其夫人是刘氏，但任开宜告诉调查组："实际上任肇林是任汝松的儿子，过继给任汝柏。"任肇林的儿子是任基德，其夫人是董氏，他们有2个儿子，任本善和任本庆，夫人是王氏和夏氏。任汝松有5个儿子，分别为任肇熙、任肇凤、任肇明、任肇墨和任肇典。其中，任肇熙有2个儿子，任基佩和任基平，任基佩的儿子是任本茂，任基平的儿子是任本盛；任肇凤有2个儿子，任基太和任基福；任肇典的儿子是任基顺，而任基顺有5个儿子，分别为任本荣、任本钦、任本历、任本文和任本有；任本荣有3个儿子，任立椿、任立枫和任立合；任本历的儿子是任立山；任本文有2个儿子，任立增和任立德。

任开宜告诉调查组："那地方是张家的地盘，我家是租的，张家要卖给我家，我家没买，最后就起走了，起到现在这个地方。现在的老坟茔在后山顶，位置在赵义海家房后的岗上。没起之前在老雷后山，那座山看起来像簸箕，两边有膀，中间有座，好像圈椅的那种座，山形好看，现在还能看得到，山形没变化。"（老宗谱有记载）村民李洪贵告诉调查组："听长辈传说张茔开始是老任家的茔地，那山是哨子河老张家的，老任家给了一些钱，就将此作为茔地了。后来老任家出了两名大学生，在沈阳念书，老张家认为是这个茔盘起作用了，就来要钱——其实以前任家每年都给张家一些钱的，任家就把茔起走了，不葬在那个地方了。那两名大学生是任开宜曾祖父还是高祖父那辈的，很多辈了。老张家就把茔盘用上了，把古尸都起来埋那儿了，但是没有起什么作用，传说茔盘一起地气就不行了。奇怪的是老任家在起茔地的时候，把棺材打开，就飞出两只金布鸽，落在距离原来有三四百米的地方，然后飞进了松树峦子里，传说这就是地气，还传说60年还能回来，所以老张家就把古尸起来埋在那儿。老任家起走棺材后埋在'后山顶'，任开宜家以前住的山后面。"任宜廷告诉调查组："我们任家起坟时，飞出2只布鸽，落在任台子上，我们任家祖坟就迁到那里，原来那里没名字，从此以后那个地方就叫任台子，在任开宜现在住的沟里，埋有8~10盆茔。现在我家的老茔都在任台子。"任开宜告诉调查组："夫妻两人中的一个埋的坟是长长的，两人埋的坟是圆圆的，埋一个光棍的坟也是圆圆的。"

任开宜没听说过他们任家加入过旗籍。

（二）人口繁衍

任开宜家的宗谱也是一代代留下来的，以前的老宗谱烧了，他的弟弟任恕宜在烧之前抄了一份，留了个底，后来根据老宗谱的底子又请了一份新宗谱，之后他家继续年年供奉。任家堡任家的范字排辈是老人口传的，一共16个字：肇基本立，传家宜钦，作树克永，万念同心。任家堡任家最开始也不是满族，是成立满族自治县时改的。根据遗留下来的各家宗谱和口头传承的内容，2020年任家后人共同努力，整理并完成了任氏谱书的第六次续修。

任姓总谱6册

任宜廷家过年时请出来供养的宗族谱单

1. 一直居住在任家堡的任家后人任开宜家族

任开宜的曾祖父是任立祥，夫人是李氏，任家堡人。李氏的父亲是李万胜，母亲是盖氏，李氏是村民李泰与李和的妹妹，李洪贵的二姑奶。任立祥的父亲是任本庆，母亲是夏氏。任立祥有2个孩子，1个女儿，1个儿子任传江，任家璞的父亲，任开宜的祖父。

任传江的姐姐任氏，任开宜的姑奶。任氏的丈夫是王兴家，1893年生人，排行第四，村里长岗组人，有3个儿子，分别是王克军、王克全和王克龙。

任开宜的祖父任传江（1890—1958）是本本分分的农民，没念过书，也没文化。他把任开宜兄弟三人的"宜"字放在名字最后面，用来跟其他支系进行区分。

任开宜的父亲任家璞（1918—1986），属马，念过5年书，15岁结婚，任开宜的母亲当时21岁，比他父亲大6岁。任家璞20岁时上班，是铁路信号工，60岁时退休回家，在外地工作40年整。

任开宜的母亲叫王淑芬（1912—1997）岭沟乡山城村人，10多岁时父亲王志斌去世，当时30多岁的母亲独自抚养孩子，没有改嫁。

任开宜的兄长任贯宜（1934—2020），比任开宜大13岁，从北京航空学院（现在的北京航空航天大学）毕业，居住在西安市，2020年去世。任开宜的嫂子叫王英兰，1930年生人，现今92岁，属马，比任开宜的哥哥大4岁，东港市新农镇四家子村人。

任开宜是1947年生人，属猪，1964年初中毕业后务农24岁结婚，1974年到大队卫生所工作，一直2017年，主要负责看病、打防疫针。

任开宜的弟弟任恕宜，比任开宜小4岁，今年71岁，接父亲的班，在铁路部门上班，现已退休，住在大连市瓦房店市李店镇（九龙办事处）。

任开宜的姑姑任桂清，1930年生人，属马，比任开宜的父亲小12岁，去世有10余年。前夫姓葛，南唐家堡村付家堡人，与前夫离婚后嫁给了汪永好，东港市小甸子镇人，婚后住在东港市小甸子镇牌楼村响水沟组，务农。任桂清有5个孩子，3个儿子，2个女儿，丈夫与前妻有2个孩子，1个女儿，1个儿子，一共7个孩子，都在小甸子镇住。

2. 搬到村里松树嘴组的任宜珍家族

任宜珍的高祖父是任本荣，曾祖父是任立椿，在任家堡居住时经常刨垄开荒，土地改革前搬到松树嘴。任宜珍的祖父是任传升（1898—1957），农民，在村里出生，念过二三年书，认识字，1957年去世。任宜珍的祖母姓于，松树嘴人，有3个兄弟，先于祖父去世。任宜珍的父亲任家昌（1925—1948），先务农1947年22岁参军，隶属辽南独立旅，1948年牺牲，鞍山烈士山墓碑上面有他的名字。任宜珍的母亲是王淑艳（1920—2008），88岁去世，岭沟乡塘岭村人。

任宜珍1945年生人，今年77岁，在松树嘴出生，现住松树嘴组，20世纪70年代初在药材园当技术员兼会计，负责技术指导、销售和统计收支。在村上任村干部36年，曾任村副主任，主管工业厂子；后来分田到户，负责分山、分地；在大会战中带领百姓修道、修河、造田、造林。1989—1994年任村主任，协调各方为百姓建大棚致富，又组织各方人士为村募捐修松树嘴组的吊桥；1995—1998年任村党支部书记，之后每届都是样子岭村党支部书记（除了一届是村长），主要负责村里的党建工作。任宜珍的爱人是袁宪荣，1948年生人，今年74岁，松树嘴人。任宜珍有3个孩子，1个女儿，2个儿子。

任宜珍的弟弟任宜宣，今年74岁，松树嘴人，现退休，居住在洋河小区。任宜宣大学毕业后分配在洋河镇镇政府上班，负责财会工作，70年代初从村里搬到洋河镇。任宜宣的爱人是常桂芝，今年72岁，松树嘴人。他们有2个孩子，1个儿子，1个女儿。

任宜珍的小姑任润兰，住松树嘴小砬沟，70多岁去世。以前丈夫姓刘，岭沟乡山城村人，住岭沟乡山城村王家堡，有2个女儿。后来的爱人是隋全文，松树嘴人，住松树嘴小砬沟，当过兵，回来在集体种地，60多岁去世，有4个孩子，3个女儿，1个儿子。

任宜珍的二叔任家起，住本溪，有3个孩子，任军、任平和任波。任宜珍的小叔任家美，今年83岁，当过义务兵，当过生产队队长，为上班方便从松树嘴组搬到曲塘坊组，爱人是曲淑琴，去世几年了，曲塘坊人。任家美有5个女儿。

3. 搬到村里松树嘴组的任宜廷家族

搬到村里松树嘴组的任立枫，有2个孩子，1个女儿，1个儿子任传忠。任立枫的女儿，是任宜廷的姑奶，任宜廷祖父的姐姐，丈夫是姓王，岭沟乡山城村人，有4个孩子，3个儿子，王明文、王明生、王明久，1个女儿，丈夫是唐连奎，岭沟乡三河村人，女儿唐秀杰，嫁给任家堡的雷万鹏，父亲是雷和福，母亲是鲁祖香。

任宜廷的祖父任传忠，任立枫的儿子，1914年生人，属虎，以前是松树嘴的生产队队长，当了近30年队长，外号"老队长"，1985年搬到了河北省。

2011年去世，享年97岁，葬在小砬沟的沟里。

任宜廷的父亲任家全，1933年生人，属鸡，念过2年书，学过日语，在吉林省临江市林业局工作，不到40岁病退，回村休养，直到1993年去世，葬在小砬沟沟里。任宜廷的母亲是邹志元，1932年生人，属猴，岭沟乡岭沟村4队人，以前住小砬沟。任宜廷8岁时母亲就因哮喘病去世，享年49虚岁，去世后葬在小砬沟沟里。任宜廷的大哥任宜科，今年①70岁，属龙，住吉林省临江市，任宜廷的大嫂是刘桂香，比他哥小三四岁，岭沟乡塘岭村人，他们家有2个孩子，1个女儿，1个儿子。任宜廷的二哥任宜平，今年58岁，属龙，十八九岁时参军，3年后复员分配到吉林省临江林业局松江林场，住吉林省临江市，任宜廷的二嫂姓李，吉林人，他们有1个儿子。任宜廷的姐姐任桂红，今年54岁，属猴，住在葛家堡村，任宜廷的姐夫姓赵，葛家堡村人，务农，他们有2个孩子，1个女儿，1个儿子。任宜廷的爱人是赵凤，今年53岁，松树嘴人，他们有2个孩子，1个儿子，1个女儿。

任宜廷的二叔任家田，属牛，今年85岁，住在河北省任丘市，大学毕业，在河北省任丘市油建一公司上班。任宜廷的二婶张喜英，洋河人，健在，教师退休，他们的儿子是任宜松。

任宜廷的小叔任家林，属龙，今年70岁，住河北省任丘市，在油建二机厂上班。任宜廷的小婶是李淑艳，松树嘴人，村民李树乙的妹妹，未上班，他们家有2个孩子，1个女儿，1个儿子。

任宜廷的姑姑任家荣，今年80岁，住在岫岩，爱人赵富宽，属牛，去世五六年了，大东沟人，参加过抗美援朝，卫生兵，回国后在山东省兖州市驻防，部队卫生员，后来提干，转业后任岫岩岫卫生局医政股股长，有2个儿子。

4. 搬到村里松树嘴组的任传贤、任传儒和任传璧

搬到村里松树嘴组的还有任传贤，若健在110多岁，务农，住在松树嘴小砬沟，妻子李氏。有3个孩子，2个女儿，1个儿子。大女儿丈夫于德荣，何家堡村人，住何家堡村，有1个女儿，于文兰；二女儿丈夫姓刘，凤城市沙里寨镇人，住凤城市沙里寨镇，她的儿子是小学教师；儿子任家承，妻子姓黄，葛家堡村人，有4个儿子，3个女儿。

任家承的长子是任宜久，今年76岁，住在松树嘴，当兵转业后在洋河镇

---

① 调查时间为2022年，下同。

邮电局当话务员，中共党员，现退休。爱人是那淑兰，今年73岁，那家堡人。任宜久有2个儿子，任海东和任海峰。任海东今年52岁，住松树嘴小碇沟，务农，妻子姓宋，今年52岁，凤城市人，1个儿子今年29岁。任海峰以前住在鞍山市，若健在49岁，去世2年，妻子姓张，今年48岁，山东人，1个儿子今年24岁，在实习。次子任宜生当过兵，部队艇长复员，转业在秦皇岛，现在退休，爱人钱淑英，松树嘴人，1个儿子40多岁，住在秦皇岛，妻子是秦皇岛人，孙子10多岁。三子任宜军以前在北京，后去到葫芦岛，媳妇是河北人。2个孩子，1个女儿，1个儿子，在念大学。

四子任宜斌今年54岁，住在葫芦岛市，做生意。1个女儿在葫芦岛。任家承的长女是任桂英，住在北京市，丈夫梁文义，何家堡村人，瓦匠。有2个孩子，1个女儿，1个儿子。次女任桂珍今年66岁，丈夫孙日和今年68岁，松树嘴人，住松树嘴，2个儿子。三女任桂花，住葫芦岛市，丈夫葫芦岛人。

搬到村里松树嘴组的还有任传儒，有4个孩子，2个女儿，任家梅和任家兰，2个儿子，任家增和任家贵。老大任家梅，任宜廷的叔伯姑，住在松树嘴的小碇沟，丈夫赵宝祥也是松树嘴人，有5个孩子，3个儿子，赵景忱、赵景玉、赵景顺，2个女儿，赵景凤和赵景娥。其中，赵景凤现已去世，丈夫于洪忱，曲塘坊人，于洪利的弟弟，后从曲塘坊组搬到丹东市凤城市，现已去世。有3个孩子，2个儿子，1个女儿。赵景娥今年78岁，松树嘴人。丈夫李树乙今年77岁，松树嘴人，50年代当过小队会计，后期调到洋河公社烟站当记录员。有3个孩子，2个女儿，1个儿子。赵景忱今年76岁，妻子王翠英今年71岁，岭沟乡山城村山城沟人，住松树嘴组小碇沟，有2个孩子，1个儿子，1个女儿。赵景玉今年67岁，务农，住松树嘴组，妻子曲悦贤今年63岁，曲塘坊人，有2个孩子，1个儿子，1个女儿。赵景顺今年60岁，妻子姓孙，今年59岁，东港市人，住松树嘴组小碇沟，有2个女儿。

老二任家增，以前在岭沟公社是干部，后来从松树嘴搬到岭沟乡，妻子姓王，去世得早，岭沟乡人。前妻姓邹，有3个孩子，2个女儿，1个儿子。后来娶的媳妇姓王，岭沟乡人，有1个女儿。大女儿任淑华住岭沟乡山城村，30多岁去世，丈夫刘春吉，岭沟乡山城村人，有1个女儿。二女儿任淑艳住岭沟乡塘岭村，后来搬到岫岩，去世多年，丈夫于长生，岭沟乡塘岭村人，以前是体育教师，有2个女儿。大儿子任宜成，现60多岁，住岭沟乡天桥，妻子姓王，岭沟乡人，有2个儿子，均不到40岁。三女儿任淑娟住在岫岩。

老三任家贵，妻子韩淑兰，岭沟乡塘岭村校干沟人，有4个女儿、任淑琴，住松树嘴小碣沟，丈夫吕兆金，岭沟乡山城村山城沟人，有2个孩子，1个女儿，1个儿子。任淑娥，住南唐家堡村东于组，丈夫于胜玉，南唐家堡村东于人，有2个孩子，1个儿子，1个女儿。任淑娟，住岭沟乡塘岭村，丈夫杨成昌，岭沟乡塘岭村人，有1个儿子。任淑芬，住岭沟乡三河村，丈夫赵广鹤，岭沟乡三河村人，有1个儿子。

老四任家兰，丈夫姓葛，外面搬来的户，去世得早。二嫁丈夫李长福，葛家堡村人，有2个儿子。

搬到村里松树嘴组的还有任传璧，字显庭。任传璧是中医，丈夫会摆弄草药、汤药，村民称他为"任先生"。土地改革后任传璧从松树嘴搬到张家堡，任开宜叫任传璧为大爷。任传璧的夫人姓韩，任家堡人，他们有3个孩子，2个儿子，任家兴、任家业，1个女儿任家凤。

任传璧的长子任家兴住张家堡，现在100多岁。妻子姓李，杨家堡镇娘娘城村人。任家兴有4个儿子，任宜心、任宜德、任宜俊和任宜顺，1个女儿任宜武。

二、红白事情

（一）红事情

任开宜结婚是在1970年的正月，当时25岁，爱人韩桂英22岁。韩桂英跟任开宜是一个堡子的，是邻居介绍的。结婚时任家给了女方200块钱，当时流行给女方长命衣，即给1套衣服，或者给做1套衣服的布料，或者给1套衣服的钱。女方拿男方给的钱买了一块紫红色的金丝绒和一块蓝色的布料，后来做了结婚的衣服和裤子。男方还准备了一套行李和一口旧柜。韩桂英告诉调查组："当时的被要12尺面，13尺里，8斤棉花，被面用红色。以前要在被角钉2个钢板钱。被里是用白花其布做的，一幅布宽三尺四，两幅拼一起，宽四尺八，长六尺。被面是红色的，带有牡丹和凤凰，三尺四宽，六尺长。褥子买四尺半长，再在四周缝四尺半的黑布。枕头装的是糜子糠，还有谷子糠，都是小洋枕。"

新媳妇韩桂英当天穿的是紫红色的大襟衣服、蓝色裤子，自己做的，鞋也是自己做的。结婚当天，新娘爸爸和妈妈没参加婚礼，只有舅舅、舅妈、姑姑、大姨、小姨、叔叔、婶子、哥哥、嫂子、兄弟等10来个人。以前有种迷信的说法，妈妈参加婚礼，女儿会生病。那时生产队有马车，不论谁家娶媳妇嫁姑娘，都可以借用的。女方娘家陪送了一铺一盖，还给了60块钱。男方参加的有任开宜的爹、妈、奶奶、嫂子、姑、姑父、弟弟，还有几个邻居，10多个人。两家亲属共20多人。当时任开宜家摆了4桌宴席，5个人一桌，吃饭桌子是从街坊邻居家借的。餐具都是在韩桂英的二叔开的民铺租的。当时流行六六席，即6个凉碟、6个热碟、6个碗。凉碟有套扣、面傲子、凉肉、鸡血焖子、白菜丝拌粉丝和冻子；热碟有豆腐泡炒白菜片、炒芹菜、炒圆葱、鸡肉炖粉条、土豆炖骨头、蘑菇炖肉；碗菜有山菜炖肉、扣肉（肉盆）、酸菜炖肉、炖海带、炖小鲅鱼、下水碗。其中，凉肉就是切的猪头肉，倒点酱油，放点白蒜末，蘸着吃；冻子就是皮冻，将肉皮切成小条，在锅里熬一个小时左右，放凉凝固后切成薄片；下水碗就是白菜条、猪下货、豆腐泡在一起炖。一般11点开席，先上凉碟，热碟第一个上豆腐泡炒白菜片。娘家客人坐在屋里的炕上吃，婆家客人在院子里吃。上肉碗时新人拜席，先拜厨师，行个礼，点支烟；再拜亲朋好友，也是行礼点烟。当时婚礼简单，环节少，也不铺张浪费。吃完饭娘家客人就回去了。

（二）白事情

任宜廷给调查组讲了他父亲去世时的一些情况。任宜廷的父亲，属鸡，1993年秋天10月份，60岁时去世。寿衣有2套，外面大袄，里面单衣。盖红布，嘴里放压口银，入殓时拿出来。寿材是找木匠做的，杨木的，7尺半长，花了800～1000元。

第二天上午祭奠，下午入殓，放在寿材里，由儿子搬放，大儿子捧头，女儿在旁边哭。下午三四点送盘缠，入殓完成。之后传仙席，要准备100样。哭七关，哭咧咧地唱。然后烧纸。

第三天早上出殡，送往茔地。出殡时姑爷撒纸钱，大儿子打幡（幡是白纸做的，剪成春条那样，用杆挑着），烧行李、枕头，一般雇外人烧不烧衣服。钉寿材盖时，用桃木钉子女喊："爸，你躲钉"。天不亮就起灵，太阳出来之前下完葬。茔地旁边有小庙，镇茔地的，茔地旁边都有。小庙前供一桌饭菜，3碗饭，3个或者5个菜。立完茔前供一桌饭菜，5碗饭，5个菜（5个菜是供神仙，3个菜是供小鬼）。结束之后，这些供饭供菜拨掉一半，倒在小庙旁边，剩下的拿回家喂鸡鸭鹅狗。

任家堡任家家族中红白事"办事情"，邀请的人际圈绝大多数都是亲戚，还有一些街坊邻居，前来参加的人多数都是本村的，少数外村或者外地的，外地的多数是姥姥家、舅舅家、姨妈家的亲戚。

三、时令节日

（一）清明节

清明节是祭祀祖先的一个重要节日，任家堡任家非常重视，也舍得为此花销。他们的过法跟村里的其他姓氏大同小异。任家堡任家在清明时，家里男人都去上坟，在坟前。这是祖先传下来的习俗。任开宜告诉调查组："过去的人认为，在坟前压纸，就是给去世的人苫房子。坟前不插东西，就压三张纸，一路上烧3根香。现在不烧香了，就压点儿纸。大茔地有几十户人家的坟，我家近支的坟有10多个，远支年头多了都记不清了，不知道辈分，还有的后人搬走了，老茔在这儿。新坟都在家附近。我们家给太爷、太奶、爷爷、奶奶和父母，还有堂叔伯的叔婶压纸，也就是宗谱上写的三代宗亲。"任开宜家的堂叔伯亲戚就是任家珍家，任家珍跟任开宜的父亲是一辈的，他祖父那辈就是任家珍的父亲。老人在的时候老人去，告诉子孙这是谁的坟头，任开宜都能记住，他家的坟有10多代了。

（二）端午节

端午节是纪念屈原的节日，村里一般都叫"五月节"，任家堡任赵家也非常重视，主要体现在饮食方面。五月节的习俗是吃粽子，但包粽子的人家少，一般人不会包。任开宜的爱人韩桂英会包粽子。韩桂英给调查组讲了她包粽子的过程：首先，准备好黏大米、红小豆，还有苇子叶，可以不放红小豆。苇子叶以前是到附近的东港市孤山镇自己打的，现在都是买的。她又告诉我们："把苇子叶拿在手里，一头卷成锥形，放入大米和红小豆，把苇子叶另一头盖在上面，再用线缠上。我包的粽子是黏大米放点小豆，不放别的。"

五月节一般都戴股线，就是我们说的五彩线，五种颜色的线拧在一起，戴在手腕上，通常有红、黄、绿、蓝、粉色五种颜色，一般没有黑色和白色的线，不仅大人戴，小孩也戴，而且小孩的脖子和脚踝处也戴股线。除此之外，他们还在门窗上挂小扫帚、桃树枝、菖蒲、艾蒿等，挂在房门上面的房檐上和外窗上面的瓦缝里，传说可以辟邪的。但是粮仓不挂小扫帚，传说挂扫帚会把粮食扫走了。现在把这些东西绑起来，一支桃树枝摆在正中间，小扫帚绑在桃树枝上，两边各放一根菖蒲，再外面各放一根艾蒿。通常情况下，小扫帚都是自己扎的，材料用的是苘麻，用颜料染色染上5种颜色，通常是红黄绿粉紫。任开宜看母亲扎过。

（三）中秋节

中秋节是团圆的节日，村里一般都叫"八月节"，任家堡任家非常重视，主要也体现在饮食方面。八月节家家都吃些月饼，任开宜家还供圆月、敬天，用来祝贺秋天五谷丰登。天黑以后，月亮出来的时候，将桌子摆在院子中间，在桌子上面摆放香碗，插上一股香点着，然后前面放五样食物，通常是月饼、毛豆、葡萄、西瓜、桃，有时候放苹果和栗子，不摆放梨子。老人在世的时候老人摆，男人摆的时候比较多。敬天的时候不烧纸。供一会儿，没有严格的时间要求，一般情况下摆半小时到1小时，之后给老天磕头，磕头完把桌撤了，撤完桌开始吃月饼。圆月就是团圆的意思，家里人尽量都回来，以前人最多的时候有爷爷、奶奶、妈妈、姑姑、哥哥、嫂子。

（四）春节

春节，俗称"过年"，是一年中最重要的节日，也是最隆重的节日，家家户户喜气洋洋，张灯结彩，到处充满欢乐祥和，任家堡任家特别重视春节，主要体现在饮食、祭祖等方面。备年活动早早开始，也称"忙年"，第一件大事就是杀年猪。一般在12月末或来年的1月初，这时候天气冷，东西容易存放。收拾干净的猪肉经常放在厦子里面的大缸里储存。任开宜的小舅子韩树忱年年帮忙杀猪，大多数年头都杀猪。杀猪当天还要请客，客人都是亲戚和邻居，一般摆四五桌，请大家来吃杀猪菜。一般做8个或者10个菜，常见的有血肠、拆骨肉、回锅肉、炖酸菜、酸菜炒肉、炖芸豆、炒蒜薹、白菜粉丝拌菜，等等。杀年鸡，鸡肉也冻起来留着三十食用。进腊月就开始购买米面油、调料、鱼，青菜过了二十三把再买，否则容易烂。

二十三过小年，包饺子，吃灶糖。在二十三这天灶老爷上天，"升旧灶老爷"，把旧的灶老爷像拿下来，在院子里烧了。这天需供上白糖和年糕"祭灶"，放在原来贴灶老爷像的下面，欢送他回家，回天上多说点好话，"上天言好事，下界保平安"。从这天开始就忙活起来，准备过年，置办年货，炸油丸、炸油炸糕、烀楂子、做隔年饭，还要磨米、磨面、插萝卜丝。实际上，二十就开始蒸馒头，耐存放的东西先准备，年前五六天买点青菜，通常买香菜、芹菜、圆椒、圆葱、菜花和韭菜。

任家以前一项重要的事情就是蒸年糕，任开宜的母亲会蒸年糕，任家堡的大部分人都会蒸年糕。任开宜告诉调查组："锅里添水，上面放上帘子，铺上屉布，再撒上小豆——小豆是快炸熟的小豆，拔了节的。不需和面，将黏高粱米面兑上一些水，传统上叫作使浆，边兑水边用双手搓匀，使过浆的黏高粱米面没有颗粒，攥在手中既不成团也不散。水烧开后往帘子上撒浆，撒一层，面变色就熟了，再撒一层直至铺满。就这么撒的，所以叫'撒年糕'。"过年除了撒年糕，还做黏火勺、黏豆包、苏叶饼。苏叶饼，也叫苏叶干粮，用料一般都是黏大米、黏高粱米或者黏黄米，任家多使用黏高粱米。用黏高粱米粉和面，可以和得硬点。将炸熟的小豆碾碎，加糖做成豆沙备用。在苏子叶上抹上点儿油，放上面再放豆沙，合拢叶片，捏好边缘，上锅蒸，大约15分钟即可蒸熟。还有一个大事就是做豆腐。任家堡的大部分人家过来都做豆腐，可能取其"福"的谐音。任开宜接着教调查组做豆腐："提前把豆子泡好，上磨磨出豆浆，过滤将豆渣分离出去，得到豆浆，将豆浆煮熟后，放点儿卤水，就成豆腐了。村里以前有个豆腐坊，是山嘴组的朱学风开的。

过年的前一天贴对子（对联），如果阴历三十过年，就二十九贴对子，如果阴历二十九过年就二十八进行。

三十当天，中午12点吃年饭，是最丰盛的一顿。

三十晚上，吃跨年饭，发神纸，时间从晚上11点到次日1点。晚上11点多，先煮饺子，煮熟后先放供桌两盘，供给祖宗。饺子里放硬币，吃到有硬币的饺子寓意好运气。

然后发神纸，桌子摆到院子的中央，把供桌上的2盘馒头拿到外面摆上，点上蜡烛，点上一股香，先供一会儿，大概10~20分钟，然后烧纸，烧完纸之后磕头。然后把东西拿回屋里去，馒头放回供桌。进屋先给供桌祖宗磕头，姑娘不能磕头，媳妇要磕头。发完神纸12点多，家里人开始拜年，晚辈给老人磕头。

大年初一，早早起来，煮饺子吃，晚辈吃完饭就出去给本家的长辈家拜年。任开宜的儿子及儿媳妇出去给舅公、舅母拜年，舅公、舅母就是任开宜爱人韩桂英的哥哥和弟弟以及他们的爱人。任开宜出去给大舅哥和大舅嫂拜年。如果在路上见到邻居，就问声："过年好！"，不用去家里拜年。不管在哪里晚辈看到长辈或者平辈之间都要问声"过年好！"。

初二送年，早上、中午都吃米饭，晚上6点钟左右吃饺子，煮好了先放供桌上两盘。晚上吃完饭，饺子供完了，大约半小时后就可以送年了。任开宜告诉调查组："拿几张烧纸，一根香，以前拿灯笼，现在拿手电筒，走到接年的那个路口，把香点着插在地上，烧几张纸，放鞭炮，不用说什么，送完就回家了。"

任开宜家最近这几年不贴年画了，从来都没有贴窗花，但是一直都在锅台上贴灶老爷像，年年二十三把旧的拿下来烧了，二十九贴对联的时候再贴上新的。

四、祭祀祖先

任开宜给调查组讲了他家的供奉。三十上午摆供桌，他们家摆高碗，用杏条穿的那种。任开宜家的供奉是这样的，在住的里屋的北墙上挂上任家的宗谱，在靠北墙的柜子上摆5碗饭、5碗菜，前面散放些水果，有香蕉、葡萄、苹果，还有四五样糖块。香炉碗摆在最前面，两边各放一只装酒的酒杯，两旁放蜡台，还有一个香筒，再两边各放1摞馒头，1摞5个，2摞10个，馒头上面插上枣，摆在最前面的两角处。5碗菜是高碗，任开宜家通常装这些菜：肉片、鸡蛋饼、油丸子、白菜、芹菜。杏条先弄成三国撑，底端粗，顶端细，插在碗底放的厚萝卜块上，萝卜块通常有三四厘米厚。在杏条上面穿上白菜、肉、油丸子（面徽子、套扣）、鸡蛋饼，芹菜。芹菜和白菜先用水焯一下；鸡蛋饼围在杏条上面，里面用白菜撑起来，以前用红粉条把鸡蛋饼绑上，现在改用红毛线绑，更牢固，上面放几根香菜；三国撑的上面穿两三个油丸，不插供花，放点菜叶搭配。

供桌摆好之后，接下来的一个环节就是"接年"，也叫"请年"。傍晚五六点的时候，吃晚饭前去"接年"。去三叉路口，点炷香，烧点儿纸，放鞭炮，口中念叨："老们老，回家过年。"然后拿着香一直往家走，不回头，到屋里把香插到香炉碗里。他家大门口不放横杆，有的人家放。供桌摆3天，每天都烧香烧纸。以前香不断，现在吃3顿饭前都要烧。烧纸也是3顿饭前，在屋里的地上烧。这三天期间，也有外人来串门祭拜的。

任开宜家祖上是从山东过来的汉族人，后改的满族。从山东过来的汉族人的祭祖方式基本上都差不多，也就是上面讲的春节供奉三天简单地说就是不忘先人。以前在旗的满族人跟汉人祭祖的方式不一样，相差很大，但是现在基本上都同化了，大同小异。任开宜告诉调查组：“我们这里的大山上有一种花叫香鞑花，像杜鹃花似的，但是有毒，它的枝、叶、花都有毒。以前满族烧的香好像就是这种花的枝和叶做的，把枝和叶晾干，然后压成粉末，做成香。”

五、饮食文化

（一）常见饮食

菜一般就是白菜、土豆、萝卜等。酸菜一般就是炖酸菜，酸菜芯蘸酱。白菜就是炖白菜，有时放点粉条。以前吃肉非常少，一般不杀猪，有时候年头好了，养头小猪，100多斤就杀了，不像现在五六百斤。

过年的时候，炸面馓子、炸套扣，蒸发糕、蒸年糕。年糕是用高粱米做的。炸面馓子做法很简单：温水和苞米面，放生粉，放小苏打，放点儿醋和糖，和好后饧发，用刀切分成条，将长条反复折叠拉长，放入油锅中炸至金黄即可。过年能杀只鸡，做小鸡炖蘑菇放点粉条。以前过年没有青菜，挖萝卜窖，储存些菜。

做发糕：温水和面，加入酵母，搅至没有平面粉、稍微有点稠的面糊。把搅好的面糊倒入模具发至两倍大。凉水上锅，开锅后蒸30分钟。蒸好后，关火闷几分钟，凉后脱模，切成小块。

“菜干粮”，实际上就是大饺子，皮薄馅大，特别受人欢迎。现在也包。苞米面做的，通常是酸菜、白菜、萝卜丝馅儿的。蚕剁碎，拌上油、葱花、调料，包包子，特别美味。杏仁用磨研磨后，上锅蒸，将杏仁酱蒸熟了，油就缓出来了，像香油似的。

酸汤子、馇子、波罗叶饼、黏火勺、牛舌饼，等等，这些也是任家经常吃的食物。

（二）猪肉吃法

猪肉吃法，有的时候炒着吃，有的时候烩着吃，还有的时候瘦肉烀熟蘸酱。猪头肉烀熟放点早期的“酱油”腌上，自己家就杀猪那天吃一顿，剩下的留着来客人时吃。早期的“酱油”就是把大酱放锅里翻炒，炒几下后添上水，盖上锅盖炖，给大酱里面的渣子炖出来，这时汤也就变咸了，那种“汤”就是当时的酱油。后来现代的“酱油”出现了，猪头肉就用酱油酱上，放些调料，花椒、大料、味精，再少放点糖。

六、爱好特长

过去孩子们喜欢玩滑冰车和打垛螺（陀螺）。冰车的做法：首先准备两根木条，长约50厘米，宽3～4厘米，厚2～3厘米，并排竖放着，中间间隔30～40厘米。木条的前端弄成斜茬，这样滑冰时阻力小。木条贴地那面放上一段8号线的铁丝，两端固定在木条的非着地面，用铁丝来减小阻力。在木条的非着地面，横着钉上一窄一宽两块木板，中间间隔约20厘米，窄木条约20厘米宽，宽木条30～40厘米宽，长都是50厘米左右，厚2～3厘米。简单的冰车就坐好了。在滑冰车时，盘坐着，屁股坐在后面的宽木条上，把双脚放在前面的窄木条上。手持冰镩子，也叫冰钎子，用力扎住冰，往后使劲，冰车就往前进了。速度一点点加快，冰车就会在冰上快速地滑起来。冰镩子，就是把长洋钉的帽儿敲掉，把它钉到60～70厘米长的木棍一端，做一对这样的木棍，就是冰镩了。垛螺具体做法是：先选择一段10～12厘米长的蜡木，直径6～8厘米，把外皮去掉，然后用刀一点点地把一端削尖，再用刀把尖儿弄掉，用锤子慢慢地把钢珠钉进去。因为蜡木有芯，钉钢珠的时候不容易跑偏。最后用绳弄个小鞭子，玩的时候就用小鞭子抽陀螺，陀螺的尖尖着地，使它不停地旋转，以旋转的时间长短决定胜负。

以前女子多会刺绣，那时候的姑娘都有"图样"。每个姑娘出嫁前得把自己结婚以后要用的枕头顶都绣出来，还要送给婆婆或者其他亲戚，所以至少要绣七八对，结婚前二三年都在绣自己结婚用的东西，还绣手绢，有的姑娘还绣窗帘、幔帐。枕头顶都是吉祥图案，如将花枝头上站着两只喜鹊的图案寓意喜上眉梢；鲤鱼和莲花的图案，象征夫妻恩爱，也有连年有余之意；等等。

七、满汉联姻

1. 任姓和那姓联姻

任宜久的爱人是那家堡的那淑兰，村民那润清的姐姐，居住在松树嘴组的小砬沟，他们有2个儿子。

2. 任姓和李姓联姻

任开宜的太奶是李家姑娘。

任传贤，若健在 110 多岁，住在松树嘴小砬沟，他的爱人是李氏，他们有 3 个孩子，2 个女儿，1 个儿子。

3. 任姓和曲姓联姻

任开宜的二爷任传新的头房是曲家姑娘，跟曲悦忠是一支。

4. 任姓和松树嘴赵姓联姻

任家梅的丈夫是松树嘴的赵宝祥，一直居住在松树嘴组，他们有 5 个孩子，2 个女儿，3 个儿子。

5. 任姓和杨姓联姻

任淑娟的丈夫是杨成昌，岭沟乡塘岭村人，父辈以前在窝棚沟组居住，他们住在岭沟乡塘岭村，他们有 1 个儿子。

6. 任姓和钱姓联姻

任宜生当过兵，部队艇长复员，转业在秦皇岛，是运输队的书记，现在退休，居住在秦皇岛，他的爱人是钱淑英，松树嘴人，有 1 个儿子。

第七节　其他各姓

样子岭村除了那姓、赵姓、曲姓、任姓、杨姓以外，兰姓和李姓也是比较大的姓氏，人数也比较多，兰姓主要分布在村里的张家堡组和长岗组，李姓主要分布在村里的任家堡组。由于各种原因，这两大姓氏外迁现象比较严重的时期集中在 20 世纪 50—70 年代，人口迁移一半以上，基本上都是举家搬走的。根据 2020 年第七次人口普查结果，张家堡组有兰姓 4 户 16 人，长岗组有兰姓 6 户 22 人，兰姓共有 10 户 38 人，任家堡组有李姓 17 户 66 人。

一、兰姓

（一）家族来源及人口繁衍

1. 家族来源

在样子岭村，兰姓也是较大的姓氏，主要分布在张家堡组和长岗组，一直居住在张家堡组的 94 岁高龄的兰家老人兰香阁告诉调查组："我们老兰家的祖先也是从山东省逃荒过来的，先来到大连庄河市青堆镇高岭村，后来我们这支兰姓人搬到了岫岩县洋河镇样子岭村窝棚沟兰家沟这个地方，从我爷爷那辈搬过来的，坟都葬在村里，我家来村将近200年。"兰香阁小时候家住在兰家沟，后来他五六岁的时候，日本侵略者，不让老百姓住在山沟里，所以兰家就先分家后迁出，他大伯家搬到了村里的长岗组，他家搬到了村里的张家堡组。根据兰家的简单记录和宗谱记载，兰姓家族的排辈范字（20字）为：颜国洪元景，德连成玉庆，俊清忠厚顺，志士仁义兴。兰香阁的祖父叫兰德财，兄弟七人，他的祖母姓彭，兰香阁没见过他的祖父，兰家的范字没有按照祖上传下来的辈子歌来起名。

兰家宗谱单

平日放置宗谱单的谱匣

兰家没有更多的文字资料记载，只有兰家后人兰洪生家和兰洪军家（兰香阁三子）年年供奉的宗谱，他们的宗谱已经排10多辈了。

兰家先到庄河，然后到村里，没入过旗，以前与在旗的没有通婚。

2. 人口繁衍

迄今为止，兰家这支人在村里生活有6代人，代际情况如下：第一代是

"德"辈，兰德财，在家排行第六，夫人姓彭，他们有2个儿子。兰德财兄弟七人，其他人的情况不清楚。第二代是"忠"辈，共4人，其中男孩2人，兰忠和与兰忠海，都务农，兰忠和的夫人姓彭，长岗人，他们有7个孩子；兰忠海的夫人姓赵，岭沟乡塘岭村人，他们有3个孩子。女孩2人，她们的丈夫分别是张家堡组的王连文和贾家堡村的常德学，分别居住在张家堡组和贾家堡村，王兰氏后来搬家到东港市居住，有1个儿子王宝祥。

第三代是"香"辈，共10人，其中，男孩5人，分别是兰香山、兰香春、兰香忱、兰香阁和兰香林。兰香山，1913年生人，未婚，务农，84岁时去世，无后；兰香春，1925年生人，属牛，22岁当兵，1974年去世，妻子李淑珍，1934年生人，属狗，现88岁，窝棚沟人，住长岗组，7个孩子，5个儿子，2个女儿；兰香忱，1931年生人，参加过抗美援朝，现去世，妻子于慧琴，任家堡人，去世，6个孩子，2个女儿，4个儿子；兰香阁，1928年生人，健在，住在张家堡组，妻子曲淑兰，1929年生人，属蛇，88岁时去世，曲塘坊人，父亲曲悦春，9个孩子，6个女儿，3个儿子；兰香林，91岁，属猴，健在，国高毕业分配在哈尔滨航空飞机厂，后来调到贵州工作，住贵州省，妻子苏忠兰，属猪，青岛人，已去世，3个孩子，2个儿子，1个女儿，都在贵州，都已退休。女孩5人，分别是韩兰氏、杨兰氏、蒋兰氏、兰香花和兰淑琴。韩兰氏，兰香春大姐，丈夫姓韩，任家堡人，住在任家堡组，后来搬到黑龙江省虎林市，有五六个孩子；杨兰氏，兰香春二姐，丈夫是杨本信的哥哥，窝棚沟人，当过国兵，住在窝棚沟组；蒋兰氏，兰香春三姐，丈夫蒋德生，张家堡人，住在张家堡组，5个孩子，3个儿子，2个女儿；兰香花，兰香春小妹，健

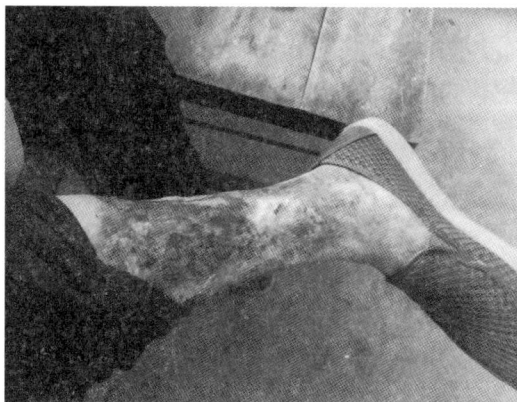

塔山阻击战兰香阁被射进3棵子弹的腿

在，丈夫姚公福，曲塘坊人，后来搬到黑龙江省富锦市，5个孩子，3个女儿，2个儿子；兰淑琴，兰香阁的妹妹，比兰香阁小10岁，早去世，丈夫曹隋亮，住岭沟乡曹家堡，4个孩子，2个女儿，2个儿子。

兰香阁与儿孙们四世同堂

第四代是"洪"辈，共25人，其中男孩14人，年龄从49岁到72岁，他们多数务农，还有打更、经营大棚、搞建筑、开车、打工，等等，其中8人住长岗，3人住张家堡，1人住贾家堡村，2人住贵州，后来有1人搬到哨子河乡，1人搬到岫岩县兴隆经济区，1人搬到岫岩县，1人去世，3人离婚。他们的爱人姓张、席、杨、付、王、赵、孙、庄、沈等，她们的年龄从42到71岁，绝大多数都务农，有1个去世，她们有贾家堡村人、南唐家堡村冰沟人、岫岩红旗营子乡人、何家堡村人、岫岩县雅河乡巴家堡村人、窝棚沟人、长岗人、杨家堡镇松树秧子人等。"洪"辈有女孩11人，年龄从55岁到69岁，其中，1人去世，除了务农，还有在洋河政府上班、教师，等等，她们居住在岭沟乡、长岗组、杨家堡镇松树秧子、洋河镇、孤山镇、张家堡组、丹东市、岫岩县、何家堡村、贵州，等等，她们丈夫的姓氏有洪、赵、钟、胡、江、张、尹、徐、杨等。

第五代共有22人，其中，男孩12人，年龄从11岁到50岁，妻子有姓丁、张、唐，等等，有大营子人、长岗人、张家堡人，还有4人念书。这辈女孩有10人，年龄从20岁到43岁，住在洋河小区、何家堡村、哨子河乡、兴隆镇（兴隆办事处，经济区），等等，她们丈夫的姓氏有赵、刘，等等。

第六代是"景"辈，共6人，其中，男孩3人，分别28岁、20岁、9岁。女孩3人。

兰家的婚姻对象多数都是亲戚和街坊邻居给介绍的。兰家后人兰香阁听老年人说过清代旗民不通婚。

样子岭村的几个大户相互之间通婚，兰姓与村中其他大姓存在通婚现象。

（二）红白事情

1. 红事情

兰香春结婚的时候，他的爱人李淑珍家住在东港市东土城子村，坐车从东土城子到曲塘坊，由后舅舅赶马车送亲，同来的还有后姑、后妈、后舅妈、后姥娘等人。先送到西大坡男方事先找好的赵永章家，住一个晚上，这叫作"打下处"。第二天早上兰香春坐轿子接新娘，新娘盖红盖头，用被包着，由后舅舅抱上轿子。那时的轿子就是马车后面有个棚，棚顶上扎个大红小球。接新娘用2个轿子，1个坐新郎的，1个坐新娘的，分别有1人陪轿。还需一个车拉五六个喇叭匠坐在车上吹喇叭。接新娘时不能走重复的路，需绕个圈，叫作"走轿"。新娘穿的衣服里外都是红色，衣服、裤子、棉袄、棉裤都是红四棱布做的，穿的红袜子，缎子做的红绣花鞋，红腿带子，腰带都是红的，结婚穿红色喜庆而辟邪。兰香春穿一套青色的衣服。新娘陪嫁一套被褥，红色大花斜纹被面，褥子也是红色的。

到兰家门口下轿，兰香春和爱人一起朝院子里面走，盖头在屋门口用秤杆子挑开，放在房檐上。进屋后拜祖先，然后上炕坐在提前铺好的被子上。娘家客人就在炕上吃席。那时结婚用"八八席"，即8个凉碟，8个热碗，热菜有炖肉、排骨炖土豆、炒猪肚、小鸡炖蘑菇粉条、炖鱼、炒芸豆、炒芹菜、炒辣椒，凉菜有芙蓉糕、炸面徽子、炸套扣、炸咸丸、血肠、白菜丝拌海蜇皮、拌豆腐泡、皮冻。兰香春结婚时一共摆了70多张桌，那时的桌子小，一桌坐5人，桌子从屋里、院子里一直摆到附近的小胡同。结婚当天给娘家4样礼，回娘肉、大葱、酒、粉条。

当时都是三天之后回娘家，也称"回门"，也有7天回门的。一般回门的时候带酒、鱼、肉、粉条四样礼，在娘家住一晚上，第二天早上母亲给包饺子吃，还要捞一笊篱饺子带给婆家。

2. 白事情

人在家去世后，在屋里停三天，分为大三天、小三天。中午12点之前去世的都是大三天，出殡准备的时间比较充裕；中午12点之后去世，就是小三天，出殡准备的时间比较紧迫。人去世后抬到地上，穿装老衣服，外面是黑色，里面是白色，裤子由内到外是衬裤、薄棉裤、外裤，上衣是衬衣、棉袄、外套，外面再套个棉袍，共7件，穿单不穿双。

　　2个板凳中间搭个板子，穿完衣服放在板子上。在民（汉人）都放在堂屋，脑袋冲着屋门，人去世后嘴里放一块压口银——用红线拴着的一小块银子。脚上放绊脚丝——把两只脚用红线绑在一块儿。需请出黑先生，雇喇叭匠4人，搭灵棚，通知亲友。男的（儿子）穿孝衫，无扣，女的（女儿）戴孝帽。孝帽是2块布拼在一起，带尖，后奔拉一长一短，长的五六十厘米，短的50厘米，去世的是男性，左侧长，去世的是女性，右侧长。参与祭祀的人每次吃饭前都去山神庙报庙送浆水。由喇叭匠或出黑先生领着去报庙，雇个人在前面拿浆水瓢，瓢里放点儿小楂子，倒点儿水。报庙家里的男女老少都去。以前报庙都有孝棒，孝子一家一个，报庙的过程中拿着。孝棒是用高粱秸杆儿的，大约2尺长，上面一段缠白纸，手握的那一段不缠，每次报庙都拿着。到了"山神庙"，把"浆水"倒在"山神庙"四周，烧纸烧香，最后向"山神庙"磕3个头。山神庙不高，一般是用三块瓦或者小石头搭的。报庙回来吃饭，菜都是单数，5个或者7个。

　　第二天早上送火葬场，之后将骨灰盒放在寿材里面。寿材里面铺上褥子，放几件以前穿的衣服，4个角放4包纸灰。寿材是落叶松木的，长短两米半，宽和高都是七八十厘米，板子底厚1寸，帮厚2寸，盖厚3寸。下午接经，敬死者，倒酒，烧纸。下午送盘缠，将扎的纸车纸马纸人都拿到山神庙去烧，送盘缠时也烧打狗棒。

　　晚上传宴席，做五六十道菜，厨师做，孝子一个个往下传，传到最后摆在桌子上。厨师做，儿女传，摆在桌子上，两三张桌子摆得满满的，就说传得了，谁想吃就拿一两样。一边传宴席一边哭七关，喇叭匠里专门有一个人来哭。晚间烧纸，亲戚、朋友都拿纸在寿材前面烧，所有的纸都烧了，烧完再磕头。烧完纸就撤灵棚，第二天早上出殡。抬寿材之前钉寿材盖，摔瓦盆，抬着上山，长子打幡。抬的时候涉及"抬杠"，有16个人的，有24个人的，一般用16个人。

　　出殡当天晚上"送火"，送三天，就是在坟前点柴火。三天"圆坟"，撒五谷杂粮，左绕三圈，右绕三圈，一边走一边扬土。"烧七"，"一七"和"二七"都不烧，从"三七"开始，儿女带供饭供菜、酒、烧纸和香祭拜，一直到"五七"。

　　张家堡兰家红白事"办事情"，邀请的人际圈绝大多数都是亲戚，还有一些街坊邻居，前来参加的人多数都是本村的，还有个别来自本村外其他地方的亲戚。

（三）时令节日

1. 清明节

清明节是祭祀祖先的一个重要节日，兰家非常重视，也舍得为此花销，他们的过法跟村里的其他姓氏大同小异。早上去上茔，时间上没有严格限制，一般早上六七点钟不吃早饭就去。事先准备好纸品、白酒和香。到了坟地（茔地）后，先点3根香，插在茔门前的香碗里，茔门是用三块石头砌的。然后在茔门前烧纸，烧纸时把酒倒在火堆周围，烧完磕3个头，以前还放鞭炮，等香烧完就可以回家。现在为避免起火，不烧纸烧香了，插鲜花或永生花，压一些烧纸。

2. 端午节

端午节是纪念屈原的节日，村里一般叫"五月节"，兰家也非常重视，主要体现在饮食方面。以前，炸油炸糕，分蛋，主要是鸭蛋和鸡蛋，后来包粽子。跟其他姓氏一样，兰家也插艾蒿，戴露线。

3. 中秋节

中秋节是团圆的节日，村里一般叫"八月节"，兰家也非常重视，主要也体现在饮食方面。过去进行"圆月"，也叫"祭月"，在外面放上桌子，摆上月饼、葡萄、花生、毛豆等，敬天。之后还要烧香，烧纸，敬拜天地。

4. 春节

春节，俗称"过年"，是一年中最重要的节日，也是最隆重的节日，兰家特别重视，主要体现在饮食、祭祖等方面。过了阴历二十一、二十二，就开始炸油丸，炸油炸糕，做豆腐，蒸馒头。一般在12月末或1月初杀猪，炼猪油。过了阴历二十六、二十七，天气好的时候就贴对联。对联贴在外面大门口和房门口，还有猪圈、鸭架、苞米仓、驴圈、井、车、马圈、铡草窝子。山神庙也贴对联：庙小神通大，天高日月明，横批是保佑司法。以前还贴春条，贴"抬头见喜""出门见喜"。大门和屋门贴一幅挂旗，挂旗是五彩的。挂灯笼，买来小彩灯，挂在门口的树上，还贴窗花。天地牌，供在外面墙上的，贴一副小对联，下面搭个板，摆1个香炉碗烧根香，不供馒头饭菜。

兰香阁小时候盼着过年，过年的时候饭菜比平时丰盛，包饺子，杀猪，炒菜里面放肉，偶尔还有新衣服穿，买件柞蚕丝小褂。兰香阁小时候常吃的菜有白菜、萝卜、酸菜、山菜，等等。过年吃大米饭，一般做8个菜有白菜炖豆腐放点儿肉，酸菜炖骨头放点儿冻豆腐，炖条小台鲅鱼，鸭蛋切4瓣，炸油丸、菜丸、虾片、地瓜丸、套扣。晚上11点以后吃年夜饭，12点煮饺子吃。

兰香春小时候他家供奉祖先。过年当天，吃完早饭开始摆供碗，宗谱拿出来挂在北墙上，下面供桌摆5碗饭5碗菜，前面是香炉碗，中午之前摆完。下午五六点钟接年，也叫接神，1个人去就可以，从家里出去，拿一炷香，到坟前烧香烧纸，嘴里念叨着"老们老回家过年啊"。回家到大门外，将小木头杆横在大门外的地上，给"老们老"回来拴马，叫"封门"。不关门，供养老祖宗三天都不关门。初二晚上四五点送年。送的时候，用水瓢装一些供的饭菜，装点儿楂子，装点儿水，送到大街接年的地方，食物烧掉，烧点儿纸，就把年送走了，不用说啥。

三十晚上"发神纸"。发神纸就是把过去一年不好的东西都烧掉，寓意把不好的东西都打发走了，新的一年过新的生活。半夜11点左右，在外面院子正中间摆上桌子，摆上香碗，蒸11个馒头，5个一摞，摆2摞，下面3个，上面2个，额外的一个馒头叫"发纸馒头"，在旁边放着，烧纸的时候把这个馒头烧掉，家里大人磕3个头，最后放鞭炮。回家吃饺子。吃饺子时先给"老们老"供桌上放一碗，再给灶老爷像供一碗。每次吃饺子都给供桌换一碗。初二晚上，先烧点儿纸，收拾宗谱，最后送年。正月十五，不用接神了，十四开始摆供碗，摆3天。

（四）祭祀祖先

兰家供奉，将宗谱摆在北面，摆高碗。先摆5碗菜5碗饭，两边各摆一摞5个馒头。5个菜是肉、粉条、豆腐、白菜、油丸。用杏条摆供碗，肉切成大片，粉条炸一下，豆腐切成大片，白菜洗叶，油丸用竹签插上，然后用红线缠在杏条上，上面插花，用染成红色的粉条缠上。香炉碗摆在中间，一般是木头做的，通体红色，香炉碗里装灶灰或者高粱米。

大年三十接年，如果不去茔地，就在后台上放鞭炮放鞭炮时念叨："老们老回家过年啊"。如果去茔地就拿着灯笼，到了茔地放鞭炮、烧香、磕头，然后回来，回来时边走边念叨："老们老回家过年啊"，不能回头。初二还得去送神，走到十字路口，烧纸、烧香插，磕一个头，放鞭炮，不用说什么。

清明节上坟，烧纸，烧香，放鞭炮，在茔顶上压些烧纸，供品有烟有酒。

七月十五，十月初一，都要上坟，放鞭炮，烧香烧纸。

正月十五送灯。以前自家用豆面做小灯碗，做成十二生肖的形状，对应去世亲人的生肖，小碗里放豆油或蜡油，用棉花做捻，可以点亮。送到坟前，磕3个头。

（五）饮食文化

兰家在饮食方面，经常吃的主食就是五谷杂粮，有小楂子、大米、白面、小米。菜通常有白菜、酸菜、辣椒、茄子、芹菜、芸豆、土豆、山菜。

苏叶糕。用黏大米面，凉水和面，和的硬一点，吃起来有嚼劲，醒不醒面都行。事前把小豆馅烀好，少放点糖，放凉备用。苏叶一片片洗干净，控干取一片叶子，少抹一点儿油上，取一块面，不用擀，压扁放在叶子上，再放适量豆沙，合拢叶片，捏好边缘。包好后上锅蒸15分钟左右即可。

糖角。温水和面，可加入适量苞米面，加入适量酵母。揉成光滑的面团，待其发酵。事先准备好核桃碎，加入猪油和糖拌匀备用。取出发好的面团，分成小块，擀成厚薄均匀的皮，放一勺备好的核桃糖馅，捏好边缘。冷水上屉，蒸15分钟左右蒸出来是透亮的。

蒸年糕。蒸年糕要用到黄米面、黏高粱米面和小豆。小豆洗净烀好备用。黄米面加些黏高粱半面兑一些水，传统叫使浆，使过浆的面粉不能出颗粒状，用手抓起不散花、不成团。蒸锅加水，上汽后放帘子，不用帘布，铺上叶子，撒上满满一层小豆，待热汽上来薄薄撒一层浆（一般不超过1厘米，厚了不容易上汽，蒸出的年糕不成形），蒸一会儿等面粉变色了再撒下一层，交替撒小豆和浆几次，最后一层撒上小豆、盖上锅盖蒸15分钟左右。稍凉后出锅，切成块，就可以吃了。

粘火勺。用糯米、黏高粱米、大小黄米和面，醒半个小时。事先烀好小豆加糖做成豆沙馅备用。取一小块面压扁，包入豆沙馅，压成饼状。锅中放油，放入小饼煎至两面金黄。

牛舌饼。白面和好，醒发，面起子加温水搅拌成稀糊状，锅内刷油，把面糊刷入锅内，成小长条形，两面烙熟。

炸油炸糕。用糯米粉，温水和面，加入适量酵母粉和糖，揉成面团，发酵半小时。取一小块面，搓成圆形，中间压出一个窝儿，放入豆沙馅，收拢后搓成圆形，入锅前压成饼状。油温八成热入锅，小火慢炸，炸到两面金黄，捞出即可。

炸套和。温水和面，加入鸡蛋、白糖、油、酵母，揉成光滑面团，醒半个小时。把面擀成长方形薄片，切成小方块。中间划开一个小口，两个叠放，从中间的洞翻过来。继续醒发至两倍大。油温八成热入锅，中小火炸至两面金黄捞出。

兰家同其他姓氏一样，猪肉吃法通常有猪排骨、血肠、猪蹄子、猪头肉、猪下水。猪肉一般做法就是烀、炒、蒸、炖，蒸五花肉、烀瘦肉蘸蒜酱、烀排骨比较受人欢迎。猪肉烀熟后，切片蘸酱油，还可以红焖，或者下火锅。猪肉吃法，有的时候炒着吃，有的时候烩着吃，还有的时候瘦肉烀熟蘸酱。猪头肉烀熟放点早期的"酱油"腌上，自己家就杀猪那天吃一顿，剩下的留来客人吃。早期的"酱油"就是把大酱放锅里翻炒，炒几下后添上水，盖上锅盖炖，给大酱里面的渣子炖出来，这时汤也就变咸了，那种"汤"那就是当时的"酱油"，跟现在的酱油比，以前的酱油黏糊糊的。后来现代的酱油出现了，猪头肉就用酱油酱上，放些调料如花椒、大料、味精，再少放点糖。腌肥肉，就是我们说的五花肉，腌成咸肉，留着炖菜吃。猪板油，就是白白的油片，放在热锅里炒就会出油，这个过程就叫"炼油"，出油后油片就后缩成薄薄的折折巴巴的一片，满族人叫"油吱啦"（油渣），特别好吃。炼出来的油装在事先准备好的坛子里，留着做菜吃，这种油凉了就会凝成白色的固体，用的时候挖一羹匙，那家一直都吃这种油。这种油也叫"猪油""板油"，跟豆油吃法不一样。炖酸菜的如果没肉都多放点板油调味。兰香阁最爱吃蒸五花肉。

（六）爱好特长

兰香春的爱人会绣花，但她的做法与普遍刺绣不太一样。普遍刺绣直接绣在布上，表面不太光滑；她的做法是绣好后缝在布上面，相对耗时更长。她绣时也要用竹绷子，主要是用彩线缠，缠好后将彩线从中间均匀割断。她擅长做花朵、小鸟，作品色彩艳丽，栩栩如生。她的这项手艺由于比较复杂、耗时，现在几乎没人学了。

以前的习俗是女孩从16岁开始绣花，到出嫁时要绣4对枕头顶。

（七）满汉联姻

1. 兰家与曲家联姻

兰香阁的爱人是曲塘坊的曲淑兰，1929年生人，88岁去世，他们有9个孩子，6个女儿，3个儿子，都住在村里。

2. 兰家与赵家联姻

兰忠海，兰香阁的父亲，其爱人姓赵，娘家是岭沟砬后老赵家，与松树嘴赵家和大东沟赵家都是一家。

3. 兰家与任家堡赵家联姻

兰桂风的爱人是长岗组的赵义同，今年69岁，一直居住在长岗。他们有3个孩子。

4. 兰家与杨家联姻

兰洪武的爱人是窝棚沟组的杨淑华，今年66岁，父亲是杨本轩，他们有2个儿子。

二、任家堡李家

李姓也是样子岭村比较大的姓氏，以前人数众多，来到村里的时间也比较早，迄今为止有200年的历史，李姓主要分布在村里的任家堡组，繁衍生息很快，目前为止在村里生活有8代人。

李洪贵家正月十五的宗谱供养

（一）家族来源及人口繁衍

1. 家族来源

一直居住在任家堡的李家后人李洪贵告诉调查组："我们的祖先李宏元和

李宏斌兄弟两人闯关东过来的，从山东登州府云东县来到东北，在大连下的船，李宏斌走丢了，现在居住在哪里也不知道，很可能也在辽宁省。李宏元来到洋河镇南唐家堡村付家堡组小孤山，先是给别人种地，后来发现任家堡张家的地多，就到这边来租地种，每年都得给东家交几担租子。为了方便租地，李荣就把家搬过来了，李坦仍然留在南唐家堡村付家堡组小孤山。来到任家堡之后，李荣继续租地种。任家堡这个地方在清朝前期没有人烟，后来哨子河张家过来跑马占荒，占了不少地，再后来任家搬到此处，我们的祖先就租他们两家的地种。我们来村有200来年，在村里居住有8代人。"

任家堡李家没有更多的文字资料记载，只有李家后人年年供奉的老宗谱，李家后人李洪贵家年年供奉宗谱，任家堡李家的排辈范字（13字）：春洪俊树，德明成忠，庆丰学守义。以前按照这上面的范字起名，后来就不按照范字了。李洪贵告诉调查组："以前我们李家有谱书，20世纪30年代起火都烧没了。我后来从别处抄来的，也作了一些统计，有些情况我父亲不清楚，我就问叔伯哥李洪坤，他95岁去世，比我大40岁。我们李家的茔盘在后面山根下，我们经常去上茔，我就向他打听每座坟埋的是谁，慢慢地我都弄清楚了，其实，我们的老坟在洋河镇南唐家堡村付家堡小孤山，从山东来了就在那儿住，在那里埋了2辈人，后来搬到任家堡，从此以后就埋在任家堡了。没成家的、少亡的，都不在祖坟里面埋，埋在祖坟旁边。我做了一本简单的谱书册子，发给我们老李家人，方便他们了解。"李家家史传承发展工作做得相对比较好，以前家族里的老人们都讲家族的历史和故事，李洪坤讲得最多，李洪贵听得最多的就是他父亲和他大哥李洪坤讲的，他也经常跟李家后人讲解李家的历史和传说。他的儿孙们都比较感兴趣。

李家一直是汉族，没加入旗籍。

2. 人口繁衍

迄今为止，任家堡李家这支人在村里生活有8代人，代际情况如下：

第一代是李家的祖先李荣，他的夫人是汪氏，他们有3个儿子，分别是李万良、李万茂和李万胜。

第二代是李万良、李万茂和李万胜兄弟三人。其中，李万良的夫人是丹东的黄氏和陈氏，有2个儿子，李德和李顺，他们后来搬到黑龙江省；李万茂有1个儿子李财；李万胜的夫人是盖氏，他们有2个儿子，李泰和李和，2个女儿，赵李氏和任李氏。

第三代共7人，5个男孩，分别是李德、李顺、李财、李泰和李和，其中，李德的夫人是庄氏，后来搬到黑龙江省，他们有 3 个儿子，分别是李春山、李春明和李春祥；李顺的夫人是吕氏，无后人；李财，单身，无后人；李泰，大概 1870 年生人，李洪贵的爷爷，有自己的 3 间小草房，念过几天书，40 年代，七十七八岁去世。李泰的夫人是王氏，岭沟乡塘岭村人，1926 年去世（李洪贵父亲 10 岁时）有 4 个孩子，3 个儿子，1 个女儿。李和的夫人是韩氏，韩宝春的姑奶，任家堡人，住任家堡组，有 5 个孩子，3 个儿子，2 个女儿。

这辈有 2 个女孩，分别赵李氏和任李氏。其中，赵李氏的丈夫是赵长春，岭沟乡塘岭村人，他们有 6 个儿子；任李氏的丈夫是任立祥，任家堡人，他们有 2 个孩子。

第四代，"春"字辈，共 12 人，其中男孩 9 人，分别是李春山、李春明、李春祥、李春芳、李春清、李春田、李春永、李春玲和李春阳。其中，李春山 20 世纪 40 年代搬到黑龙江省富锦市，他的夫人是于氏，蔡家堡村人，1 个儿子李洪喜，20 来岁跟父母亲去黑龙江；李春明的夫人姓付，是南唐家堡村付家堡人，他们后来搬到付家堡闫家沟；李春祥的夫人姓白，是杨家堡镇松树秧子白家堡人，他们后来搬到付家堡闫家沟；李春芳若健在 120 多岁，住在任家堡，他的夫人姓姚，是张家堡人，他们有 3 个儿子，4 个女儿；李春清住任家堡，他的夫人姓修，是岭沟乡塘岭村人，他们有 4 个儿子，4 个女儿；李春田，1916 年生人，属龙，1983 年去世，是李洪贵的父亲，大房姓张，东港市人，二房姓王，庄河市人，1920 年生人，有 3 个儿子；李春永住任家堡，他的夫人姓柏，是杨家堡镇松树秧村人，有 2 个儿子；李春玲的夫人姓董，是岭沟乡山城村人，他们有 1 个女儿，4 个儿子；李春阳住任家堡村，若健在 110 岁，他的夫人姓林，若健在 112 岁，是关家堡人，他们有 4 个儿子。这辈有 3 个女孩，分别是王李氏、闫李氏和任李氏。其中，王李氏嫁给东港市的王家，有 2 个儿子；闫李氏嫁给哨子河乡的闫家，有 1 个女儿，1 个儿子；任李氏，比李洪贵的父亲大，是李洪贵的二姑，住在松树嘴小碴沟，她的丈夫是任传贤，若健在 110 多岁，松树嘴人，他们 2 个女儿，1 个儿子。

自第五代起至第七代共有 119 人，大部分居住在本地，迁移的地方包括辽宁省沈阳市、大连市、鞍山市、抚顺市、丹东市、营口市，吉林省长春市，黑龙江省哈尔滨市、富锦市、虎林市，山西省等。

任家堡李家的婚姻对象，多数是亲戚和街坊邻居介绍的。李洪贵有听老年人说过清代旗民不通婚。样子岭村的几个大户相互之间通婚，李姓与村中其他大姓存在通婚现象。

（二）红白事情

1. 红事情

以前结婚村里叫"将媳妇"，流行坐轿，轿子都是租的，结婚的日子也是提前半年就定下来，然后开始准备各种用具、用品和饭菜。如果是秋天结婚，女方春天就得准备好嫁妆。婚轿是木匠做的，四扇木头架子，像窗户扇似的，每扇上面都有一些小格子。用的时候，把轿架子固定在马车上，架子上面装上轿套，把整个轿架子都罩在里面，看不到里面坐的人。婚轿顶棚是拱形的，在里面放把椅子，前面有个轿帘，下轿的时候从前面下。轿套都是绸子做的，分男款和女款，颜色和图案均不相同。男轿套是蓝色绸子做的，前后两面没有图案，左右两侧是八仙过海，每侧4个人物，高30多厘米，都是布做的，里面装的是棉花，鼓鼓的，立体感十足。人物的眼睛都是用黑线和白线绣的，穿的都是大衫衣服。吕洞宾拿的剑是布绣的，铁拐李拿的葫芦里面装的棉花，他们的胡子都是头发做的，男的衣服有蓝色、黄色、绿色，何仙姑的衣服是红色的。女轿套每面都由红、黄、绿、粉四种颜色的绸子拼成，上面绣大牡丹花和大凤凰，旁边带"飞子"，风一刮特别好看。

过去娶媳妇要进行两天。第一天女方从娘家过来，"打下处"住下来，第二天"走轿"，是结婚的正日子。结婚当天，新郎官穿好衣服，戴上大红花去接新媳妇"走轿"。到了新媳妇住的那家，新娘舅舅把新媳妇抱上女轿，新郎官上男轿，然后开始走轿。男轿在前面，两个小男孩坐在男轿后面敲锣，4个喇叭匠跟在轿后面，一边走一边吹。绕一大圈到男方家。下轿时放鞭炮，新娘子脸上蒙上红盖头，就是一块红布，两尺半见方，上面绣两朵花，以后就用作包袱皮。下轿前换双红鞋；两旁各有一个女孩搀扶着下轿，这时喇叭又吹起来了。下轿先踩在凳子上，再踩金砖，然后踩地。新媳妇穿红上衣，大襟衣服，盘扣，镶的黄边，下身是绿裤子，脚上穿绣花鞋，头上戴花。以前新媳妇的车上还装有陪送的嫁妆，有4~6个包袱，都是衣服、布料、行李，等等。新媳妇下车后在前面走，后面的人每人手里都捧一个包袱，都是娘家陪送的物品，车上有个人往下传东西，底下有人接东西。火盆是娘家陪送的，寓意日子过得红红火火。还有一个长命灯，过去娘家妈给铜盆，里面装上拴着红布的油灯、用面蒸的鱼和石榴。婆婆接金盆——再早铜为金。新媳妇下轿后改口叫妈，婆婆给新媳妇"改口钱"，用红纸包的。办喜事通常都有一位管事的，负责安排婚礼流程和人员座位。进门口，新郎官拿秤杆子把红盖头挑下来放在门上，寓意"称心如意"。然后举行仪式。一拜天地，过去在院子里把宗谱挂上，就像过年那样摆上供碗，一对新人跪拜宗谱，拜天地进行半个小时左右。二拜高堂，跪拜父母。夫妻对拜，送入洞房。

当时的洞房都是草房，棚和墙都是用纸糊的。一口柜，外面贴个喜字，用毛笔写的；大门、屋门、房门、贴3副对联。窗户是老式窗户，上面一截用窗户纸糊的，下面一截是玻璃的，外面贴个大喜字，里面用红布拉着。新媳妇进屋后就坐在炕上，坐在男方被上，送亲的也都坐炕上。新人吃长寿面、新媳妇洗手捞钱、新媳妇坐福，这些结束后婚宴就开始了。娘家客通常来6~8人，陪着新媳妇吃饭，"开箱的"包括叔伯舅舅、叔伯舅妈、叔伯叔叔、叔伯婶子、叔伯姨妈、叔伯姨的女儿、叔伯姐妹，这些稍微远一点的亲属坐在另外一张桌上吃饭。当时盛行"六六席"，6个凉碟，6个热碗，吃席叫作"吃六碗"，条件好的人家办"八八席"，8个凉碟，8个热碗。当时的饭是大楂子饭，凉菜有炸面徽子、炸套扣、白菜丝粉丝拌海蜇皮、芙蓉糕、鸡血焖子、皮冻，每个凉菜碗上都有一块"菜头"。热菜有鸡肉炖蘑菇、漂肉、炒芹菜、炒豆芽、炒酸菜、炒鸡蛋。其中，芙蓉糕类似沙琪玛，四方块的，把面发好，切一条一条的，上锅里炸，炸好捞到大盆里面压实，再切成块。绿豆芽是自己发的。漂肉就是在碗里放上肉汤，里面放5大片肉，一个人一片肉，也叫肉碗。

结婚后还要"回门"，新媳妇回娘家。五六十年代是3天回门，现在是7天回门。"三天占久"，新人带上四彩礼，50年代通常有酒、罐头、糖、蛋糕，在娘家住一晚上。早上娘家妈包饺子，煮好后先捞一笊篱饺子装起来留着带回婆家，吃完饺子就可以回家了。

2. 白事情

李洪贵给调查组讲了他父亲去世时的情况。李洪贵的父亲是1983年去世的，享年80岁，晚上7点钟去世的，属于"小三日"，当天算一天，第三天早上出殡。

李洪贵父亲那时候是母亲提前做的寿衣，当时通常做7件，上身4件，分别是衬衣、棉袄、外衣、棉袍子，下身3件，分别是衬裤、棉裤、外裤。也做帽子和鞋，都是黑色的。帽子没有帽檐，用布缝的圆帽子，顶上钉个小球。鞋跟正常的鞋差不多，鞋帮里面絮一层薄薄的棉花，鞋底纳得稀稀拉拉的，正常纳鞋底很密耐穿。穿完寿衣后就放在事前搭在两个板凳中间的板子上，如果逝者的父母还健在，就放在低处，用矮点的板凳。死者身上盖苫单——7尺长的一块红布。一只手里拿着打狗棒，就是10厘米长的小面棒，用火烤硬；另一只手里拿着打狗干粮就是直径约5厘米的小面饼，也用硬火烧，中间穿个眼，用红线把三个穿在一起，线握在手里。据说人死后要经过"八狗山"，不给狗带食物就过不去。板子下面放上"照尸灯"，贴地放个小盘，倒上豆油，棉花捻个捻儿，点着，头顶的桌子上放5碗菜，通常有去皮的煮鸡蛋、水煮白菜片、水煮木耳、水煮肉片、水煮粉条，前面正中间是香炉碗，烧3根香，两边各放一支烛台，再两边放2摞馒头，共10个。人去世后找管事张罗丧事，儿女属于戴孝的人不能出门。管事负责买纸活，买棺材，雇喇叭匠，雇人拿浆水瓢。还得找出黑先生，写包袱、灵牌、马票（相当于阳间开的"介绍信"）。当天就得定喇叭匠、纸活、棺材，请阴阳先生，看茔盘。一般雇7个喇叭匠全吹，也可雇4人。

第二天早上八九点送去火化，骨灰通常下午两三点送回来，把骨灰放到棺材里，苫单盖在骨灰上。过去下午入殓，上午开框子，扎纸活，下午接旌。旌是7尺长的红布，上面画星星、月亮和太阳，代表黑天和白天。而且上面写有黑色大字，男的第一行写"新逝故显考"，第二行写"于公讳"，第三行写"某某（名字）享年（多少）岁"，李洪贵的父亲写的七十九岁，落款"之名旌"，一共19个字；女的第一行写"新逝故显妣"，其他的都一样，女的字数是双数，18个字。接旌的时候去家附近的大道上，一般都在西面，起码在一二百米以外。旌都是姑娘买的，姑娘必须得去。戴孝的都去，女的先去，到指定地点，回来的时候一起回来，由2个人抬着杆。喇叭匠都跟着去，供器绑在桌子上，抬着去。到了地点后先摆供，2摞馒头，再摆上香炉碗，子女跪着，管事的烧香，烧纸。

接完旌以后出去报庙，报庙之后送盘缠，烧纸活。

送盘缠回来后吃饭，吃完饭传仙席，一般晚上6点钟左右开始传仙席，然后烧大纸、哭七关。仙席是用生面做的面活，雇面师做，有的人家做100多样，一般人家做三五十样。面活可以做十二属相，河里的鱼、蟹子，天上飞的各种各样的鸟，做好染上颜色。还可以请大师傅做菜，有肉、有菜，都是水煮的，先在碗里放个馒头，把菜盖在馒头上，满满的一碗，一般都做五六十样。还有面做的"岁数"，在中间摆一趟字，通常男的有"新逝故显考"，"于公讳"，"某某（名字）享年（多少）岁"，女的有是"新逝故显妣"，其他都一样，男的是单数，17个字或者19个字，女的是双数，16个字或者18个字，这样的"岁数"也算菜。传仙席的过程中哭七关，有的人家在烧大纸的中间哭七关。

第三天早上出殡，一般情况下冬天在6点，夏天在4点，天刚放亮就走。出殡前先钉棺材盖，叫"渗钉"，钉钉用三黄锁、铜钱，7个大钱用红布穿上，绑在棺材钉上，寓意"吉祥"，男的先钉左边，女的先钉右边，男的左面钉2颗钉子，右面钉1颗钉子，女的右面钉2颗钉子，左面钉1颗钉子，都是一共钉3颗钉子。抬杠的人帮忙抬寿材，大部分人家用24杠，也有用32杠的。正式出殡时，长子摔盆，喇叭匠吹喇叭，然后起灵。长子打幡，姑爷撒纸钱，寿材抬到坟茔上，儿子先埋土，儿子和女儿向左绕3圈，一边走一边扬土，然后向右绕3圈，也是一边走一边扬土。接下来帮忙的帮着埋土，埋完土烧纸，放鞭炮。3天后圆坟，儿女把坟埋周全点儿，老两口都去世把坟弄成圆的，如果1个人去世坟就是长方形的。

以后家人还要给逝者烧七，烧百日，烧周年，过生日烧纸。这些日子都得上茔摆菜，5个菜、蒸供（馒头）、酒，点香、烧纸、磕头。每个周年都带桌子上茔，拿酒、菜，3周年之前的每个生日都上茔。过3周年了，再上坟就只拿纸、香和鞭炮。

（三）时令节日

1. 清明节

清明节是祭祀祖先的一个重要节日，任家堡李家非常重视，也舍得为此花销，他们的过法跟村里的其他姓氏大同小异。早上去上茔，时间上没有严格限制，一般早上六七点钟不吃早饭就去。事先准备好纸品、白酒和香。到了茔地后，先点3根香，插在茔门前的香碗里，茔门是用三块石头砌的。然后在茔门前烧纸，烧纸时把酒倒在火堆周围，烧完磕3个头，以前还放鞭炮，等香烧完就可以回家。现在为避免起火，不烧纸烧香了，插鲜花或永生花压一些烧纸。

2. 端午节

端午节是纪念屈原的节日，村里人一般叫作"五月节"，任家堡李家也非常重视，主要体现在饮食、佩饰等方面。过去就是吃顿饺子，煮几个鸡蛋。现在除了包饺子、煮鸡蛋、炒菜，还包粽子。包粽子用黄米和黏大米，放点红小豆、大芸豆粒，还有人家放花生、大枣，味道也不错。

小孩子过五月节都戴露线，全名叫露水线，有五种颜色，李洪贵家通常是红黄紫绿粉。李洪贵小时候也戴过露线。传说小孩子戴上放露的线这一年不得病。五月节前一天晚上将线放在室外第二天清早把线拿回来，父母给小孩子们戴在手腕、脚腕、脖子上，大人也戴，通常戴在手腕处。五月节这天早上房檐上还要插上艾蒿把子，具体做法是：桃树枝1支放中间，两边有次序地插，各放两根艾蒿和一支菖蒲，小扫帚带块红布绑在桃树枝上，这些东西扎在一起，插在房檐上，传说能够辟邪。其中，艾蒿至少2根，一般用4根，菖蒲和桃树枝也很容易找到，小扫帚是自己做的。小扫帚的做法：颜色，先把青麻分成5把，每把染成一种颜色。

3. 中秋节

中秋节是团圆的节日，村里一般叫作"八月节"，任家堡李家很重视，主要也体现在饮食方面。这时候种的糜子（现在叫大黄米）成熟了，八月节早上做大黄米饭，放点儿白糖，特别甜，还做炒鸡蛋。中午包饺子，他们的习惯是过年过节都吃饺子。晚上供月，供月也叫圆月，月亮照到院子里的时候，把桌子拿到院子里去，摆上板栗、毛豆、月饼、葡萄、枣5样东西，供四五十分钟，看月亮，磕过头以后把东西撤了，一人分一块月饼吃。

4. 春节

春节，俗称"过年"，是一年中最重要的节日，也是最隆重的节日，任家堡李家特别重视，主要体现在备年、饮食、祭祖等方面。备年，以前先打扫卫生，打扫干净后就开始裱墙、糊墙、糊棚、糊窗户，家家户户都是这样。糊窗户通常用窗户纸，俗称"毛头纸"，纸里面能看到有半厘米长的搅碎的青麻，掺入麻的纸比较结实，淋一点雨都没事，风刮不碎，其实是麻在起作用。专门的窗户纸是长方形的，1米长，七八十厘米宽。10月1日以后，天气逐渐冷了，家家都去买纸糊窗户。把旧纸残留部分撕下去，清理干净窗框，刷上事先打好的浆子——把所有的木头框和里面的小格子都刷上浆子，再把一整张窗户纸对准上面的窗户框从上往下顺，框和格子的地方用手压实，多余的部分剪掉。

阴历二十三过小年，早上吃饺子，以前都是萝卜丝馅的，中午做饭菜，有豆腐、油炸糕、年糕，等等。二十三晚上不拘吃什么。二十三有一个风俗就是送灶老爷上天，意谓着从这天开始就进入年了。把旧灶老爷画拿下来，放在院子里点着，边烧边念叨一套嗑儿："上天言好事，下届保平安，回到天宫一定多说好话。"

贴对联也是备年的一项重要内容，一般阴历二十就开始买对联，阴历二十九贴对联，贴福字。仓房、玉米仓子、鸡窝、猪圈、牲口圈、大门口、屋门口、房门口，都贴上对联。贴对联的地方还要贴挂旗，挂旗有两种，大的叫大彩，小的叫小彩，大彩贴在供老祖宗处和大门，其他地方用小彩。挂旗贴单数个，1个、3个、5个，大门口和屋门口都贴5个挂旗，窗户上贴3个，有的在春条顶上贴一个，有的给水缸上贴一个，鸡窝、粮仓、猪圈、牲口圈、仓房等对联处一般都贴一个挂旗。贴财神，财神不能贴在北墙，要贴在侧面，而且不能对着门，也不能贴在堂屋。

过年烧火也有讲究，烧火用的柴火都是上山割的杏条，烧杏条寓意"家业兴旺"。腊月二十以后就开始上山割杏条，专门挑一上午割杏条过年的时候烧，特别是三十晚上煮饺子必须得烧杏条。

三十中午饭菜最丰盛，一般都在下午1点吃，寓意这一年都有这么多美食可以享用。吃完午饭就开始炖猪蹄子，一直炖到晚上7点钟左右，吃猪蹄子寓意这一年里能"挠"到钱，通常都吃猪前蹄子。天黑开始包饺子，包饺子时还在馅里放个硬币，谁吃到谁发财，大家都抢着找包硬币的饺子。晚上10点半开始煮饺子吃。

发神纸是三十晚上最重要的一项活动。把桌子摆在院子中间，香筒和蜡都摆在桌子上点着，放3个酒杯，再摆上2摞馒头，还有一碗满满的大米饭，斜插3双红筷子，这就是天地饭，用来敬天。还要额外准备一个发纸馒头，发纸的时候把这个馒头放在桌子上，烧纸的时候放在火上熏一熏，熏完放回桌子上。香和蜡都点完后，开始放鞭炮。放完了鞭炮就开始烧纸，然后敬酒，把酒倒在地上，最后朝南磕3个头，按照辈数，老人先磕头，晚辈后磕头。家里女性不参加这个活动，在屋里待着。磕完头把东西都拿进屋里摆好，给供奉的老祖宗烧纸，再敬酒，酒倒在地上，最后磕3个头，也是长辈先磕头，晚辈后磕头。发神纸的香拿到屋里插在香碗里，发的神纸就不拿回来了。

三十晚上发完神纸之后，晚辈到亲戚家拜年挨家磕头。小姑娘不去拜年，没结婚的也不拜年。

初一早上吃饺子。新嫁过来的媳妇初一早上出去拜年，由小姑子或者大姑姐陪着。其他的女性不出去拜年。

初二晚上也包饺子，煮好后先给供桌摆一碗。吃完饺子送年，送到接年的那个地方。

以前正月十五晚上有扮灯官老爷，是一种文娱活动，一般从正月十三开始，到正月十六，共4天。共5个人，1人扮老爷、1人扮娘子、1人吹喇叭、1人打鼓、1人进屋收钱。老爷一只手拿扇子，另一只手拿拂尘，娘子一只手拿扇子，另一只手拿手绢。大门一推开，鼓打起来，喇叭吹起来，进院后老爷和娘子就开始演，像现在的二人转，还一些吉祥话：一门五福灯、二圣和合灯、三阳开泰灯、四季平安灯、五福临门灯、六和通顺灯、七星高照灯、八仙过海灯，九子十成灯，十子满福灯。这时候收钱的人就进屋来收钱，然后出大门口去下一家。

（四）祭祀祖先

李洪贵给调查组讲了他家的供奉情况。三十早上吃完早饭在北墙上挂上宗谱，开始摆供碗。先摆五碗饭、五碗菜，供菜都是水煮的，不放盐，不放油，李家通常放猪肉、面馓子、套扣、豆腐泡、白菜，而且每个菜上面得有个"菜头"，就是一段2厘米长粉条，再搭一根香菜，因为香菜是绿色的，配在一起好看。供菜必须有白菜，寓意"生财"。还有的人家放整只鸡，或者放整条鱼。李家过年有时也放一条整鱼，寓意"年年有余"。鱼嘴朝上，拿一根棍子——不是"三国撑"的棍子——从鱼尾处一直穿到嘴巴处，上面插个油丸，再插朵供花。然后是5样水果，通常有苹果、橙子、猕猴桃、香蕉等，还有糖块、沙琪玛，山楂糕等5样，最后笔两摆馒头，摆上2杯酒、香碗和1对蜡烛。

李家祭祖摆设

三十还有一项重要活动就是"接年"。摆完供碗，傍晚4点钟左右，天刚蒙蒙黑就去"接年"。拿着灯笼，备好香和纸，出门往右边的路口走到大街上，朝茔盘方向，先把香插在地上点着，再烧几张纸，烧完磕头，放一个烟花，就回来了，走到大门口把事前准备好的横杆放在地上，走到屋门口再放一根横杆，然后进屋，在供桌前烧纸。李家供桌上烧的是高香，能烧七八个小时，香也分干湿，湿香烧的时间长。供桌上从接完年就开始烧香，一直不停，直到送年。

初二晚上也包饺子，饺子煮好后先在供桌上摆一碗。吃完饺子送年。送年的时间是晚上，有晚上8点的，也有晚上5点的。送年的时候把5碗菜的菜头都拿下来，再加点儿大米，放在水瓢里。等正北供桌上的香烧到剩20厘米，拿着这把香，端着水瓢，到接年的地方，把瓢里的东西倒在地上，烧点儿纸，就结束了。走到大门口把杆拿开，走到屋门口也把杆拿开。

正月十五也摆供碗，摆得简单些，5碗供菜是白菜、猪肉、油丸、粉条和豆芽，还有水果。正月十五还有一个风俗习惯就是上茔送灯。一般给三辈即父母、爷爷奶奶、祖爷爷奶奶送灯。到了茔前，先点香、摆灯，然后烧纸，最后磕头。

（五）饮食文化

李家的饮食习惯跟村里的其他姓氏大同小异。李洪贵家最爱吃鸡血焖子，具体做法是：在碗里放地瓜粉或玉米粉，加水泡开，杀鸡的时候用这个碗接鸡血，一边接一边用筷子不停地搅和，一直到鸡血放完。隔一会儿搅和一下，防止凝固，直到完全凉了。爆锅，鸡肝、鸡腰子、鸡胗切碎放锅里炒，加调料，添适量水烧开，把碗里的鸡血倒入锅内，边倒边搅动，直到炒一会儿盛出来，凝固后切小块。

李家以前还经常做豆腐。先用大磨磨干豆子，磨完像大楂子似的，用水泡半天，然后用拐磨磨，边磨边加水，得到浓稠的豆浆。磨好后加入锅中煮开。煮的过程中要用小火，边煮边搅拌。煮好后倒出加入适量卤水，直至浆水变黄，出现豆花。在模具中放入纱布，倒入豆花，再盖上纱布，压上一个厚板，再压上一个重物。模具是木匠做的，以前一般农户都有，现在几乎都没有了。压10来分钟把纱布打开，就形成固体了，豆腐做好了，用刀切成适当大小的块。

蒸年糕。蒸年糕要用到黄米面、黏高粱米面和小豆。小豆洗净烀好备用。黄米面加些黏高粱半面兑一些水，传统叫使浆，使过浆的面粉不能出颗粒状，用手抓起不散花、不成团。蒸锅加水，上汽后放帘子，不用帘布，铺上叶子，撒上满满一层小豆，待热汽上来薄薄撒一层浆（一般不超过1厘米，厚了不容易上汽，蒸出的年糕不成形），蒸一会儿等面粉变色了再撒下一层，交替撒小豆和浆几次，最后一层撒上小豆、盖上锅盖蒸15分钟左右。稍凉后出锅，切成块，就可以吃了。

蒸发糕的过程是：温水和面，加入酵母，搅至没有干面粉，稍微有点浓稠的面糊。然后把搅好的面糊倒进模具里发到两倍大。凉水上锅，开锅后蒸上30分钟。蒸发后，关火稍闷几分钟，凉后脱模，切成小块。不是粘的，是大米发糕。李洪贵家还蒸豆包。

李家的猪肉吃法很多：把猪肉烀了，回锅炒一炒；猪肝和面炸，有的时候还炸里脊。过年蒸一碗五花肉，瘦肉蘸蒜酱。

（六）爱好特长

李洪普会弹琵琶。他以前在部队当兵时在文工团，特别爱好这些。李洪贵的哥哥会拉坠琴，是自学的，琴是小队喇叭匠王尔山送给他的，没有事儿就在家拉琴，纯属业余爱好，没有拜师。

李洪贵的母亲会绣花，能绣枕头顶、绣童鞋、绣钱包、绣肚兜等绣花时把画有图案的纸样儿放在绣花布上，按照纸上的图案绣，绣好了把花样纸撕掉。

李洪贵的哥哥李洪明在生产队的时候擅长烤烟草。烤烟的第一步是打烟叶。在烟地里打，不是每棵烟每次都打，还得看看烟的黄度，一棵烟如果墨黑就不能打，黄的一般一棵烟一次打二三片叶，然后用稻草织的大片子把烟包好，卷上用绳子系上，运到烟房，第二步是上烟，上烟的时候需把绳子勒紧，否则烟叶不容易干。上完就开始装房，烟房两旁都是杆子，把绳系到杆子上，烟叶就在下面耷拉着，一屋子装得满满的。然后开始烧火，使烟房温度达到60摄氏度停火1天，1天也不烧，就在这憋着，然后来了，底下有风道，1天后把风道打开散潮气。如果烟叶发黄的程度可以了，就开始用小火稍稍加热。晚上出烟，白天不能出烟，一般情况下大约4天这房烟就烤好了，白天停火，晚上8点多出烟因为白天出烟容易碎。烟约重一斤半多。把烟摆在外面"放露"，让烟叶软乎。烟叶放在外面2个小时，这时候烟不是100%的潮，但是表面有一层湿气，不像那么焦了，拿到屋里一层层地摆，大成一摞，上面盖塑料布罩上，第二天早上开始卸烟，垛在库房里用大塑料布包上，每房烟不能混在一起。

然后挑烟，挑烟的目的区分烟的等级，分不黄一、黄二、黄三、黄四、黄五、青一、青二、青三。

（七）满汉联姻

1. 李家和任家堡赵家联姻

李洪贵祖父的姐姐赵李氏，她的父亲是李万胜，嫁给任家堡的赵长春，即赵义海的太爷，住在任家堡组，他们有7个孩子，6个儿子。

李春芳的女儿赵李氏，嫁给任家堡的赵永玉，他的父亲是赵德生，住在任家堡，后来搬到黑龙江省。他们有1个女儿和1个儿子。

李洪坤的女儿李淑兰，今年80岁，健在，李洪贵的侄女，嫁给任家堡的赵义库，后来搬到东港市。他们有3个孩子，1个女儿，2个儿子。

李俊良，今年58岁，爱人是任家堡的赵义华，父亲是赵永国。他们有2个女儿。

2. 李家和任家联姻

李洪贵祖父的妹妹任李氏，父亲是李万胜，嫁给任家堡的任立祥，即任开宜的太爷，他们有1个女儿和1个儿子。

李泰的女儿任李氏，若健在110多岁，李春田的姐姐，李洪贵的姑姑，嫁给松树嘴的任传贤，住在松树嘴组的小砬沟，他们有2个女儿和1个儿子。

3. 李家和杨家联姻

李洪坤的女儿李淑荣，嫁给窝棚沟的杨喜昌，48岁因病去世，他们有4个孩子，3个儿子，1个女儿。

4. 李家和曲家联姻

李俊清的爱人是曲塘坊的曲悦兰，父亲是曲仁和，他们有3个儿子。

5. 李家和松树嘴赵家联姻

李洪业的爱人姓赵，松树嘴人，村民赵景玉的姑姑，他们有4个孩子，3个儿子，1个女儿。

6. 李家和那家联姻

李俊良的大姑，李洪贵的大姐，嫁给山嘴组的那多琴，一直住在山嘴组，80年代病逝，享年70多岁。他们有5个儿子和2个女儿。

第八章 结 语

综全文所述，女真人发源于东北长白山，在广袤森林的生态环境下养育生成以"养马弋猎为生"的渔猎经济文化，与汉族为代表的中原农耕文明有巨大差别，完全是一种他族的异质文化，被古代历史文献中称为"夷"或"虏"。早在清入关前具有远见卓识的后金政权领导者皇太极，即着手进行女真旧俗改革，对满族八旗提倡"读书"，促进对汉族文化学习和认同。辽东具有扼守朝鲜、辽东半岛和进入山海关的重要军事战略地位，清入关之初即派八旗兵留守。康熙时期为解决东北边疆空虚，加强东北边疆开发建设，防御俄国和日本侵略，平定"三藩叛乱"后不久，即于康熙二十六年（1687）由京师大规模向辽东派遣佛满洲八旗驻防，屯垦戍边，岫岩即是重要的满族八旗驻防地之一。当时岫岩山林荒芜，草莱丛生，人烟稀少。从京师派来的满族驻防八旗久历沙场，征尘未洗，多有战死，奉寡母、携幼孤来到岫岩，开荒种植，建村立屯，备尝艰辛，与世俗所谓"八旗铁杆庄稼，伸手即来钱粮"的神话相距甚远。终年劳作，与脸朝黄土背朝天的农民无异，四十几年后，雍正五年（1727）统计，岫岩即已经有旗地35774日之多。这些"荷戈东来"的满族八旗，已经成为向国家缴纳赋税自食其力的农耕之家，关外时期女真人传统的渔猎游牧经济向满族农耕生产生计方式变迁。

经济生产方式变迁是民俗文化变迁的基础，岫岩满族驻防八旗向农耕生产生计变迁过程中，必然促进社会生活向农耕人家变迁。劳动生产工具变迁，一年四季的劳动生产工具以农耕为主，以往山林中的狩猎、采集已经退居为辅助性生产劳动工具。居住变迁，经济条件改善后，对住的需求，已经由关外时期的"窝舍之制"、地窨子转向四合院、砖垒房，讲究防寒与舒适，同时注重建筑装饰性，戗砖雕花、木制窗格、大门斗拱，越来越精细化，富裕人家盖起大瓦房。生活用具用品转向定居宅内生活用具，大地柜、炕琴、炕桌，既是常用家具，也是一种生活摆设，雕刻或描绘花色，美化生活。妇女的日常生活由关外时期善长牧猎弯弓转向以针线活为主，纺线、纳鞋底、缝衣。满族妇女喜好学习中原优秀传统文化，在传承关外女真人时期的皮革绣基础上，吸收采纳中国传统刺绣工艺技术，以表达满族文化为主题，创造独具特色的岫岩满绣。满绣成为装点生活的主题作品，服饰上有刺绣旗袍、旗鞋、荷包；室内装饰上有门帘、幔帐、枕头顶、刺绣被面等，林林总总满绣在满族家室里熠熠生辉。满族妇女保持天足，干家务活是能手，开荒种地也照样是男人的好帮手，农耕之家逐渐形成。

满族精神文化向耕读人家转变。老实耕作，好好读书，倡导"耕读教子"是满族的家训、祖训核心。有能力的满族之家兴办私塾，教育子女读书写字，难能可贵的是，有条件之家女子也可读书，而且岫岩满族于清代时即首创女子小学校。满族妇女读书识字，在族中教学子弟，大有人在。读书明事理，知大义，相夫教子，成为满族妇女的典型。同治时期，岫岩科举从牛庄独立出来，单设名额，促进满族科举发展。满族巴雅拉（白）氏，同治朝族中两兄弟同时中举人，光绪朝两胞兄弟同时中举人。从嘉庆年到光绪年中国停止科举考试，全岫岩满族考中举人占总数三分之一，高于满族在岫岩的人口比例。民国初期，兴办新式学堂，岫岩跟上这一时代潮流，满族是新式学堂的倡导者和积极参与者，县立高初等学校、师范学校、女子师范学校应运而生，各村、屯新式小学堂雨后春笋般建立起来。教育让岫岩满族驻防八旗儿女看见更广阔的世界，跟上变革中的时代潮流。新式学堂培育众多满族英才，输送到北京大学、清华大学、东北大学等。伊尔根觉罗（赵）氏、萨嘛喇（蔡）氏、巴雅拉（白）氏、洪氏涌现出了杰出的爱国抗战英雄和科技人才。

岫岩满族驻防八旗文化变迁与传统村落满汉文化交往、交流、交融密不可分。岫岩满族驻防八旗在落居地建村立屯，接纳了大批因灾荒逃难而来的山东汉民。这些山东汉民坐船跨海登陆辽东半岛，向岫岩迁徙。大多数汉民赤手空拳，一根扁担挑两只筐，沿途乞讨，来到满族定居的村、屯谋生，租种满族田地、山场，得到满族热心帮助，有了落脚的地方，得到生存空间。然后又继续开荒，拓展耕田。乾隆朝以后至清末，山东灾害连绵，汉民通过先期来到岫岩亲友的引路，滚雪球般源源不断来到岫岩。他们陆续进入满族传统村、屯，原来一个满族家族的村、屯陆续与一个、二个直到数个山东汉民家族共处。整个清代二百多年中，岫岩满汉人民和谐相处，没有发生重大的民族冲突与摩擦，因为满汉相互需要。山东汉民有劳动力人口优势以及成熟的农耕生产技术，助力岫岩耕田开发。岫岩山林密布，山东汉民带来柞蚕放养技术，使满族人家的山场成为耕田之后的又一个经济生产增长点。而且带来缫丝技术，丝绸生产与穿戴进入满族人家。岫岩有丰富的矿产资源，岫玉开发与利用由于山东汉民到来，逐渐成为一个特色产业。满族掌握了农业生产技能和柞蚕放养技术，在共同的生产生活中满汉结成村、屯里的经济共同体，谁也离不开谁。最初满族来到岫岩建村立屯时，山林荒凉，人户稀少，而到清末民国时，岫岩已经成为辐辏云集，人口繁盛的辽东大邑，汉民人口超过满族人口数倍。

满族驻防八旗与山东汉民共同生产生活中民俗文化相互影响，相互认同，有共同的中国传统文化价值观，忠孝节义，孝敬父母、兄弟相亲，耕读教子，端谨持身，勤俭有道，息诉讼、平纷争，成为传统村落满汉各家族共同的基本道德。语言上，满族学习汉语言，山东汉民也适应满语言，共同生产生活交流中，满汉两种语言融合为岫岩特有的方言词汇。满汉的文化边界日益模糊，相互融合成为必然趋势。清王朝结束，隔离满汉的最后一道边界——八旗身份被送入历史的博物馆。

满族八旗驻防岫岩二百余年，是满族从"养马弋猎为生"的女真渔猎经济转型为耕读文化的过程，中华文化价值观为导向的社会生活历史变迁过程，形成全新的民族风貌。人民群众是历史的创造者，深刻变革的实践主体，满汉人民文化交往、交流、交融，你中有我，我中有你，共同开发建设岫岩，建设共有精神家园，结成为牢固的命运共同体。满族八旗驻防岫岩屯垦戍边与山东汉民不畏艰难勇于拼博精神融合成为强大的历史爱国主义精神，当九一八事变爆发，岫岩大地诞生了以满族将领为核心，各民族抗战的中国少年铁血军英雄群体，在中华民族抗战的旗帜下各民族团结在一起。

岫岩满族传统村落调查说明，中华民族命运共同体是各民族在波澜不惊的共同生产生活中形成的，汇聚成一往无前的磅礴力量。

后 记

　　《满族传统古村落调查（岫岩卷）》这本书终于付梓出版，十分欣喜，满族研究多了一份实地调查与文献相结合的新成果。著者何晓芳教授长期致力于满族历史文化研究，有多部专著及研究论文出版发表，同时致力于满族民间历史文化遗存资料抢救，此前曾与学界同仁合作编辑出版多种满族民间文献资料抢救类图书：国家清史工程编纂项目《清代满族家谱选辑》《辽宁省少数民族民间文化遗产丛书·满文卷》《满族历史资料集成·民间祭祀卷》《满族历史资料集成·民间契约卷》《满族民间历史文化遗存》。口头传承抢救类图书，何晓芳教授组织策划的辽宁省少数民族民间文学大系，包括辽宁省5个世居少数民族的民间故事收集整理，其中《满族卷》由何晓芳教授主编。满族民间田野调查类图书主要有，与云南大学张晓琼教授带队课题组联合开展对新宾满族自治县爱新觉罗家族聚居地腰站村进行调查，出版《满族——辽宁新宾县腰站村调查》，此后，又参加中国社会科学院牵头的国家哲学社会科学"九五"规划项目"中国少数民族现状与发展调查研究"，第一作者完成《新宾县·满族卷》。上述出版这些书，构成编者完整的满族民间历史文化遗存抢救体系，包括文本资料、口头资料、物象资料以及传统村落文化变迁。不揣冒昧，至今为止，在满族民间历史文化遗存资料抢救整理领域里，占有一席之地，也为本书继续深入研究满族传统村落奠定扎实的田野调查基础。

　　本书著者何晓芳教授一直怀着一个愿望，对岫岩满族传统古村落作一个类似新宾满族自治县爱新觉罗家族聚居地腰站村那样的调查。因为，《满族——辽宁新宾县腰站村调查》距离今天已经过去二十年，在这二十年的时间里面，国家政治、经济、文化建设发生重大变化，尤其是党的十八大召开以来，大力培育和铸牢中华民族共同体意识成为新时代党的民族工作、民族事务、民族研究的主旋律，民族学研究要服务于铸牢中华民族共同体意识大局，重点研究中华民族命运共同体形成、发展的"四个共同"：民族共同开拓辽阔的疆域；各民族共同书写悠久的历史；各民族共同创造灿烂的文化；各民族共同培育伟大的精神。"四个与共"：休戚与共、荣辱与共、生死与共、命运与共。"四个共同"、"四个与共"概括我国民族关系特点。我们进行满族传统古村落田野调查的宗旨和目标制定，一定要贯彻习近平主席关于新时代铸牢中华民族共同体意识的要求，满足国家重大战略需求。岫岩满族自治县选择传统古村落作为典型调查点应当很有代表性。岫岩满族主要来源于清代康熙朝八旗军驻防。1644年清军大部队进入山海关南下，开展统一战争。山海关外曾经繁荣的盛京地区，从辽东到辽西土地荒芜，战备空虚。康熙时期平定"三藩叛乱"之后，为加强东北边疆开发，防范沙俄、日本侵略，从京师（北京）调拨大量满族八旗前来盛京驻防，岫岩即是八旗军驻防地之一。调拨八旗驻防军以佛满洲数量居多，还包括锡伯、蒙古、汉军八旗，是一个多民族聚居的八旗共同体。满族八旗来到岫岩驻防后兵农一体，开垦山林，农耕稼穑，交粮纳税，而且遇有国家战事还要出征上战场杀敌。从康熙朝到清代中晚期的咸丰、道光年以后，岫岩已经开发建设成为物阜民丰的一方富饶之地。这期间，关内汉民因灾荒逃难，背井离乡，陆续进入岫岩，带来农耕、养蚕纺织技术。劳动生产上的互助互补需求，使汉民进入八旗驻防形成的满族传统古村落，汉民以滚雪球方式人口骤增，超出驻防八旗数倍。满族传统古村落的汉民人口开始占居绝对优势，形成每一个满族传统古村落由一个或二个满族旗人姓氏为中心，加上数个不同姓氏的关内汉民家族，共同组成旗民共居的村落聚居体，单一由满族驻防八旗居住的村已经找不到了。因此，选择岫岩满族自治县的满族古村落作为调查点，能够充分体现"四个共同""四个与共"精神。

著者何晓芳教授对岫岩满族自治县比较熟悉，由于曾在民族工作系统工作，刚刚参加工作不久，即参与成立岫岩满族自治县的一些宣传和调查工作，编辑出版《岫岩满族自治县概况》、国家民委五种丛书《满族社会历史调查报告》时，也多次来到岫岩。从发展民族自治地方经济建设角度，也多次到岫岩进行调查。所以，对岫岩满族历史文化有一定了解，选择岫岩满族自治县传统古村落进行调查有很好的预期。岁月流金，青葱岁月过去之后，就是成熟的丰收季节，现在，何晓芳教授已成长为担任国家社科基金重大项目的首席专家，一心要与时俱进，把岫岩满族古村落调查做成一个新时代铸牢中华民族共同体视野下的一个崭新研究成果。在此之前，岫岩地方志、民族史专家、县党委和政府支持领导下各工作部门做大量挖掘整理工作，出版各种书籍和成果，已经打下良好基础。田野调查，不同于图书档案馆里的资料查找和资料收集，需要志同道合的好伙伴通力合作。正值此时，遇到在岫岩洋河镇样子岭村任驻村书记的辽宁省委党校赵秀丽教授，她主动要求把调查点设在样子岭村。因为赵秀丽教授是一位积极向上，一心要利用担任驻村书记这段时间为样子岭村的百姓做点好事，用自己的实际行动为这片曾经工作过的热土做点贡献，不辜负组织重托，不辜负岁月流金。赵秀丽教授虽然没有民族学、历史学的学术研究背景，但田野调查首先要肯吃苦，善于做群众工作，细心观察，勤于请教。何晓芳教授与赵秀丽教授商谈过以后，特别满意、赞赏。赵秀丽教授作为一位女同志，能单身一人到样子岭村担任驻村第一书记，在何晓芳教授眼中很有魄力，不得了。往往组织上考虑选派深入农村基层常驻工作的都是中青年男同志。何晓芳教授也曾有被组织选派到基层工作的经历，但只是到沈阳市内国有企业担任负责人，而赵秀丽教授竟更高一层，深入农村工作，单从这一点就已经给出合格答卷。何晓芳教授还观察到，赵秀丽教授严于律己。本来到村里工作，通常村里会照顾派驻干部，尤其是对女同志，如果赵秀丽教授说一声、打个招呼，离开村回家一段时间休息，办点事，也没有谁会说什么。但赵秀丽教授基本上全年都在村里工作，即使因事需要离村到县城，也总是与村里负责人告知，事情办完之后即返回。听村里的干部跟何晓芳教授夸赞赵秀丽教授认真驻村挂职。有一年，村里发大水，赵秀丽教授没有躲避危险离开，而是一直在村里帮助疏散百姓，忙前忙后。这种认真的态度和责任感，正是做好田野调查、作为合作伙伴值得相信的品质。何晓芳教授选定了赵秀丽教授共同合作完成样子岭村的调查任务，赵秀丽教授欣然接受，并表示一定圆满完成任务。

这项工作于2021年付诸实施。作为本书的第一著者何晓芳教授，对全书进行整体策划与设计，分为上编和下编。上编作为岫岩满族的源流、迁徙、定居岫岩立村、村落的管理方式及文化变迁等进行概述，因此，收集所有关于岫岩历史文化的古籍和现今研究成果，诸如清代《岫岩志略》《岫岩乡土志》，民国时期出版的《岫岩县志》，现今张其卓先生著《丹东满族氏族史》《岫岩满族前世传奇》，及以往丹东市出版的《丹东满族史略》等。为使这些前期研究成果与本书融洽衔接，于2021年8月对岫岩进行一次普查性的课题考察，此后又连续进行补充考察多次。为恢复清代岫岩的历史地理，对曾经由岫岩管辖，现与岫岩交界的凤城市、东港市、庄河市地段，也进行普查性的考察，整个普查性的考察行程共计1县、3市、7个乡镇、11个村屯。考察内容有：市、县、乡满族博物馆、满族非遗展馆、满族民俗用品收藏馆、满族老宅院、抗日英烈纪念馆，兴边富行动示范乡镇和龙满族镇，红色文化旅游基地中国少数民族特色村寨大梨树村。专门采访市县文化工作者，原县文化负责人赵朝勋、张其卓，现镇文化馆馆长田岐佳，凤城知名党建与满族文化研究专家原市文联主席李练。通过上述考察，对岫岩满族传统古村落有了深入认识。岫岩的满族传统古村落是满族长期与汉族共同生产生活，相互学习、相互影响，形成满汉融合的村落共同体，承载着村民数百年来文化传承，一方水土养育一方人的家乡情怀。因此，确定本书下编以以样子岭村这个传统古村落为切入点，调查以村落中每一个姓氏百年沧桑为为中心，使本书有血脉传承的温度，乡土的亲切。赵秀丽教授承担了下编样子岭村的各姓氏调查，这是一个既辛苦又麻烦需要耐心的任务。由于特殊历史时期的摧残，为收集到本书需要的资料，与百姓交谈，使访谈对象因能接受访谈而"倾诉"，十分不容易，一次不行就来第二次、第三次……。赵秀丽教授以其风雨不误的韧劲取得收获，二年时间里，收集到全村所有姓氏人家的宗谱、老物件、影像图片文本资料，渗透着普通百姓日常油盐柴米的社会历史生活感，真实的反映样子岭村里各民族文化交往、交流、交融的历史过程。而且，给今天物质丰富，社会进步一个形象的历史比照。

能够完成本书写作，首先感谢为本书提供历史记忆的样子岭村村民们。那润更老师原为样子岭小学的校退休教师，热爱民族文化，也有光荣的革命家史背景。那家先后有10余人参加过抗日战争、解放战争、抗美援朝以及和平时期的志愿兵。那润更老师对本书写作的价值和意义有很深的理解，忙着辅导孙子和外孙子文化课题同时，讲述那家流传的民间故事，热心帮助本书著者梳理那家的家族支脉。他到处打电话，给远在北京的堂哥，还找家族长辈亲戚询问家族外地亲戚的居住地和发展现状，主动提供那家数代保存的珍贵资料和泛黄的老照片，至始至终陪同本书作者查找那氏族史资料，提供了很多难得的撰写素材。他的带动下，那景文、那运行、那润清、吕凤、那运浩、那运章、那运深、那运鹏、那广天、那广帅，都跟讲了那家的历史故事和发展现状，83岁高龄的那运行给我们调查组讲了他们老那家的历史和传说，讲了他小时候经历的磨难，提供生动素材。

大东沟赵家后人赵富家给我们调查组讲了很多关于大东沟赵家的家族史和传说故事，有些他不了解的情况，他就到处打电话，四处问亲戚，反复地核对，有时候耽误他干活他也不气恼，他尽可能多地给提供赵家的资料。赵富家的爱人王永珍特别热心，经常帮助回忆她小时候赵家的情况。今年84岁的赵万千老人家，是大东沟赵家支脉万字辈男性唯一在世的，这位慈祥可亲的老人曾任塘岭村的小学校长，曾获得过"全国优秀教师"称号，提供赵家的历史和古老传说，他的女儿赵连荣也提供了帮助。

松树嘴赵家80多岁高龄的赵景田夫妇以清晰记忆讲述了很多松树嘴赵家的历史，他们的父母和祖父母的情况，家族中这两代人的详细情况，还有关于他们祖先的传说故事，栩栩如生，只因本书的篇幅和目标所限，不能全部采入而十分遗憾。

任家堡赵家的赵义海，赵义同的爱人兰桂凤赵家后人赵世民酷爱乐器，赵世民弹三弦时一般弹鼓曲，尤其是全国的非遗文化项目东北大鼓的鼓曲。赵世民用二胡表演了《泪蛋蛋掉进酒杯里》和《可可里海牧羊人》，展示样子岭村人的乐观及才艺。

曲塘坊的曲家人风趣幽默，曲悦忠讲了曲家族史上先人的传说故事，"曲四爷"、曲塘坊名称的来历、曲悦友诗书继世长、车老板的故事。曲悦龙提供了他家100多年至今仍然供养的老宗谱，个别字迹有些模糊不清，他就帮助我们辨认，有一次有两处没看明白，他就找曲悦忠过来帮忙，曲悦彬也给调查组看了他家这支人供养的宗谱。

窝棚沟杨家后人杨福昌，原当过生产队队长、会计，提供杨家祖先从山东来到样子岭村落户谋生，开发荒山的艰辛，解放以前兵荒马乱杨家的遭遇，以及杨家致富到贫困的兴衰。并提供杨家100多年的老家谱，使杨家从山东到岫岩的世系迁徙分布一目了然。样子岭村原党支部书记任宜珍多届连任党支部书记，从任家堡搬到松树嘴的，除了一届是村长。任宜廷给我们讲了他家这支任家的情况，任家堡的老村医任开宜一开始就特别支持本书采访工作，兴致勃勃讲述了很多需要了解的样子岭村的历史和传说，以及任家的族史。主动拿出了他家珍藏的家谱，共6本，并且非常耐心的进行讲解，这是整个调查中课题组看到的最完整的家谱。为山东移民研究提供珍贵资料，也为本书调查提供参考。

94岁的"老寿星"兰香阁，1947年19岁当兵，在12师警卫营2连。关于兰家的历史和传说故事，都是这老人讲述的。他提供珍藏数十年的小本，上面写着他祖上从哪来村的，他家的排辈范字，还有他家的家谱。他的堂兄弟兰香春、兰香忧战争年代都当过兵，因此都有很强的责任意识，积极支持作者的调查工作。兰香春的爱人李淑珍清晰的回忆本村婚嫁习俗，兰洪武、兰洪峰、兰洪军、兰洪美、兰桂凤、兰彩华、兰碧清也都从各个不同方面提供帮助。

居住在任家堡的村民李洪贵记性很好，心细好学，也特别会讲故事，他详细地给我们调查组讲了他跟爱人结婚的全部过程，连谁家给的布票他都记得清清楚楚，仿佛昨天发生的事情，当时的结婚婚俗他记忆犹新。他还不耐其烦地给我们讲了村里过春节"摆供碗"、"接年"、"送年"等等风俗习惯。我们拜访他三次，他给我们讲了很多宝贵的李家历史和当时的风俗习惯，让我们很受益，也很感动。我们还要感谢村民李俊清、李俊祥、李美胜，他们也给我们调研提供了一些参考信息。

村民班耀林听说我们调研要写书非常高兴，他送我们调研组一幅梅花篆字画"若不撇开终是苦；各能耐住就成名。"还送我们一首七律藏头诗：

鞍尘游人览大千，山明水秀惹情牵。
岫生异彩迎红日，岩立苍松扫碧天。
洋接长江终有意，河连大海总无边。
样变面貌看难舍，岭上风光确妙玄。

本书得以完成，十分感谢样子岭村党支部和村委会的全体同志：党支部书记杨福海、副书记那运鹏、村会计王晓坤、村妇女主任宫迂梅、村水管员李美胜，村护林员李运秋和兰碧清、老干部毛振凤、老书记任宜珍、原妇女主任宋美珍、原村医任开宜原村小学校长那润更、赵云显和于运龙；感谢9个居民组的组长：马秀霞、那运鹏、赵富家、夏广路、曲世全、蒋玉田、杨兴武、杨明昌、林昌贵同志，感谢对作者大力支持和帮助。

这部书能够完成，顺利出版，感谢给予大力支持的岫岩县各级部门领导。

感谢岫岩满族自治县文化旅游和广播电视局，尤其是时任副局长的赵心妍同志，提供洋河镇和样子岭村的发展历史，为帮我们核实村民口述史，赠送库存收藏的1989年版《岫岩县志》等官方组织撰写的宝贵书籍。介绍岫岩满族自治县的档案馆，有利于课题组顺利查阅和核实村史资料记载，每次档案馆的工作人员都热情接待，还赠送新版《岫岩满族自治县志》（1985—2005）。同时，还要感谢时任岫岩满族博物馆的杨旭东馆长，他耐心地给我们讲解了洋河镇和样子岭村的文化现状和历史遗存，提供了村里的非物质文化遗产的存档记录和相关照片。

感谢洋河镇文化部门各位领导。洋河镇镇政府主管文化工作的副镇长肖明海同志，当时主管洋河镇文化站和洋河镇非遗馆。他领导有方，工作认真负责，积极支持并配合我们调研组的调研，主动帮助查阅资料，联系相关了解情况的群众。田岐佳同志时任洋河镇镇政府文化站站长，他的父亲也曾担任文化站站长20余年，中国曲艺家协会会员、中国民俗研究会会员、中国新故事会会员，他的作品《快板：小抢先》曾被国家级曲艺杂志社发表，《民间故事集》《民间谚语集》《民间诗歌集》3套集成一共发表他50余篇作品，曾被评为"全国文化先进工作者"、"辽宁省文化先进工作者"、"丹东市劳动模范"等诸多荣誉称号。田岐佳的祖父田文会满语满文、唱满文歌，对岫岩满族自治县成立，对挖掘满族历史文化遗产做出贡献。在这样的家庭背景下，田岐佳同志得到良好的满族文化传承，热爱抢救满族历史文化这项工作。2017年田岐佳同志建立了洋河镇非遗馆，这是鞍山市乡镇级别的第一家非遗馆，2020年成立洋河镇文化分馆，这是岫岩满族自治县乡镇级别最早的两家分馆之一。田岐佳同志十分支持课题组工作，给课题组驻村调查当向导，亲自带领课题组进户调研，对老人进行访谈时的地方口音兼做"翻译"，使课题组能快速了解样子岭村各大姓氏的历史和发展现状。洋河镇镇政府的马吉鑫同志，她时任洋河镇党委会宣传委员，她对满族文化了解得比较多，她爷爷马启洲会唱驴皮影，她经常帮助我们编者介绍洋河镇和样子岭村的文化发展情况和文化遗产保护情况，还给我们介绍了洋河镇各大满族姓氏的发展概况，并提供我们一些参考书籍。洋河镇镇政府的高立同志，时任洋河镇政府办公室的工作人员，负责撰写洋河镇的地方志，他为我们课题组提供了洋河镇和样子岭村的发展历史资料，洋河镇党委会和样子岭村党支部的人员构成及相关情况的资料，还提供了相应的纸版参考资料，并及时更新现在的发展情况。洋河镇镇政府的蔡丽华同志，时任洋河镇政府人民代表大会主席，为我们编者提供了洋河镇和样子岭村的发展现状，还有洋河镇和样子岭村的最新版地图。林业站工作人员的徐晓东同志，他赠送给我们《岫岩满族家谱选编》3册，为我们梳理家谱，尤其是那家家谱，提供了理论依据和方法指引。除此之外，我们还要感谢洋河镇镇政府时任交通站站长的李俊祥同志、时任水利站站长的王玉胜同志、时任林业站站长的于贵勇同志、时任财政所职员的毛琰同志，他们都对我们编辑这本书提供了很多帮助。

这部书能够完成出版，与王忠禹先生辛苦付出分不开。陪同何晓芳教授及团队全程考察，承担影像采集，电子版录入编辑、整理各项工作。由于乡村调查，交通不便，王忠禹先生还承担自驾车任务，车迹行程遍布考察乡村的每一处，有力保障每一次调查工作顺利快捷进行。可以说，没有王忠禹先生，这部书难以顺利完成。

为这部书完成出版做编辑修改工作的还有齐海英教授，对本书下编的稿件、影像图片进行全面再编辑，相关文字进行校对与修改。这是一项细致耐心肯于付出的工作，他认真完成，使这部书的收口工作顺利、圆满。在此一并表示谢意。

最后说明的是，这部书由东北大学基本业务费资助，为调查工作提供有力资金保障。东北大学外国语学院相关院长及办公室、科研部门张立夫、赵力也都为本书顺利完成提供了帮助和保障。在此对东北大学及外国语学院各位领导、老师表示感谢。

总之，这部书从策划到完成出版，渗透各方面人士的关爱与支持，正是这些帮助成就了编者从耕耘走向收获，在此由衷感谢！

本书著者分工：

绪论、上编，由何晓芳教授完成；

下编、后记，由赵秀丽教授完成；

书前插图二位著者共同完成。

著　者

2024年3月